天津社会科学院2018年度后期出版资助项目

经济管理学术文库·经济类

战略性新兴产业
发展动力机制及创新模式

Dynamic Mechanism and Innovation
Model of Strategic Emerging Industries

吕静韦／著

图书在版编目（CIP）数据

战略性新兴产业发展动力机制及创新模式/吕静韦著 . —北京：经济管理出版社，2019.7
ISBN 978-7-5096-6688-3

Ⅰ.①战… Ⅱ.①吕… Ⅲ.①新兴产业—产业发展—研究 Ⅳ.①F264

中国版本图书馆 CIP 数据核字（2019）第 128542 号

组稿编辑：张巧梅
责任编辑：张巧梅
责任印制：黄章平
责任校对：王纪慧

出版发行：经济管理出版社
（北京市海淀区北蜂窝 8 号中雅大厦 A 座 11 层　100038）
网　　址：www.E-mp.com.cn
电　　话：（010）51915602
印　　刷：北京玺诚印务有限公司
经　　销：新华书店
开　　本：720mm×1000mm/16
印　　张：14.75
字　　数：263 千字
版　　次：2019 年 8 月第 1 版　2019 年 8 月第 1 次印刷
书　　号：ISBN 978-7-5096-6688-3
定　　价：68.00 元

·版权所有　翻印必究·
凡购本社图书，如有印装错误，由本社读者服务部负责调换。
联系地址：北京阜外月坛北小街 2 号
电话：（010）68022974　邮编：100836

序

中国经济的增长是非常迅猛的，GDP总量从1978年的1495亿美元增长到2018年的13.41万亿美元，翻了80多倍，创造了举世瞩目的"中国速度"，超越了国际上许多发达国家，稳居世界第二经济体的位置。特别值得关注的是，战略性新兴产业增长平均每年带动中国GDP增长超过1个百分点，增长贡献度接近20%，成为国民经济由高速度向高质量发展的有力支撑。中国正值新旧动能转换的关键期，战略性新兴产业的不断发展和壮大，成为中国经济发展的新增长点、产业结构转型升级的动力源。在此背景下，《国家创新驱动发展战略纲要》和《"十三五"国家战略性新兴产业发展规划》等国家纲领性文件的发布，为战略性新兴产业发展提供了明确的方向，它代表新一轮科技革命和产业变革的方向，是培育发展新动能、获取未来竞争新优势的关键领域。

战略性新兴产业在为什么会发展、如何发展等一系列问题中，最根本的是创新的原动力，没有这个本源，创新动力就不会产生。目前有关创新的研究主要涉及两个方面：一是创新主体为什么要创新，二是创新主体如何创新。前者涉及主体创新的激励问题，即创新主体的动力问题，后者涉及创新主体的创新过程。

吕静韦副研究员所著的《战略性新兴产业发展动力机制及创新模式》一书，就是以我国创新驱动战略为背景，基于要素禀赋、产业发展、技术创新等理论，综合运用文献分析和问卷调查等方法，结合数据分析和测度，从理论和实证等角度阐释了战略性新兴产业与政府规划、技术创新、市场环境、企业战略、资本融资和人力资源要素之间的关系，探究了战略性新兴产业发展的动力机制和创新模式，丰富了战略性新兴产业发展的研究体系。通过对战略性新兴产业发展现状的梳理，该著作揭示了战略性新兴产业发展过程中的创新动力不足、东中西部地区发展空间不平衡等问题，认为创新基础资源能力、研发投入能力、创新产出能力、市场扩散和产业扩散能力、环境支撑能力的提升有助于战略性新兴产业实现高质量发展和均衡发展。

该著作主要创新之处在于对战略性新兴产业发展动力机制模型的构建。在结合波特的竞争力理论和钻石模型所构建的战略性新兴产业发展动力机制模型中,主要动力要素包括政府行为、技术创新、市场环境、企业战略,调节因素包括资本要素、人力资源。通过实证分析,该著作验证了政府引导、技术创新、市场机制对战略性新兴产业发展具有重要的促进作用,但同时证实了技术创新和市场环境对战略性新兴产业发展存在较低的影响力,而资本要素和人力资源要素的调节正是有效提升和改善这一现象的途径。这也佐证了产业发展动力机制是按照其生产要素及外部环境因素在其中所发挥的作用不同而形成不同的模式。产业组织与其所具有的创新资源具有密切的关系,产业组织的创新资源越丰富,创新动力越足,竞争力就越强。因此,创新资源在产业组织中的集聚程度越高,产业发展越迅速,创新要素聚集程度的高低也决定了产业发展动力的变化和转换。

从古典经济学理论到国家创新体系理论,以及演化经济学的最新发展,西方经济学和管理学界对创新范式的研究已经历了三大阶段,它对应于创新范式已经历的线性范式(创新范式1.0)、创新体系(创新范式2.0),以及现在开始进入的创新生态系统(创新范式3.0)阶段。作为创新范式3.0核心要义的创新生态系统,其兴起和发展的重要驱动力在于科技进步、国际竞争、生态发展等。越来越多的国家和地区开始认识到培育和营建优良创新生态系统的重要性,创新生态系统正在各个层面快速发展。该著作的另一创新之处正是抓住这一范式转换的特征,探究了战略性新兴产业创新模型。该模型主要验证了政府支持、技术创新、市场能力和企业战略四类变量对战略性新兴产业创新绩效的影响。基于该模型,著作以新一代信息技术产业为例,从时空角度评价了京津冀地区与长三角地区战略性新兴产业创新情况,对北京、天津、河北、江苏、浙江、上海、安徽七省市适时调整战略性新兴产业政策提供了具有针对性的建议。

作者在区域资源优化及管理、产业创新方面具有一定的学术积累,该著作是她长期关注区域经济和产业创新领域的研究成果。该著作的出版为作者进一步在产业创新方面进行深入研究奠定了良好的基础,期待她在该领域能有更加丰富的产出。

2019 年 4 月 30 日

前　言

随着人口红利的消失和经济增长速度的放缓，我国进入增速换挡和结构调整的关键时期。加快转变产业结构，大力发展低碳环保的新兴产业以逐步替代资源依赖型和能源消耗型的传统产业，成为我国经济社会发展的必然选择。为了应对经济形势的变化，我国先后颁布实施了一系列战略性新兴产业培育和支持政策，有效刺激了战略性新兴产业的快速发展，逐步推动了战略性新兴产业对国民经济发展支撑作用的充分发挥。然而，在知识经济和信息化时代背景下，生产要素之间的快速流动与创新合作影响着战略性新兴产业发展动力的转变和创新模式的选择。战略性新兴产业要实现发展和创新，既离不开政府支持、技术创新、市场环境、企业战略等直接动力要素的驱动，也离不开资本要素和人力资源要素的调节。不同的产业发展动力机制需要不同的创新动力要素支撑；而不同的动力要素组合则构成不同的创新发展模式。受不同资源、不同条件、不同环境的制约，结合各地的区位优势和产业特点，战略性新兴产业动力机制和创新模式有待因时制宜、因地制宜、因产业制宜。基于此，本书结合相关理论和研究现状，提出了理论假设，通过构建并验证理论模型和实证模型，对战略性新兴产业发展动力机制和创新模式进行研究。主要内容包括如下几点：

第一，本书对战略性新兴产业相关理论基础与文献综述进行了梳理，为战略性新兴产业发展动力机制和模式创新研究提供了理论支撑。以要素禀赋理论、产业结构理论、产业发展理论和技术创新理论为基础，以战略性新兴产业与政府规划、技术创新、市场环境、企业战略、资本融资和人力资源相关研究为脉络，明晰了战略性新兴产业的研究现状，为开展战略性新兴产业动力机制研究和模式创新研究奠定了理论基础。

第二，本书对战略性新兴产业发展现状和创新能力进行了剖析和评价，揭示了战略性新兴产业发展和创新面临的问题。我国历年高新技术产业新产品销售收入、出口交货值、发明专利数量等指标数据侧面反映出我国战略性新兴产业整体上升的趋势和地区发展不平衡的状态，各地区对产业政策的适时调整促进了产业结构的优化和战略性新兴产业的发展。通过构建战略性新兴产业评价指标体系，利用全局因子分析法对相关统计数据进行分析，得出我国战略性新兴产业发展能力和创新能力存在区域差异，东中西部地区的产业分化差异明显。其中，北京、上海、广东、江苏等地区在创新基础资源能力、研发投入能力、创新产出能力、市场扩散和产业扩散能力、环境支撑能力方面均表现突出，具有较强的综合实力；山东、江西、河北等地的综合实力正在逐步增强；西部地区的产业布局分散化严重，未形成集聚效应。由此，我国战略性新兴产业创新动力不足及区域发展潜力差异是阻碍产业发展的主要原因，为本书开展动力机制和创新模式研究提供了空间。

第三，本书构建并验证了战略性新兴产业发展动力机制模型。基于扎根理论，运用 Nvivo 软件对文献资料进行质性分析，通过试探性分析、主从关系分析、关联性分析和理论饱和度检验，得出政府引导、技术创新、市场机制对战略性新兴产业发展具有较为重要的促进作用。结合波特的竞争力理论及钻石模型，构建了战略性新兴产业发展动力机制模型，其中，政府行为、技术创新、市场环境、企业战略为主体动力要素，资本要素、人力资源为调节因素，并提出相关假设。文章采用五点量表分析法设计了战略性新兴产业发展调查问卷，从政府支持、技术创新、市场能力、企业发展战略、资本融资和人才引进六方面开展调查，综合运用探索性因子分析法、方差分析法、回归分析法等对样本数据进行信效度检验和实证分析，得出目前我国技术创新和市场环境对战略性新兴产业发展的促进作用不显著，影响力低于政府支持和企业战略。技术创新作用的发挥失常和市场资源配置效率的低下是战略性新兴产业发展动力不足的主要原因，而资本要素和人力资源要素能够有效提升和改善各主体动力要素对战略性新兴产业的促进作用，且人力资源要素的调节作用较强。这也是本书的主要创新之处。

第四，本书构建了战略性新兴产业创新模型，探究了四类战略性新兴产业创新模式。以政府支持、技术创新、市场能力和企业战略四类主体动力要素为自变量构建了战略性新兴产业创新模型，借助方差分析法、线性回归方法和 BP 神经网络分析法，运用 Stata14.0 软件对历年战略性新兴产业的相关统计数据进行分析，验证了政府支持对产业创新的推动作用、技术创新对产业创新的催化作用、市场环境对产业创新的导向作用和企业战略对产业创新的决定作用。基于理论和实证分析结果，提出政府支持型、技术引领型、市场推动型、企业驱动型四类战

前言

略性新兴产业创新模式,政府行政手段、技术创新变革、市场需求导向和企业战略整合能够有效推动战略性新兴产业创新,提高产业创新绩效。

第五,本书评价了战略性新兴产业创新模式。以2010年和2015年的京津冀地区与长三角地区计算机及办公设备制造业和电子及通信设备制造业相关数据为样本,采用熵权/TOPSIS法对北京、天津、河北、江苏、浙江、上海、安徽七省市的新一代信息技术产业情况进行评价和分析,得出七省市新一代信息技术产业在政府支持、技术创新、市场拓展和企业战略,以及产业创新模式方面存在时空差异,为各地适时调整战略性新兴产业政策提供依据。

目 录

导 论 ··· 1
　第一节　研究背景 ··· 1
　第二节　研究意义 ··· 3
　第三节　概念界定与内涵特征 ··· 5
　第四节　本书主要内容 ··· 9
　第五节　研究方法 ··· 10
　第六节　创新之处 ··· 12

第一章　战略性新兴产业发展动力及创新理论基础 ················· 14
　第一节　产业发展及创新理论 ··· 14
　第二节　基于影响因素的战略性新兴产业发展研究 ··················· 21
　第三节　本章小结 ··· 29

第二章　战略性新兴产业发展现状 ·· 31
　第一节　战略性新兴产业整体发展现状 ··································· 32
　第二节　战略性新兴产业地区发展现状 ··································· 34
　第三节　本章小结 ··· 42

第三章　战略性新兴产业创新能力评价 ··································· 43
　第一节　指标选择与模型构建 ··· 43
　第二节　方法选择与运行结果 ··· 48
　第三节　综合评价 ··· 54

第四节 本章小结 ……………………………………………………… 60

第四章 战略性新兴产业发展动力机制模型构建 ……………………… 61

第一节 扎根理论与方法选择 ……………………………………… 61
第二节 文献编码与数据分析 ……………………………………… 62
第三节 动力机制模型构建 ………………………………………… 68
第四节 本章小结 …………………………………………………… 69

第五章 战略性新兴产业发展动力机制实证分析 ……………………… 70

第一节 战略性新兴产业发展动力相关假设 ……………………… 70
第二节 方法选择与变量设计 ……………………………………… 73
第三节 信效度实证检验 …………………………………………… 79
第四节 实证结果与分析 …………………………………………… 107
第五节 本章小结 …………………………………………………… 119

第六章 战略性新兴产业创新模型构建与模式分析 …………………… 120

第一节 创新模型构建与实证研究 ………………………………… 120
第二节 战略性新兴产业创新模式分类 …………………………… 130
第三节 本章小结 …………………………………………………… 134

第七章 战略性新兴产业创新特点 ……………………………………… 136

第一节 新一代信息技术产业创新特点 …………………………… 136
第二节 生物产业创新特点 ………………………………………… 142
第三节 新能源汽车产业创新特点 ………………………………… 145
第四节 航空航天产业创新特点 …………………………………… 149
第五节 新能源产业创新特点 ……………………………………… 152
第六节 新材料产业创新特点 ……………………………………… 158
第七节 高端装备制造业创新特点 ………………………………… 172
第八节 本章小结 …………………………………………………… 178

第八章 新一代信息技术产业创新模式评价 …………………………… 179

第一节 基于熵权/TOPSIS法的评价指标体系构建 ……………… 179

第二节 新一代信息技术产业创新模式评价分析 …………………… 184
第三节 本章小结 …………………………………………………… 197

附 录 …………………………………………………………………… 199

参考文献 ………………………………………………………………… 203

后 记 …………………………………………………………………… 223

导 论

随着全球化的不断发展，世界各国经济的相互依存度不断加深，各国之间经济竞争的压力不断加大，国际竞争格局正在发生深刻变化，科技、资源、能源等在经济增长的过程中正发挥着越来越重要的作用。在全球经济竞争格局复杂化、发展方式多元化的环境下，世界经济危机、国际金融危机、欧债危机等给国际市场需求和经济增长带来沉重打击，面对世界需求的萎缩、经济增长的乏力、经济增长格局的变动、环境和资源的相对短缺等压力，各国更加积极地将目光转到科技创新和产业结构升级的方向上来。在新一轮的世界经济竞争中，寻求新的经济增长点，走出经济危机、金融危机、欧债危机的影响，转变产业结构，大力发展战略性新兴产业，使新兴产业在未来的世界竞争中占据产业优势，成为世界各国的共同选择。

第一节 研究背景

波及全球的2008年金融危机导致世界经济格局剧烈演变，为抢占新的国际竞争制高点，美国、欧盟、英国、日本、俄罗斯等国家纷纷将低碳产业、环境和能源产业、纳米技术产业等列为重点发展产业，提出国家转型战略，出台新兴产业发展战略法规。从2009年初，美国政府相继出台《2009年美国复苏和再投资法案》《美国创新战略：促进可持续增长和提供优良的工作机会》《美国清洁能源安全法》等；欧盟制定了与节能环保相关的排放指标政策法规；日本颁布了《新国家能源战略》，提出新一代能源运输计划、核能立国计划、亚洲能源合作战略、制定能源技术战略、综合资源确保战略、强化能源紧急应对、新能源创新计划以及节能领先计划八大战略。

对于我国来说,加快培育和发展战略性新兴产业更是势在必行。国家在大力推动经济结构调整和产业升级方面,尤其在发展战略性新兴产业方面连续多次做出重要部署,以应对世界经济竞争的变革。2011年以来,政府报告多次均指出国家将大力培育战略性新兴产业,新能源、新材料、生物医药、高端装备制造、新能源汽车快速发展,以及扩大国内市场应用、重要关键技术攻关为重点,推动战略性新兴产业健康发展。《"十二五"国家战略性新兴产业发展规划》(2012)明确了我国战略性新兴产业在应对国际竞争和节能减排方面的意义、目标和行动路线;《"宽带中国"战略及实施方案》(2013)的发布进一步细化了新一代信息技术的发展目标和重点任务。《政府工作报告》(2013)在总结5年工作中指出,我国制造业规模跃居全球首位,高技术制造业总产值年均增长13.4%,成为国民经济重要先导性、支柱性产业;清洁能源、节能环保、新一代信息技术、生物医药、高端装备制造等一批战略性新兴产业快速发展。根据《国务院关于加快培育和发展战略性新兴产业的决定》和《"十二五"规划纲要》,国家有关部门组织编制了战略性新兴产业"十二五"规划和节能环保、新一代信息技术、新能源等7个产业发展规划,以及物联网、集成电路、航空航天等一系列细分领域的专项规划;相继出台了新的软件产业和集成电路产业政策、高技术服务业指导意见、海洋工程装备产业创新发展战略、鼓励和引导民营企业发展战略性新兴产业的实施意见等一系列产业政策,启动了战略性新兴产业发展指导目录的编制工作,引导新兴产业发展。

"十三五"期间,我国战略性新兴产业的发展面临国际科技竞争的严峻挑战和经济新常态对科技创新的迫切需求。新一轮科技革命和产业变革正在兴起,以智能制造为主导的第四次工业革命已经开始,而我国正处在经济增速换挡期、经济结构调整阵痛期、前期刺激政策消化期"三期叠加"的历史阶段,为平稳度过这一特定历史时期,政府工作报告中多次提出"一带一路"倡议和"中国制造2025"宏大计划,中央经济工作会议将"发展动力转向新增长点"作为新常态的四大目标之一。《中华人民共和国国民经济和社会发展第十三个五年规划纲要》对战略性新兴产业发展提出提升新兴产业支撑作用、培育发展战略性产业、构建新兴产业发展新格局、完善新兴产业发展环境的要求和规划。《"十三五"国家科技创新规划》对"十三五"时期科技创新的总体思路、部分战略性新兴产业的发展目标和主要任务进行了规划。

发展战略性新兴产业是转变我国经济发展方式,优化产业结构,实现"中国制造 2025"战略目标的必然选择。尽管我国经济总量已排名世界前列，但我国正处在调整产业结构、转变经济增长方式的关键时期，战略性新兴产业的发展对经济新常态下推动经济发展，催生区域经济新格局，重塑国际产业分工格局，加速迈进创新型国家行列，加快实现创新驱动和制造强国战略具有重大的战略意义。我国所确定的战略性新兴产业在推进产业结构升级、转变经济发展方式、促进经济社会可持续发展、提升国际竞争力和自主创新能力等方面具有战略地位和深远影响。近年来，较多研究集中在战略性新兴产业内涵界定或某一因素在产业发展中的作用等方面。政府的宏观调控在新兴产业发展中的作用不容忽视，Chesnais、Scott、Toby Harfield 等的研究对这一观点进行了证实，余冬华等、陆国庆等、贺正楚等、吴俊等、林平凡等分别从不同角度分析了政府在我国战略性新兴产业发展中的作用；技术创新能力为新兴产业比较优势的产生奠定基础，如基于约瑟夫·熊彼特创新理论、迈克尔·波特战略理论和竞争优势的创新相关研究，及 Matti Projola、Sturgeon、Paul R. Kurgman 等有关技术创新与新兴产业的研究；市场调节及国内外市场的拉动作用有力地促进了战略性新兴产业的发展，如 Porter、张少春、剧锦文、熊勇清、钟清流等有关市场与新兴产业发展的研究；企业在竞争中的反应、对行业环境的洞察和决策是导致企业在成长过程中能否适应新业态环境的重要条件，如 Rajshree Agawal、曲立勇等有关企业战略管理能力与战略性新兴产业的关系研究；不同的资本融资机制为战略性新兴产业发展提供有力的资金保障，如李海波、顾海峰、朱博瑞等有关战略性新兴产业资本融资、金融支持、信贷支撑的相关研究；人力资源对具有知识密集型特征的战略性新兴产业具有重要的激励作用，如张望军等、郑超等、陈云娟等有关人力资本对战略性新兴产业激励机制的相关研究等。

本书研究目的在于：一是基于现有国内外研究现状，提出动力机制模型，为战略性新兴产业发展研究提供理论支撑；二是借鉴已有相关研究，从影响产业发展的主体动力因素和调节因素角度为战略性新兴产业发展提供研究思路；三是通过创新模型的构建和创新模式的提出，为战略性新兴产业创新模式研究提供方法借鉴。

第二节　研究意义

以往有关研究从宏观、微观角度对影响战略性新兴产业发展的因素进行了不同角度的分析,也为本书从主体动力要素和调节因素角度对战略性新兴产业发展的动力机制研究提供了着力点。基于要素禀赋、产业结构、产业发展、技术创新等相关理论,结合对战略性新兴产业创新能力的现状评价,本书对战略性新兴产业发展动力及创新模式进行了理论分析和实证研究,构建了战略性新兴产业发展动力机制模型,得出我国战略性新兴产业发展的主要动力要素在于政府、技术、市场、企业;以四类驱动力为基础,进一步构建战略性新兴产业创新模型,通过模型验证和计量分析,将战略性新兴产业创新模式分为政府支持型、技术引领型、市场推动型和企业驱动型;以四类创新模式的提出为前提,以京津冀地区和长三角地区七省市新一代信息技术产业数据为样本,分析了七省市新一代信息技术产业创新模式的变动情况,提出战略性新兴产业发展和创新对策,为战略性新兴产业创新模式的应用提供参考。

1. 理论意义

第一,本书完善了战略性新兴产业发展的相关理论。已有研究成果大多数集中在对战略性新兴产业内涵界定、特征分析、与传统产业的相互关系、发展对策、融资模式、政府作用等方面,对战略性新兴产业发展的动力机制研究和创新模式的研究仍是薄弱环节。本书从宏观角度分析了国内战略性新兴产业的整体发展态势,从中观角度综合评价了国内各省市地区的发展情况,从微观角度构建了战略性新兴产业发展的动力机制模型,得出战略性新兴产业发展的主要动力来源包括政府支持、技术创新、市场能力和企业战略,资本要素和人力资源要素在战略性新兴产业发展过程中具有重要的调节和促进作用。战略性新兴产业发展动力机制模型的提出和验证过程,在一定程度上完善了战略性新兴产业发展的相关理论。

第二,本书在研究方法的选择和运用方面具有较好的理论意义。战略性新兴产业的已有研究往往仅基于定性研究或定量研究,本书结合扎根理论、竞争力模型等理论思想,综合运用因子分析法、相关分析法、回归分析法、熵权/TOPSIS法等多种统计与评价方法,对战略性新兴产业发展的现状、影响因素、动力机制、创新模式进行研究,既提供了具有较高信效度的研究结果,又为进一步研究提供了理论铺垫和借鉴。

第三,本书丰富了战略性新兴产业创新模式的研究体系。通过战略性新兴产业创新模型的构建和检验,将战略性新兴产业创新模式划分为政府支持型、技术引领型、市场推动型和企业驱动型四种创新模式,并以京津冀地区和长三角地区七省市为例对电子新兴产业进行分析，得出战略性新兴产业在不同地区不同时期的创新模式存在区别，丰富了战略性新兴产业模式研究体系。

2. 现实意义

首先，本书研究对于全面建成小康社会、实现经济社会的可持续发展具有重要意义。战略性新兴产业以创新为主要驱动力，辐射带动力强，从政府、技术、市场、企业四个不同角度发展战略性新兴产业，有利于加快经济发展方式转变，也有利于提升产业层次、推动传统产业升级、高起点建设现代产业体系。

其次，本书研究内容对加快促进区域经济发展、产业结构升级具有指导意义。长期以来，部分地区存在产业过于单一和依赖度过高的问题。随着战略性新兴产业的发展，从现阶段我国产业结构的情况来看，战略性新兴产业的发展仍是未来政府工作的重点，也是推动我国社会生产和生活方式转变的重要因素，从空间角度、时间序列角度对战略性新兴产业的研究有助于认识产业发展规律，也是本书研究的现实价值所在。

第三节　概念界定与内涵特征

1. 概念界定

综观国内外学术研究动态还没有对"战略性新兴产业"普遍认同的统一的概念界定，国外最早的相关概念较多地集中在主导产业、新兴产业和战略产业方面。

关于主导产业的概念，Rostow[1][2]在研究主导产业理论时提出，主导产业必须是以最快的速度、最高的效率汇集相关产业创新成果来满足市场需求增长的产业，它既能实现自身的高速增长率，又对其他产业部门产生快速扩散效应。一个国家或地区应将产业扩散效应是否明显作为选择主导产业的标准，而扩散效应包括回顾效应、旁侧效应和前瞻效应。美国经济学家 A. Hirschman[3]提出，经济发展过程中应选择前向、后向关联度较大或旁侧关联度较大产业作为主导产业优先扶植和发展。Kremer[4]认为判断产业是否为一个国家或区域的主导产业的标准应该是该产业的生命力强弱，生命力和竞争力强的产业往往能够对经济社会产生较大影响。Keizer[5]提出主导产业选择的三个标准：产业发展前景、产业关联度、产业就业效应，认为主导产业是一个区域经济发展的核心动力，应具有较强的发展前景、较大的产业关联性和庞大的就业效应。

一般认为，经济增长的过程就是新旧主导部门连续更替的过程[6]，主导产业对其他产业的发展具有带动作用，对整个国民经济具有支撑作用，新主导部门的形成和旧主导部门的衰落代表经济增长的不同阶段。主导产业的主要特征为：能够通过科技进步或创新机制形成新的生产函数；能够促进经济保持高速增长率；能够对国民经济中的其他产业产生较强的扩散效应。

关于新兴产业的概念，Porter[7]认为，新兴产业是新形成的或在原有产业基础上重新形成的产业，重大科学技术的突破、相对生产成本的变化、新的消费需求的出现、经济社会变化带来的新产品或新服务等潜在商业机会使其产生动因。Carlota[8]认为，新兴产业是相对于传统产业而言的，是运用新技术所形成的具有高附加值的产业，代表产业结构的调整方向和科技创新的产业化方向，其特征为高投入、高风险、高回报；新兴产业具有较高的劳动生产率和较旺盛的产业需求，对经济增长具有明显的拉动作用，有利于提升区域竞争力。Kesting等[9]从产业的成长性表现出发，认为新兴产业应是完全崭新的产业或者由于行业和市场需求环境的变化而使其表现出新的显著增长性产业。Blank[10]认为新兴产业根源于新的创新，因为新兴产业发展过程中没有相对成熟的产业发展规律可借鉴，发展初期要面临市场需求、发展潜力和产业政策等方面的一系列风险，具有不确定性的风险产业；Carter等[11]认为新兴产业是由于经济社会环境的不断变化中出现的具有显著增长态势的新产业。

关于战略性产业概念，最早提出的是美国经济学家Hirschman[12]，他认为战略性产业是在投入和产出过程中关联度最密切的经济体系，这个体系称作"战略部门"；在此基础上，Kurgman[13]提出战略性产业的识别标准，即是否存在产业的资本或劳动回报率，及是否存在产业的外部经济效应。Teece[14]从产业特征的视角，把具有规模经济效益、很强的竞争力、网络经济和科技型产业特征的产业定义为战略性产业。战略性产业能够产生巨大的外部溢出效应，对国民经济发展具有重要意义，对产业结构调整具有导向作用，对国家综合实力提升具有战略意义，其决定要素主要包括技术创新、市场前景、资源条件、产业结构、成长环境等。战略性产业在国民经济中具有战略地位，对经济社会发展和国家安全具有重大和长远影响，具有成为一个国家未来经济发展支柱产业的可能性[15]。

由以上国外文献分析可知，国外没有战略性新兴产业这一词，国外很多学者

导 论

是从社会制度、市场环境、科学技术等角度对具体战略性新兴产业创新因素进行研究。Hall 和 Bagchi – Sen[16]认为，市场的需求是战略性新兴产业研发和科技创新的原动力，政府过度的监管措施不利于新兴产业的发展。Rosario[17]，Terziovski[18]，Kruss[19]，Alcacer[20]等认为，知识、教育、技能、科技创新随时间而变化，并不断影响产业边界结构和国家创新体系的变异，教育的进步、政府的产业政策与新兴产业的创新之间具有密切的相关关系。

相对于西方学者的研究而言，"战略性新兴产业"是近年来我国根据国情提出的一个新概念，也是我国政府和学者共同关注的一个热点。战略性新兴产业这一词是我国为应对 2008 年国际金融危机过程中，温家宝同志（2009）首次提出的一个新的概念，在社会发展和区域经济建设中，高集约化、产业关联性强，能够起到支柱产业作用的具有巨大发展潜力的高科技技术产业被定义为战略性新兴产业。2010 年 3 月，在第十一届全国人民代表大会第三次会议上，"大力培育战略性新兴产业"首次写入《政府工作报告》。2010 年 9 月 8 日，国务院常务会议审议并通过了《国务院关于加快培育和发展战略性新兴产业的决定》，将战略性新兴产业确定为国民经济的先导和支柱产业，同时指出战略性新兴产业主要包括节能环保、新一代信息技术、生物、高端装备制造、新能源、新材料、新能源汽车七个产业。《"十三五"国家战略性新兴产业发展规划》①指出战略性新兴产业代表新一轮科技革命和产业变革的方向，是培育发展新动能、获取未来竞争新优势的关键领域，应加快发展壮大新一代信息技术、高端装备、新材料、生物、新能源汽车、新能源、节能环保、数字创意等战略性新兴产业。2017 年 2 月 4 日，国家发改委公布《战略性新兴产业重点产品和服务指导目录》（2016 版），确定了战略性新兴产业的 5 大领域 8 个产业（相关服务业单独列出）及 40 个重点方向下的 174 个子方向、近 4000 项细分产品和服务。基于该目录，结合《国民经济行业分类》（GB/T 4754—2017），2018 年 11 月国家统计局第 23 号令公布的《战略性新兴产业分类（2018）》②将战略性新兴产业定义为以重大技术突破和重大发展需求为基础，对经济社会全局和长远发展具有重大引领带动作用，知识技术密集、物质资源消耗少、成长潜力大、综合效益好的产业，并将战略性新兴产业范围扩大为新一代信息技术产业、高端装备制造产业、新材料产业、生物产

---

① 国务院关于印发"十三五"国家战略性新兴产业发展规划的通知（国发〔2016〕67 号）[Z]. 2016 – 11 – 29.

② 《战略性新兴产业分类（2018）》（国家统计局令第 23 号）[EB/OL]. 国家统计局网站，http://www.stats.gov.cn/tjgz/tzgb/201811/t20181126_1635848.html.

业、新能源汽车产业、新能源产业、节能环保产业、数字创意产业、相关服务业九大领域。

2. 内涵特征

战略性新兴产业是我国根据国情提出的概念，是具有导向性、长远性、全局性特点的新兴产业[21]，与国家经济发展战略高度吻合，国家重点扶持的新兴产业，它是为了突破社会经济发展和重大科学技术瓶颈，满足新的市场需求而产生的，是新兴科学技术与新的市场潜力的深度融合，在技术密集、生态环保、节约能源方面具有巨大成长潜力，能够引领和带动其他产业并支撑国民经济。主要内涵及特征体现在如下几方面：

第一，战略性和新兴性。战略性新兴产业始终立足于国家利益、国家安全保障和产业的主导地位，是国家利益高于一切的直接体现，是竞争国际经济制高点的重要产业。随着世界经济和市场需求格局的变化，不同国家和地区的产业发展重点也发生变化，主要包括"战略性"和"新兴性"两个特征。"战略性"[22]表现在产业发展方向与国家发展战略一致，体现了其政治性和全局性的特点，代表经济社会发展方向，关系国家经济命脉和产业安全，产业增长潜力和上下游产业辐射力有利于经济社会的可持续发展和国际竞争力的提升。"新兴性"[23]表现在战略性新兴产业的技术创新与时俱进上，体现了其进步性和成长性的特点，代表了先进技术的发展方向，产品符合市场未来需求和预期，产业的生长后发优势不断增强，与国际先进水平步调一致，未来成长壮大的空间很大。

第二，高成长性和高科技性。战略性新兴产业源于满足潜在的巨大市场需求，与上下游产业关联性强，对其他产业具有很强的辐射和拉动作用，而且作为国家重点扶持、优先发展的国民经济支柱产业，战略性新兴产业代表国家竞争力，以国家为坚强后盾，通过传统产业的技术扩散、辐射实现传统产业结构的升级和优化，体现了国家的意志，具有更好的成长性。高科技性体现在战略性新兴产业是新兴科技和新兴产业的深度融合，既代表着科技创新的方向，也代表着产业发展的方向[24]。

第三，高潜力和高带动性。战略性新兴产业具有巨大发展潜力，有助于产业国际竞争力的整体提升[25]。另外，战略性新兴产业必须是能够与国家经济发展战略紧密相互对接的优势产业，是有明显的政府导向性和长远动态性的高新技术产业群体，它能够支撑国民经济，且带动产业实现经济结构的优化和升级[26]。

第四，不确定性和风险性。战略性新兴产业虽然具有巨大的发展潜力和潜在的市场需求，但其技术创新、产业化、市场需求还处在萌芽成长期，还没形成有效的市场规模，在发展过程中面临政府政策、技术变革、市场环境和企业联盟形态等多方面存在不确定性和风险性[27]。

第五，区别于传统基础性产业。首先，电力、石油、煤炭、冶金、机械等基础产业为战略性新兴产业提供发展的基本条件，交通运输、邮电通信等基础产业部门为其提供基础设施[28]；其次，战略性新兴产业的发展水平影响基础产业在国民经济中的基础性作用，如风能、太阳能等新能源产业的迅速发展直接削弱石油、煤炭等基础能源产业在国民经济发展中的地位[29]；最后，战略性新兴产业与基础产业具有演进和替代的关系，部分基础产业由于经济结构调整和经济发展方式的转变，可能被未来发展为主导产业和支柱产业的战略性新兴产业取代[30]。

第六，区别于高新技术产业。首先，战略性新兴产业是传统支柱产业和科技型产业为发展基础的改造升级版；而技术密集度高、更新速度快、具有较高附加值的高新技术产业对相关新兴产业能够产生带动作用[31]。其次，战略性新兴产业具备高新技术产业高技术、新技术的特点，属于高新技术产业范畴，但是高新技术产业不一定是战略性新兴产业[32]。

第四节 本书主要内容

本书按照"提出问题—分析问题—解决问题"的研究思路，对战略性新兴产业发展动力机制进行全面、系统的研究。综合运用要素禀赋、产业结构、产业发展和技术创新相关理论及扎根理论对战略性新兴产业发展的影响因素进行分析，在此基础上，结合因子分析法、方差分析法和熵权/TOPSIS法对战略性新兴产业的创新模式进行研究。主要研究内容如下：

第一，多指标综合评价我国战略性新兴产业创新能力和发展潜力。通过设计三级指标体系，运用大量统计数据对我国战略性新兴产业地区创新能力和发展潜力现状进行综合评价，解析了地区间战略性新兴产业创新能力和发展潜力的不均衡态势，提出了产业创新动力不足造成的产业发展缓慢问题，并应从政策体系、产业环境、技术创新、市场动态、智力和资本支持等方面解决。

第二，构建战略性新兴产业发展动力机制模型。基于扎根理论，以战略性新兴产业链条上的企业为主体，运用Nvivo软件从知识与技术、主体与网络、体制与机制等方面对文献资料进行深入分析及编码,通过开放性编码、主轴编码、选择性编码,明晰了企业与企业、企业与高校、企业与科研机构、企业与用户和供应商、企业与金融机构、企业与政府之间的联系脉络,借鉴波特的竞争力理论和钻石模型,提出战略性新兴产业发展动力机制理论模型。

第三,假设并验证主体动力要素、调节要素与战略性新兴产业发展的关系。提出了政府行为、技术创新、市场环境、企业战略、资本要素、人力资源与战略性新兴产业之间的关系假设,设计了主体变量和调节变量相关指标体系,采用问卷调查法对北京、天津、河北、江苏、山东等地的相关单位发放问卷,共收回有效问卷179份,运用SPSS软件对指标体系和样本数据进行检验及假设验证,得出技术创新和市场环境对战略性新兴产业发展的促进作用不显著,但资本要素和人力资源的调节作用能够有效提升其显著性。

第四,提出四类战略性新兴产业创新模式。基于战略性新兴产业发展动力机制分析,构建战略性新兴产业创新模型,运用方差分析法、全局因子分析法及Stata14.0软件对2009~2015年《中国统计年鉴》《工业企业科技活动统计资料》《中国工业统计年鉴》《中国高技术产业年鉴》中有关战略性新兴产业的数据进行分析,将战略性新兴产业创新模式分为政府支持型、技术引领型、市场推动型、企业驱动型四类。

第五,评价分析战略性新兴产业创新模式。以2010年和2015年的京津冀地区与长三角地区计算机及办公设备制造业和电子及通信设备制造业相关数据为样本,参照《中国高技术产业年鉴》《中国统计年鉴》《中国工业统计年鉴》,根据熵权/TOPSIS法对北京、天津、河北、江苏、浙江、上海、安徽七省市的新一代信息技术产业情况进行评价和分析,得出七省市2010年和2015年在政府支持能力、技术创新能力、市场拓展能力和企业战略能力方面的差异,分析了四类驱动力在新一代信息技术产业创新中的作用和变化,并得出七省市在同一产业创新和发展中的模式各不相同。

第五节 研究方法

1. 质性分析法

本书通过收集、查阅国内外相关文献资料进行质性研究,利用CNKI数据库、SCI、万方数据库、维普科技期刊数据库、ASP&BSP、CSCD 等中外文数据库和相关专著、网站，搜集国内外相关研究资料，结合 Nvivo 软件对已有研究成果进行分析、梳理、归纳总结，对战略性新兴产业发展的影响因素进行归纳分析，为战略性新兴产业发展动力机制模型的构建提供理论支撑。

2. 问卷分析法

在借鉴相关研究成果、总结战略性新兴产业发展规律的基础上，采用 5 点量表法设计了一份旨在调查各类影响因素与战略性新兴产业成长关系的问卷，对政府行为、企业技术创新、企业市场能力、企业发展战略、资本要素和人力资源要素等对战略性新兴产业发展的影响情况进行了调查，为战略性新兴产业发展动力机制实证分析提供样本数据。

3. 描述分析法

主要包括相关分析法、方差分析法、因子分析法、回归分析法和 BP 神经网络分析法。首先，本书采用全局因子分析法对全国 31 个省份的战略性新兴产业创新能力进行分析，得出北京、上海、广东已逐渐形成相对完整的区域性产业发展布局，浙江、天津等地产业链条模块化布局正在展开，而西部地区的产业布局分散，无法形成集聚效应，东部和西部地区间强弱两极分化趋势明显。其次，综合运用探索性因子分析法、回归分析法、方差分析法、相关分析法等验证了政府行为、技术创新、市场环境、企业战略等主体动力要素的直接效应和资本要素、人力资源要素等调节要素的中介效应。最后，运用方差分析法、线性回归法和 BP 神经网络分析法验证了战略性新兴产业创新模型，揭示了政府支持、技术创新、市场能力和企业战略四类主体动力要素对战略性新兴产业创新的影响。

4. 空间分析法

本书主要从两方面采用空间分析法进行研究：一是通过对 2011 年和 2014 年的全国 31 个省份的战略性新兴产业创新能力进行分析，得出京津冀地区内天津和河北与北京的差距较大，长三角地区除安徽外，上海、浙江、江苏的产业创新能力较为相近。二是从空间角度对京津冀地区和长三角地区的新一代信息技术产业进行比较，得出七省市 2010 年和 2015 年在政府支持能力、技术创新能力、市场拓展能力和企业战略能力方面存在差异。

5. 评价分析法

采用熵权/TOPSIS法，聚焦京津冀地区和长三角地区，选取2010年和2015年的相关统计数据，从政府支持能力、技术创新能力、市场拓展能力和企业战略能力方面对新一代信息技术产业创新情况进行评价研究。

第六节　创新之处

结合国内外已有的研究和本选题的研究目标，本书主要创新点如下：

第一，丰富了战略性新兴产业发展评价的研究范畴。文章运用全局因子分析法，采用大量统计数据和多指标对我国战略性新兴产业地区创新和发展潜力现状进行综合评价，从整体和地区两方面分析战略性新兴产业的发展情况，得出北京、上海、广东、江苏、浙江、山东等省市的增长速度较为稳定，但总体战略性新兴产业发展呈现不均衡态势，产业发展的动力机制有待研究，为推进战略性新兴产业发展研究提供了思路。

第二，构建并验证战略性新兴产业发展动力机制理论模型。基于扎根理论，采用质性分析方法，构建了战略性新兴产业发展动力机制模型，结合问卷调查法和统计分析方法，从实证角度量化分析了政府行为、市场环境、技术创新、企业战略四个主体动力要素对战略性新兴产业发展的影响程度，及资本要素和人力资源要素对战略性新兴产业发展的调节作用，为在何种情况下利用调节因素的中介作用推动战略性新兴产业发展提供了理论和实证依据。

第三，提出四种战略性新兴产业创新模式，即政府支持型、技术引领型、市场推动型、企业驱动型。本书在战略性新兴产业发展动力机制的分析基础上，构建战略性新兴产业创新模型，并运用Stata14.0软件对历年战略性新兴产业的相关数据进行分析，采用方差分析法、全局因子分析法对模型进行检验，最终提出政府支持型、技术引领型、市场推动型、企业驱动型四类战略性新兴产业创新模式。

第四，基于时空角度评价分析战略性新兴产业创新模式。以2010年和2015年京津冀地区与长三角地区七省市新一代信息技术产业相关数据为样本，运用熵权/TOPSIS法，阐明了政府支持能力、技术创新能力、市场拓展能力和企业战略能力四类驱动力在新一代信息技术产业创新中的作用和变化随时间和空间而产生变化的现象,为其他产业创新模式的研究提供了思路,为不同地区战略性新兴产业创新模式的选择提供了借鉴。

但是,本书还存在以下不足之处:一是实证分析有待完善。由于时间序列数据的获取难度较大,在现状分析部分未能使用更长时间的数据进行分析。另外,在战略性新兴产业动力机制的动态性和演化性方面有待深入。二是对战略性新兴产业其他行业的创新发展模式有待进一步探索。由于篇幅限制,在战略性新兴产业创新模式方面,只选取了部分战略性新兴产业中的代表性行业进行具体研究,未能对全部行业进行分析。

第一章　战略性新兴产业发展动力及创新理论基础

战略性新兴产业创新问题是我国政府和学者共同关注的一个热点，涉及要素禀赋理论、产业结构理论、产业发展理论和技术创新理论。战略性新兴产业具有战略性和新兴性特征，其发展与政府、技术、市场、企业、资本、人才等要素密切相关。基于此，本章对战略性新兴产业发展相关的五种理论进行归纳，从政府行为、技术创新、市场环境、企业战略、资本融资、人力资源六方面开展文献综述。

第一节　产业发展及创新理论

18世纪英国古典经济学家亚当·斯密提出的分工理论和绝对要素理论，奠定了西方经济学的理论基础。大卫·李嘉图、保罗·萨缪尔森和罗纳德·琼斯、赫克歇尔—俄林、迈克尔·波特、库兹涅茨、丁伯根、罗斯托、赫希曼和筱原三代平、弗农、威廉·配第等经济学家进一步丰富和完善了西方经济学理论体系，促进了产业经济学的形成和发展。

一、要素禀赋理论

要素禀赋理论主要包括绝对优势理论、相对优势理论及资源禀赋理论。从相对静态意义上来说，要素禀赋理论是对一国资源要素禀赋对贸易结构影响的阐述，也是由单一要素理论到多要素理论研究的演变过程[33]。

1776年，英国古典经济学家亚当·斯密在《国富论》一书中对分工理论首次进行了阐述，为绝对要素理论的提出奠定了基础。绝对要素优势理论的主要思想是：当一个国家或地区生产某种商品的绝对成本低于其他国家或地区时，这个国家就会在该商品的贸易中受益，形成分工和贸易中的绝对优势[34]。

自亚当·斯密提出"绝对优势"理论后，大卫·李嘉图对该理论进行了发展和修正，提出了"相对优势"理论，赫克歇尔—俄林提出了资源禀赋理论。大卫·李嘉图通过构建两个国家（地区）两种产品和劳动要素的模型，提出的"相对优势"理论认为：一个国家或地区只要在生产某种产品时具有相对于其他国家或地区较低的成本，就可以在产品出口中具有比较优势，从而在贸易中获利[35]。保罗·萨缪尔森和罗纳德·琼斯进一步加入其他特定生产要素构建模型，对李嘉图的模型进行了突破研究。赫克歇尔—俄林提出的资源禀赋理论又称为要素比例理论，其主要内容是：当两个国家或地区在相同的生产技术水平下，投入两种相同的生产要素，所生产的两种商品必然价格相同，若面对同样的市场需求，两国所投入的生产要素比例不同会使商品的成本不同，且国内资源比较充裕的国家更易于降低该种商品的生产成本并出口该种商品，从而在贸易中获利。

"相对优势"理论和资源禀赋理论共同构成了比较优势理论，该理论认为发达国家的产业选择和发展重点应为资本密集型产业和技术密集型产业，不发达国家的产业选择和发展重点应为农业等劳动资源密集型产业。在此基础上，日本经济学家进一步提出了"动态比较优势理论"，从动态和发展的角度为国家优势产业发展和产业结构调整提供了理论支持[36]。

比较优势理论认为，一个国家或地区的主要经济力量应该优先放在具有劳动生产率优势的产业上。随着区域比较优势的不断变化，代表先进产业发展方向的产业应得到重点扶持。比较优势理论对国家长期和短期产业结构调整具有理论指导意义。

二、产业结构理论

产业结构理论主要阐释产业结构与经济发展的关系，为研究产业演变、产业构成、产业规划及产业布局对国民经济结构和经济发展的影响提供依据。主要包括迈克尔·波特的钻石理论、库兹涅茨的产业结构优化理论、罗斯托的主导产业理论和产业链理论。

1. 钻石理论

1990年，迈克尔·波特在其著作《国家竞争优势》中提出"国家竞争优势"

理论，从国际贸易和国际分工的角度，基于全球10个国家100个行业的调查研究，阐释了生产要素、需求条件、相关支持产业、企业战略四个要素，以及政府和机遇两个外在条件对国家产业竞争力的影响。其中，生产要素包括人力资源、天然资源、资本资源、知识资源、基础设施等；需求条件主要是国内市场；相关支持产业主要是与该产业相关的上下游产业；企业战略是指支配企业创建、组织和管理的条件，及面对国内竞争做出的企业发展策略[37]。而政府和外在机遇对四个要素的影响，能够改变产业及国家的竞争力。

2. 产业结构优化理论

1941年，库兹涅茨在其著作《国民收入及其构成》中阐述了国民收入与产业结构之间的关系，提出农业部门、工业部门和服务部门的概念，通过大量历史经济资料研究，得出随着经济社会的不断发展，产业结构和劳动力的部门结构将趋于下降，政府消费在国民生产总值中比重的上升伴随个人消费比重的下降。列昂惕夫对产业结构进行了更加深入的研究，于1953年和1966年分别出版了《美国经济结构研究》和《投入产出经济学》两部著作，提出运用投入产出分析体系进行经济结构体系与各部门之间关系的研究，以及经济政策的研究。丁伯根则进一步丰富和完善了产业结构理论，将经济政策分为数量政策、性质政策和改革政策三种，其中，性质政策是影响结构改变的最重要因素；提出投入产出法进行产业关联分析。贝恩在其《产业结构的国际比较》一书中，提出产业结构优化即产业结构高级化和高度化的动态过程，其过程体现了产业间优势的更迭和产业结构系统从较低级形式向较高级形式转换的过程，以及向产业结构高知识化、高技术化、高加工度化、高附加值化的过程。

3. 主导产业理论

美国著名经济学家罗斯托在其《经济成长的过程》和《经济成长的阶段》等著作中提出"经济起飞理论""主导产业扩散效应理论"和"经济成长阶段理论"[38]，认为在传统社会阶段、经济起飞前阶段、经济起飞阶段、成熟挺进阶段、追求生活质量阶段的主导部门分别为农业部门、工业和交通等部门、商业和服务业等部门、新兴产业部门、耐用消费品和服务部门、医疗和旅游等部门[39]。倡导优先发展主导部门，进而带动整个经济的起飞和可持续发展。他认为主导产业包括以下特点：首先，在特定的时间里，该产业部门的增长态势强劲，并且形成显著的规模；其次，该产业部门在发展的阶段存在对整个社会经济的渗透和影响[40]。主导产业不仅在产业结构中具有重要优势，而且与其他产业之间存在特定关联，对其他产业的发展具有带动作用，对推动整个经济发展和产业结构优化具有显著的主导作用。经济增长的过程就是新旧主导部门连续更替的过程[41]。新主导部门的形成和旧主导部门的衰落代表经济增长的不同阶段。罗斯托由此成为主导产业理论的奠基者。该理论成为国外学者研究战略产业的理论基础。

主导产业选择理论主要包括单基准理论和多基准理论。单基准理论是对单个产业进行选择的理论，代表分析方法包括DEA、投入产出分析法等；多基准理论是基于多个指标，运用多元统计方法进行分析的理论，代表分析方法包括钻石理论基准法、主成分分析法、因子分析、聚类分析、层次分析、灰色关联分析、BP神经网络、W-T模型等。代表性理论包括罗斯托的三项扩散基准理论、赫希曼的前后关联基准理论和筱原三代平的两原则基准理论。罗斯托的三项扩散基准理论认为，判断一个产业是否为主导产业的关键是看三种扩散效应，包括前向关联效应、左右关联效应和后向关联效应。该理论可用于定性分析，但缺乏可操作性的定量分析依据。

赫希曼的前后关联基准理论认为主导产业的选择过程是在产业发展的链条上选择一个与前向产业、后向产业均有较高关联度的产业，通过该产业对前向产业和后向产业发展的带动和促进作用，推动产业结构升级和经济发展。关联度的高低可用感应度系数和影响力系数来分析[42]。

筱原三代平在其著作《产业结构论》中提出，主导产业的选择应从产品成本的动态角度综合分析，而不应静态地以当前的产品成本为基准，由此提出了两原则基准理论，即对一个国家或地区进行产业规划的两个原则为"收入需求弹性"基准原则和"生产力"基准原则。当从历史发展的角度看某产品的成本时，未来市场的巨大需求和规模化生产都会引起成本的下降，产品进口价格就会相对偏高，这就避免了静态环境下考察产品时成本较高的弊端，而将具有高成长性和高带动性的产业排除在外。根据两基准原则，某产品的消费需求增长率与收入增长率的比值大于1时，该产业处于快速成长或需要加快发展的时期；某产业的科技转化速度较其他产业快时，该产业应为重点发展和扶持的产业。筱原三代平的两基准原则和环境基准、劳动基准，共同构成了日本政府制定产业政策的理论基础[43]。

克雷默尔提出判断产业是否为一个国家或区域的主导产业的标准应该是该产业的生命力长短，生命力和竞争力强的产业往往能够对经济社会产生较大影响。凯因泽则提出主导产业选择的三个标准：产业发展前景、产业关联度、产业就业效应[44]。Keizer 认为，主导产业是一个区域经济发展的核心动力，应具有较强的发展前景、较大的产业关联性和庞大的就业效应[45]。

一般认为，经济增长的过程就是新旧主导部门连续更替的过程，主导产业对其他产业的发展具有带动作用，对整个国民经济具有支撑作用，新主导部门的形成和旧主导部门的衰落代表经济增长的不同阶段[46]。主导产业的主要特征为：能够通过科技进步或创新机制形成新的生产函数；能够促进经济保持高速增长率；能够对国民经济中的其他产业产生较强的扩散效应。

战略性新兴产业与主导产业的关系体现在：首先，主导产业或支柱产业为战略性新兴产业提供成长要素支撑和环境保障；其次，作为目前一国或地区经济支柱的主导产业或支柱产业，在将来可能被战略性新兴产业所取代。电力、石油、煤炭、冶金、机械等基础产业为战略性新兴产业提供发展的基本条件，交通运输、邮电通信等基础产业部门为其提供基础设施[47]；风能、太阳能等新能源产业的迅速发展直接削弱石油、煤炭等基础能源产业在国民经济发展中的基础性地位[48]；战略性新兴产业与基础产业具有演进和替代的关系，部分基础产业由于经济结构调整和经济发展方式的转变，可能被未来发展为主导产业和支柱产业的战略性新兴产业取代。

4. 产业链理论

产业链思想起源于西方，1776 年亚当·斯密在《国富论》中提出的分工理论被理论界认为是产业链理论诞生的基础，基于分工的一系列产品关系链条被认为是产业链思想的萌芽[49]。20 世纪初，马歇尔提出的分工协作思想，被称为产业链理论的真正起源[50]。但产业链的概念通常较为少用，较为常见的概念是价值链、生产链等。产业链中最重要的一环是企业技术创新，包括企业技术创新和行业内技术扩散两个过程。张耀辉提出以企业行为为主体，技术创新为核心的产业活动，其最终归宿都是产业链创新[51]。对产业链理论的认识可从以下几方面进行探析：

一是价值链理论为产业特点研究提供基础。价值链的概念最早是由迈克尔·波特在其 1985 年出版的《竞争优势》一书中提出的，他从价值链形成的角度对其进行了阐释，认为价值链的本质是原材料转换成一系列最终产品并不断实现价值增值的过程[52]，是企业在生产经营的一系列环节中通过各项投入引起价值增加最终形成的一条成本链。彼得·海恩斯从价值实现角度将顾客的因素纳入价值链的分析体系中，并将价值链定义为"集成物料价值的运输线"。国内不少管理学家从供应链角度对价值链的概念进行了深化，认为价值链管理对供应链流程优化和企业价值增值具有重要意义[53]。价值链阐述了产业链中的价值增值过程，为产业链研究提供理论基础。

二是产业关联理论为产业链研究提供支撑。产业关联主要揭示产业之间的经济技术关系，包括对产业间技术经济动态联系方式和运行变化规律的考察和解释，一般包括质和量两个角度。产业关联理论认为，产业间的相互供给和相互需求关系，是各个产业生存和发展的基础和动力，如果产业间的要素支撑一旦破裂，其他产业的需求和发展就会受到威胁，产业发展的生命力就会丧失。换言之，产业间的供需关系是产业关联理论的实质[54]。根据产业间再生产过程中产品的需求关系，产业关联的具体方式主要有前向关联和后向关联、直接关联与间接关联、单向关联与多向关联；根据产业间再生产过程中要素的需求关系，产业关联可分为原料关联、技术关联、资本关联和劳动力关联等[55]。产业关联研究中常用的方法为投入产出分析法，该方法最早由列昂惕夫提出[56]，经彼得·卡尔门巴克、萨缪尔森、索洛、钱纳里等学者进行深入理论研究和实证研究，产业关联传递路径得到进一步明晰，并为产业链内涵、特征、功能研究提供了重要理论支撑。

三是产业集群为产业链理论提供现实依据。产业集群的概念最早来自韦伯，他将区位因素划分为集群因素和区域因素两类。迈克尔·波特进一步从价值链和组织变革的角度提出产业集群是在特定区域中，企业和相关组织之间密切联系而形成的网络结构[57]。克鲁格曼则从知识和创新的角度对产业集群进行了研究。国内学者提出，产业集群是以价值链为基础，以某一个或某几个相关产业作为核心的地方生产系统，其产生发展依赖于本地专业型的知识体系，既突出了现代产业的特征，又形成了空间集聚特性[58]。产业集群所揭示的企业之间的关联，本质上反映了产业链中企业上下游之间的关系。

三、产业发展理论

产业发展理论主要包括产业生命周期理论、"配第—克拉克"定律和"雁行学说"理论，主要研究产业发展的动因和产业发展过程中的规律。

1. 产业生命周期理论

1966年，Vernon提出了"产品生命周期理论"。在此基础上，1982年，Gort和Klepper通过对46个产品最多长达73年的时间序列数据进行分析，按产业中的厂商数目进行划分，建立了产业经济学意义上第一个产业生命周期模型，从而为企业进行外部环境分析提供了理论依据。已有的研究成果对产业生命周期的研究主要集中于产业生命周期的阶段性变化对企业战略决策的影响，以及在不同产业阶段的企业选择和战略决策。如1990年，John Londregan构建了产业生命周期不同阶段企业竞争的理论模型。

产业生命周期是一种定性理论，它忽略了产品和企业等个体差异，而是将产业作为一个整体来进行考虑。借助产品生命周期理论，产业的生命周期也可以划分为四个阶段：形成期、成长期、成熟期和衰退期。而以新技术为主导的新兴产业的发展阶段可以分为萌芽期、引入期、快速发展期和成熟发展期四个阶段[59]。弗农[60]、阿伯纳西[61]、高特[62]、克莱伯和格莱迪[63]、阿加瓦[64]等证明了该理论。

2. "配第—克拉克"定律

英国古典政治经济学家威廉·配第于17世纪提出由于产业间存在相对收入差距而导致劳动力在产业间存在资源流动的现象，造成这种现象的原因是制造业相对于农业能够获得更多收入，而商业相对于制造业能够得到更多收入。在此基础上，克拉克进一步考察了劳动力在三次产业间的分布规律，提出随着经济发展和国民收入水平的提高，劳动力逐步从第一产业流向第二产业，进而流向第三产业，这一规律被称为"配第—克拉克"定律。世界银行专家霍利斯·B.钱钠里以"配第—克拉克"定律为理论依据，对发展中国家的经济情况进行研究，并提出"标准产业结构"概念，为世界各国发展政策和战略的制定提供了理论支撑。

3. "雁行学说"理论

20世纪中叶起，日本经济进入迅速发展时期，经济成功的同时实现了产业结构的优化升级，并在汽车等产业领域实现了与欧美国家比肩的局面。在此背景下，1960年，日本经济学家赤松要根据当时日本经济的二元结构特征提出"雁行形态学说"理论，通过分析日本纺织工业的动态发展过程，得出日本产业生命周期的雁行形态学说。该理论旨在帮助经济落后国家赶超先进国家，提出落后国家应遵循"进口—国内生产—出口"的发展模式，来促进产业结构的优化，过程如同飞翔的三只大雁。其中，第一只大雁为由国外大量进口产品引起的进口浪潮，第二只大雁为进口刺激国内市场引发的国内生产浪潮，第三只大雁为国内生产发展引发的出口浪潮。该理论还涉及产业发展次序，即产业发展遵循的一般次序为从消费资料产业到生产资料产业、从农业到轻工业再到重工业。青木昌彦、安藤晴彦等从"模块化"角度对日本产业经济结构进行分析，进一步揭示了日本和美国在新产业发展方面存在的差别，验证了日本产业发展的"雁形"形态。[65]

四、技术创新理论

1912年，约瑟夫·熊彼特在其《经济发展理论》一书中首先提出"技术创新"的概念。他认为，新的生产函数的建立，即生产要素的重新组合是把一种原有的资源组合重新排列，经过一系列的重组，对原有的资源组合产生创造性的破坏，从而形成技术创新的能力，促进新的生产方式的出现[66]。这一理论从技术的角度为新产业的产生奠定了基础[67]，从企业创新的角度揭示了非周期因素对经济波动的影响。

1980年，迈克尔·波特在《竞争战略》（*Competitive Strategy*）一书中，将新兴产业定义为通过技术创新、相对成本结构、新消费需求的变动等因素新建立或重新形成的产业；或是因为经济及社会变化导致某种新产品或新服务的出现，而形成的新事业[68]。1991年，波特在其《国家竞争优势》（*Competitive Advantage of Nations*）一书中，进一步提出企业持续的"创新"活动，使企业具有产品差异型竞争优势，为充分发挥地区经济的比较优势奠定了基础[69]。波特提出的五力模型、钻石理论和"创新"思想，将产业经济学和企业战略管理紧密联系起来。

Matti Projola、Sturgeon 认为，信息技术、生物技术、新材料技术等在技术上的不断进步和变革促使新兴产业不断出现，新技术的产业化即形成了新兴产业[70]。美国学者 Paul R. Krugman 在 Raymond Vernon 的"产品生命周期理论"的基础上，他们将技术创新引入贸易理论模型，提出科技革命推动其至决定了新兴产业的发展和演变，发达国家必须持续地进行技术创新，以保持领先的创新能力[71]。

第二节 基于影响因素的战略性新兴产业发展研究

产业系统是由一定结构中互相区别、互相联系、互相作用的若干要素，在一定的特定条件约束下所形成的一个具有特定功能的有机体,管理要素、技术要素、人员要素、市场要素、资源要素、营销要素等共同对该系统产生作用。早在1958年,A. O. Hirshman就指出,发展中国家应集中有限资源,首先发展一部分重点产业,即战略性产业,其次以此为动力,逐步扩大对其他产业的投资,带动其他产业的发展[72]。彭升庭等从三个方面将战略性新兴产业发展的一般规律进行了归纳:一是科技革命是战略性新兴产业发展的原动力;二是社会危机是战略性新兴产业发展的重要契机;三是政府扶持和产业政策的正确引导是战略性新兴产业崛起的重要手段[73]。

从国外研究现状看,学者们对战略性新兴产业的概念没有明确提及,但是对战略性产业和新兴产业两个概念都有涉及和研究。

国内有些学者从战略性的角度对"战略性新兴产业"进行了研究,认为其在国民经济和产业结构调整中具有重要作用,并代表未来产业的发展方向,最终会成为对国民经济和社会具有战略支撑作用的主导产业和支柱产业,如朱瑞博[74]、蒋珩[75]、王新新[76]等;有些学者从产业融合或产业关联的角度进行研究,认为战略性新兴产业是战略产业和新兴产业的结合,如邓江年[77]、杨以文等[78]、李江等[79]。

结合已有研究的文献梳理,本节主要从战略性新兴产业与政府规划、技术创新、市场环境、企业战略、资本融资、人力资源六个影响因素之间关系相关研究分别进行综述。

一、战略性新兴产业与政府规划

政府为了实现一定的经济和社会发展目标,会对产业形成和发展进行调控,制定相应的产业政策、法律法规,以弥补市场资源配置的缺陷,增强产业发展的后发优势,使产业更加适应市场环境,为国民经济持续、快速、健康发展提供保障。

赫希曼在其《经济发展战略》一书中阐释了主导产业的选择基准,认为发展中国家的政府应集中要素资源推动主导产业发展,以弥补资本有限或资源稀缺的问题,通过对主导产业的扶持和培育,促进其他关联产业的发展和产业结构的升级,以及国民经济的腾飞[80]。Chesnais[81]、Scott[82]、Toby Harfield[83]认为政府的引导作用在新兴产业的发展中不可替代。金融危机过后,公共部门和私营部门之间的相互依赖显得越来越重要,对新兴产业的研究成为一个及时的问题,但对不同国家来说,两部门之间如何相互协调、共同促进新兴产业发展却是难以定论的[84]。

国内学者从不同角度对战略性新兴产业发展过程中政府的作用进行了研究。余东华等在"市场失灵论"和"体制扭曲论"的基础上提出了"政府不当干预论",以解释中国战略性新兴产业出现产能过剩的原因[85];陆国庆等研究政府对战略性新兴产业的补贴绩效,结果表明政府对战略性新兴产业创新补贴的绩效是显著的,但政府创新补贴对单个企业本身产出绩效作用并不大[86]。贺正楚等以湖南省为例,运用 Weaver – Thomas 产业评价模型,对该省的战略性新兴产业进行了评价与选择[87]。根据天津市的产业结构情况,张贵提出,应该大力培育生物技术和现代医药、新能源和环保产业等高新技术产业[88];刘刚则进一步将天津市的发展重点确定为新能源汽车、新能源、生物医药和数字内容四大产业[89]。另外,林平凡[90]等对广东省的战略性新兴产业进行了研究,吴俊等[91]通过对江苏省企业层面数据研究表明政府研发补贴、企业技术吸收能力、大企业虚拟变量与产学研合作之间的交互效应对战略性新兴产业创新绩效都具有稳健而显著的正向影响,黄先海[92]对浙江省进行了研究,提出以新能源、高端装备制造、新一代信息技术、电动汽车作为战略性新兴产业的突破口。而牛立超[93]将北京、天津、河北作为一个区域进行分析,从京津冀战略性新兴产业发展的空间布局方面做了研究。

《国务院关于加快培育和发展战略性新兴产业的决定》(2010)中明确指出,战略性新兴产业是以重大技术突破和重大发展需求为基础,对经济社会全局和长远发展具有重大引领带动作用,知识技术密集、物质资源消耗少、成长潜力大、综合效益好的产业[94],明确了高端装备、新材料、新能源、新一代信息技术、节能环保、生物、新能源汽车七个产业作为我国优先发展的战略性新兴产业。战略性新兴产业是我国根据国情提出的概念,是具有导向性、长远性、全局性特点的新兴产业,是具有先进技术水平和强大发展潜力的产业,是能够对区域经济社会发展起到支撑作用的高集约化和高关联性的产业,是新兴产业与战略产业交叉融合且与国家经济发展战略紧密对接的优势产业。战略性新兴产业包括"战略性"和"新兴性"两个特征。"战略性"表现在产业发展方向与国家发展战略一致,体现了其政治性和全局性的特点,代表经济社会发展方向,关系国家经济命脉和产业安全,产业增长潜力和上下游产业辐射力有利于经济社会的可持续发展和国际竞争力的提升。"新兴性"表现在战略性新兴产业的技术创新与时俱进上,体现了其进步性和成长性的特点,代表了先进技术的发展方向,产品符合市场未来需求和预期,产业的生长后发优势不断增强,与国际先进水平步调一致,未来成长壮大的空间很大。

从严格意义上来说,国际上并无"战略性新兴产业"(Strategic Emerging Industries)这一概念,与其相近的英文概念是"Emerging Industry"和"New Industry"。相对于西方国家的研究而言,"战略性新兴产业"是近年来根据我国国情提出的一个新概念,也是我国政府和学者共同关注的一个热点。随着经济危机、金融危机的周期性爆发,各国为摆脱其影响,纷纷将科技创新作为重要的战略投资,不断加大研发投入,并根据各国情况将一部分产业确定为重点扶持产业,美国、欧盟、日本等国家还提出了"新兴产业"计划,从而为新兴产业的发展提供了一个重要契机。

二、战略性新兴产业与技术创新

1912年,约瑟夫·熊彼特在其《经济发展理论》一书中首先提出"技术创新"的概念。他认为,新的生产函数的建立,即生产要素的重新组合是把一种原有的资源组合重新排列,对原有的资源组合产生创造性的破坏,从而形成技术创新的能力,促进新的生产方式的出现。这一理论表明,创新至少从技术和制度两方面对新兴产业形成驱动影响,为新产业的产生奠定了基础[95]。通过创新资源在企业内部的重组,技术和创新能力不断被积累,原有产业被改变或新兴产业被催生,新企业进入产业市场,新兴技术实现从企业到产业的复杂过渡[96]。新兴产业和新生产力的出现必然要求得到新制度和新生产关系的支持,使资源在新的组织形式上被重新配置[97]。

1980年,迈克尔·波特在其著作《竞争战略》(Competitive Strategy)一书中,将新兴产业定义为通过技术创新、相对成本结构、新消费需求的变动等因素新建立或重新形成的产业;或是因为经济及社会变化导致某种新产品或新服务的出现,而形成的新事业[98]。后来,波特进一步在其《竞争优势》(Competitive Advantage)一书中提出,企业持续的"技术创新"活动,是企业形成产品成本优势,进而在产业内具有差异性竞争优势的前提,也是充分发挥区域经济比较优势的基础[99]。

Abernathy和Utterback基于产品生命周期理论,从技术创新角度研究了技术创新对产业成长的作用,探讨了产品创新与工艺创新之间的相互依存关系,提出了A-U模型;Gort和Klepper进一步在A-U模型基础上,研究了46个产品在73年间的时间序列变化情况,结合厂商进入产业的数量提出G-K模型[100]。Matti Projola和Sturgeon认为,科技的进步和不断突破促使信息技术、生物技术、新材料技术等不断产业化，从而催生了新兴产业，并导致新兴产业的发展和演变[101]。美国学者 Paul R. Krugman 在 Raymond Vernon 的"产品生命周期理论"的基础上，将技术创新引入贸易理论模型，提出科技革命推动甚至决定了新兴产业的发展和演变，发达国家必须持续地进行技术创新，以保持领先的创新能力[102]。

Russo 认为，从政治的角度，对一个国家和社会来说，新兴产业是一个重要产物，它可以振兴经济，扩大就业，并可以刺激"环境优先型"技术的产生和发展[103]。但国家如何刺激新兴产业的形成，还需要进一步的深入研究[104]。战略性新兴产业是新兴科技和新兴产业的深度融合，既代表着科技创新的方向，也代表着产业发展的方向[105]。战略性新兴产业的内涵主要体现在其与主导产业、基础产业、高新技术产业之间的关系中。

有些学者认为战略性新兴产业应掌握产业关键核心技术[106]，在培育和发展战略性新兴产业时应遵循技术优先，而非投资优先的原则，强调了自主创新和核心技术在战略性新兴产业发展中的作用，认为科技的进步和创新带动了新兴技术和新兴产业的出现，进而推动了战略性新兴产业的发展，即战略性新兴产业依赖于科技的进步，并将战略性新兴产业的发展模式分为技术领先的发展模式和技术追随的发展模式[107]。有些学者从技术创新和技术进步的角度进行研究，如郑雄伟[108]、马艳华[109]。

战略性新兴产业具备高技术、新技术的特点，属于高技术产业范畴，但是高技术产业不一定是战略性新兴产业[110]。可见，技术密集度高、更新速度快、具有较高附加值的技术产业对相关新兴产业能够产生带动作用[111]。

三、战略性新兴产业与市场环境

产业组织既包括系统内部资源的有效整合，也包括市场主体之间的相互影响[112]。战略性新兴产业发展不仅要重视政府支持和技术创新，还要关注市场规律和市场需求，只有经受市场检验和洗礼的产业才能不断发展和壮大。

早在 1990 年，Porter 就提出新出现的产业或传统产业提升而成的产业来源是新的市场需求和科技创新[113]；迈克尔·波特认为，新兴产业是新形成的或在原有产业基础上重新形成的产业，科学技术的重大突破、相对生产成本的变化、新的消费需求的出现、经济社会变化带来的潜在商业机会使其产生动因[114]。Toby Harfield 认为，相对于政府的政策支持和鼓励，尊重市场竞争规律更有利于新兴产业的发展；Nicole Pohl 对日本产业振兴合作组织（IRCJ）的研究也表明在产成长和发展过程中,政府的调控作用和干预方式有待进一步探索,政府的作用机制与产业振兴的关系尚不明确[115]。

部分学者认为市场作用对战略性新兴产业发展具有基础性作用,相对于政府的支持,市场的基础性资源配置更具内生性。熊勇清等提出了基于"现实环境"与"实际贡献"双视角的国内外需求分析评价框架,并以光伏产业为例开展了实证研究。"现实环境"视角的分析表明,我国战略性新兴产业目前面临着国际市场的"两种阻击"和国内市场的"两个背离",具有明显的异质性;"实际贡献"视角的分析表明,国内市场对战略性新兴产业发展的影响存在滞后期,初期拉动作用不明显但长期贡献大于国际市场[116]。钟清流提出战略性新兴产业在发展初期属于幼稚产业,需要包括政府规划引导、体制创新、政策激励和组织协调在内的外力扶持,但政府仍然属于外生性因素,应以调控和改善产业发展的外部环境为工作重点,为战略性新兴产业创造良好的外部条件,有效的市场资源配置是政府调控产生作用的内生因素,规范、有序的市场环境才是战略性新兴产业成长的根基[117]。鞠晓峰等运用产业发展动力学模型,揭示了通信卫星应用产业的成长规律,提出应遵循市场规律,利用产业后发优势实现产业发展[118];桂黄宝认为战略性新兴产业存在动力不足的问题,通过对新能源产业成长动力机制的研究,提出包括创新驱动、政策推动、需求拉动及市场竞争在内的"四轮驱动模型",主张市场需求作为新兴产业发展的重要动力,在新兴产业发展的初始阶段应位居第一[119]。

多数学者认为,市场选择与政府扶持的相互融合能够促进新兴产业发展。吴宇晖等通过对战略性新兴产业发展主要动力要素进行研究,得出市场需求、技术创新、政府政策为战略性新兴产业发展提供动力支持[120]。张少春提出,政府对关系国家经济、社会、国防安全的战略性领域和战略性新兴产业的关键环节发挥宏观指导、政策激励和组织协调的宏观调控作用的前提是市场调节作用的实现和市场规律的充分发挥[121]。剧锦文认为,将政府的宏观调控与市场的需求和基础调节作用结合起来是战略性新兴产业发展的基本条件[122]。新兴产业是相对于传统产业而言的,是运用新技术所形成的具有高附加值的产业,代表产业结构的调整方向和科技创新的产业化方向,其特征为高投入、高风险、高回报[123];新兴产业具有较高的劳动生产率和较旺盛的产业需求[124],将市场需求与政府宏观调控结合起来,共同作用能够对经济增长产生明显的拉动作用,有利于提升区域竞争力[125]。

四、战略性新兴产业与企业战略

新产业是企业成长的重要环境,如果对新产业的形成过程和规律缺乏了解,会导致企业在竞争中做出的反应有所偏差。所有企业都应该了解并制定相关战略,通过成本领先战略、差异化战略和集中战略等有效的竞争战略,使企业在市场中处于有利地位,以保证企业的市场占有率[126]。国内外文献研究表明,战略管理能力的缺失是造成企业在新产业领域失败的最根本原因[127];如 Rajshree Agawal 发现,在新兴产业萌芽期,由于部分企业的错误反应,会降低技术创新的投入直至完全退出该产业,因此这一时期会存在一个短期的企业数量减少的调整过程[128]。

Chandler 和 Lyon 通过收集和整理数据发现,1980~2001 年发表的有关创业的文章中,基于产业层面对新兴产业进行关注和研究的文章低于 10%,这给新兴产业的研究带来理论和实证上的挑战[129]。Davidsson 和 Wiklund 发现,对新产业的研究多从公司等组成产业的个体层面的行为角度进行,新产业的出现、兴起往往被研究者忽视,收集和利用大样本、面板数据进行实证研究更是一个挑战[130]。

MacMilan 和 Katz 认为新兴产业在发展初期难以认定,因此从实证角度很难对其进行研究[131]。而随着时间的推移,Lampel 和 Shapira[132]、Forbes 和 Kirsch[133]等默认了这一问题的存在。肖兴志认为战略性新兴产业的成长主要表现在产业升级的发展模式和升级的实现形式两个方面,并以低碳产业为例进行了成长模式分析[134];丁明磊等对美国国家制造业创新网络建设的经验考察证明了产业技术创新战略联盟对产业科技资源的集中具有重要意义[135]。因此,鼓励企业开展技术创新应设立高新技术产业园区,培育和壮大战略性新兴产业[136]。国家高新开发区就是发展战略性新兴产业的重要载体和摇篮[137],国家高新开发区在产业集群、创新服务环境和人才资源等方面具有优势,也能够为战略性新兴产业的发展提供保障[138]。

五、战略性新兴产业与资本融资

美国经济学家赫希曼首先提出战略性产业概念,认为战略性产业是在投入产出关系中关联最紧密的经济体系[139]。在此基础上,保罗·克鲁格曼提出战略性产业的识别标准,即是否存在产业的资本或劳动回报率,及是否存在产业的外部经济效应[140]。战略性产业能够产生巨大的外部溢出效应,对国民经济发展具有重要意义，对产业结构调整具有导向作用，对国家综合实力提升具有战略意义，其决定要素主要包括技术创新、市场前景、资源条件、产业结构、成长环境等[141]。战略性产业在国民经济中具有战略地位，对经济社会发展和国家安全具有重大和长远影响；具有成为一个国家未来经济发展支柱产业的可能性[142]。

1953年，列昂惕夫在对美国1947年的贸易数据进行贸易结构分析时，发现美国进口产品的资本密集程度高于出口产品的资本密集程度，揭开了资本对产品贸易和产业发展影响的研究序幕[143]。Vanek[144]、Leamer[145]、Trefler[146]等分别从贸易和市场消费等角度对资本要素的作用进行了分析。

在资本融资支持战略性新兴产业发展研究方面，学者们从不同角度进行了探索，但在以下观点上基本一致：由于生产资本和金融资本在技术导入期和拓展期的驱动力、性质各不相同[147]，金融支撑体系在促进新兴产业发展过程中具有积极的作用[148][149]。李海波[150]认为，战略性新兴产业在不同的发展阶段需要不同的融资模式和多元化的融资渠道，战略性新兴产业初期不适合大规模投资和信贷支持，构建资本主导的金融资本有机耦合系统有助于战略性新兴产业的成长；完善的商业银行融资服务体系和担保体系，有助于战略性新兴产业融资体系的形成。熊广勤[151]认为在战略性新兴产业初创阶段，来自政策性银行的信贷支持有助于弥补资本市场直接融资不足的缺陷；在战略性新兴产业成长阶段，应依靠以商业银行信贷为主的间接融资模式，以增加外源性融资；在战略性新兴产业成熟阶段，资本市场融资的直接融资模式应为企业首选，以维持企业稳定的盈利能力和市场表现。顾海峰[152]从战略性新兴产业的业态演进角度构建了一个金融支持体系，主要包括市场性金融支持机制、政策性金融支持机制、银行信贷市场为主导的间接金融体系和资本市场为主导的直接金融体系，政府通过直接的或间接的干预，引导金融机构在产业内和产业间开展金融资源配置，使之达到符合国家产业发展的规划。王健[153]通过对战略性新兴产业发展效率进行评价，给出了金融支持战略性新兴产业的理论支持。

从我国现有的融资情况来看，债权融资[154]、融资效率[155]、股权融资[156]等问题对科技型企业及战略性新兴产业的发展有重要影响。融资渠道狭窄、融资政策不完善[157]等都需要政府建立相应的金融机制[158]和融资体系[159]。来自资本市场的金融支持是产业进行技术创新的原动力，美国信息产业的发展得益于建立了发达的资本市场，为企业创新提供了强有力的资金保障，促进了创新成果的产业化[160]。

刘志阳等[161]认为影响战略性新兴产业的六大决定因素包括国家的作用、系统技术优越性、可升级性、联盟治理能力、初始用户基数以及金融资本的催化作用。

六、战略性新兴产业与人力资源

战略性新兴产业具有知识密集性特征，对人力资源具有较高要求。部分实证研究表明，研发人员投入对创新绩效具有显著正向影响。Nelson 和 Phelps[162]认为人力资本对创新能力具有外部激励作用，受教育者具有对特殊资本更强的替代性，受到高等教育的劳动者更容易替代低水平受教育者。Hurwitz 等[163]、Ming 等[164]、邹艳[165]、张炜[166]等均认为高素质人力资本有助于技术创新绩效的提高。

张望军等[167]对电子信息企业的问卷调查研究，文魁等[168]对高新技术企业的调查研究，陈云娟等[169]对浙江民营科技型企业员工的调查研究，张军政等[170]对西安高新技术企业的调查研究均证实了人力资本对高技术企业和科技型企业的激励作用，并从不同角度对人力资本激励因素的重要程度进行了排序。郭丹[171]从战略性新兴产业对人力资本的激励机制角度进行了研究，通过访谈调查发现，战略性新兴产业对人力资本的激励形式有限，通过探讨短期激励与长期激励的作用，提出了内部保障制度和外部保障制度的建立范畴。

但也有一部分研究显示，技术人员的人力投入未必与创新绩效显著正相关。Benhabib[172]、Nazrul[173]认为，通过人力资本影响国内自主创新的效率和吸收国外新技术速度角度看，人力资本对创新能力的影响并不显著。冯文娜[174]、曹勇等[175]的研究也表明，研发人员投入对创新产出的显著性影响为弱的负相关关系。

第三节　本章小结

本章对要素禀赋理论、产业结构理论、产业发展理论和技术创新理论进行了详细归纳，对战略性新兴产业与政府规划、技术创新、市场环境、企业战略、资本融资、人力资源之间的相关研究进行梳理，为后文开展战略性新兴产业发展动力机制和创新模式研究提供理论支持。

由绝对优势理论和比较优势理论构成的要素禀赋理论为一个国家或地区应发展劳动密集型产业、资本密集型产业或技术密集型产业提供判断标准和方法；由钻石理论、产业结构优化理论、主导产业理论和产业链理论等构成的产业结构理论为提升产业竞争力、优化产业结构、确定支柱产业、发展集群产业提供理论支撑和判定基准;由产业生命周期理论、"配第—克拉克"定律和"雁行学说"理论构成的产业发展理论为研究产业发展过程中的规律提供理论依据。

已有研究文献表明,战略性新兴产业发展与政府规划、技术创新、市场环境、企业战略、资本融资和人力资源密切相关,但以往研究仅仅将这些因素与战略性新兴产业发展联系起来,并没有对各因素的影响程度进行量化分析;以往有关战略性新兴产业发展模式的研究包括实证分析和理论分析两大类,大多基于产业整体角度进行分析,鲜有针对某一战略性新兴行业的发展模式给出建议。这为后文研究提供了思路和空间。

第二章　战略性新兴产业发展现状

第一章从要素禀赋理论、产业结构理论、产业发展理论和技术创新理论角度对战略性新兴产业发展和创新的相关理论进行了梳理，从战略性新兴产业与政府规划、技术创新、市场环境、企业战略、资本融资和人力资源的相关研究角度对已有文献进行了归纳，为战略性新兴产业发展动力机制和创新模式的研究提供了理论支撑。基于此，本章从战略性新兴产业整体发展情况出发，探讨了北京、上海、广东、江苏等地区的发展现状，并对战略性新兴产业创新能力进行评价。遵循产业发展趋势和指标体系设计原则，本章构建了战略性新兴产业自主创新能力评价指标体系，利用全局因子分析法对 2011 年和 2014 年的全国 31 个地区的战略性新兴产业创新能力和发展潜力进行分析，得出地区间存在产业发展动力差异，为下文开展战略性新兴产业动力机制研究提供思路。

2016 年 3 月，《中华人民共和国国民经济和社会发展第十三个五年规划纲要》再次明确提出要加快战略性新兴产业发展，促进新产业新业态成长，"使战略性新兴产业增加值占国内生产总值比重达到 15%"[176]。2016 年 7 月，国务院印发《"十三五"国家科技创新规划》，指出"十三五"科技创新的目标要紧密结合国家重大战略，瞄准世界科技前沿和战略性新兴产业，培育发展战略性新兴产业，着力提升战略性新兴产业竞争力，发挥创新引领示范作用和辐射带动作用，促进经济提质增效升级、塑造引领型发展[177]。2016 年 11 月，国务院发布的《"十三五"国家战略性新兴产业发展规划》提出，战略性新兴产业发展应坚持供给创新、需求引领、产业集聚、人才兴业和开放融合的原则。在此背景下，本章从整体和区域两方面对战略性新兴产业发展现状进行分析。

第一节 战略性新兴产业整体发展现状

2015年,战略性新兴产业增加值占国内生产总值比重达8%左右,产业盈利能力显著。2011~2014年,我国战略性新兴产业总体发展平稳,呈现增长趋势。从高新技术产业企业数和新产品销售收入情况来看,企业数年均增长率为8.89%,新产品销售收入年均增长率为16.52%,如图2-1所示。

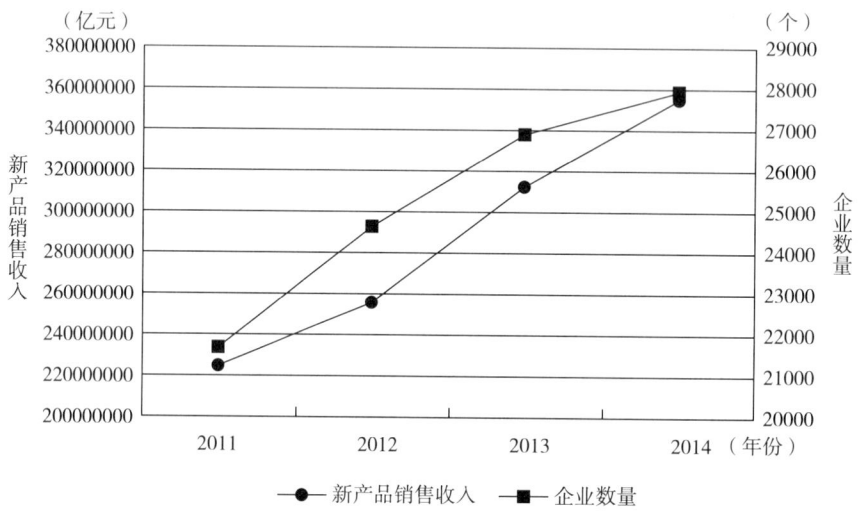

图2-1　2011~2014年高新技术产业企业数和新产品销售收入
资料来源:国家统计局网站。

从高新技术产业发明专利情况来看,2010~2014年我国高新技术产业发明专利申请量与授权量呈现不断上涨的态势,但发展的速度有所不同,如图2-2所示。2010~2014年,我国高新技术产业的发明专利申请量一直保持较快的增长趋势,平均年均增长率为20.35%。2010~2012年,高新技术产业发明专利授权量年均增长率为29.03%,2012~2014年的发明专利授权量年均增长率仅为0.43%,说明在经历了2010~2012年的快速增长期后,高新技术产业发明专利授权进入瓶颈期,产业的创新产出能力有所减弱。

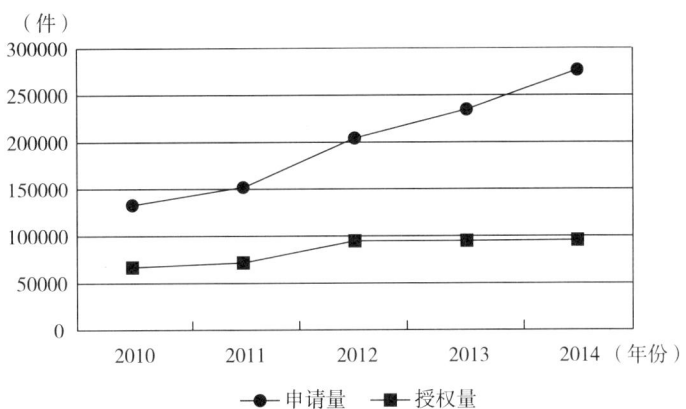

图 2-2 2010~2014 年我国高新技术产业发明专利情况

资料来源：国家统计局网站。

从国内 31 个省份的战略性新兴产业发展情况来看，各地呈现发展不均衡的态势。以 2014 年为例，我国高新技术产业出口交货值为 50765.2 万元，企业数为 27939 个，其中，企业数比例超过 5% 的省份包括广东、江苏、浙江和山东，比例分别为 21.02%、17.37%、8.72% 和 7.57%，其次为安徽、湖南、湖北、北京、天津等中部省市；出口交货值比例超过 5% 的省市为广东、江苏和上海等，比例分别为 33.78%、23.46% 和 8.7%，北京、天津、福建、山东紧随其后。如图 2-3 所示。

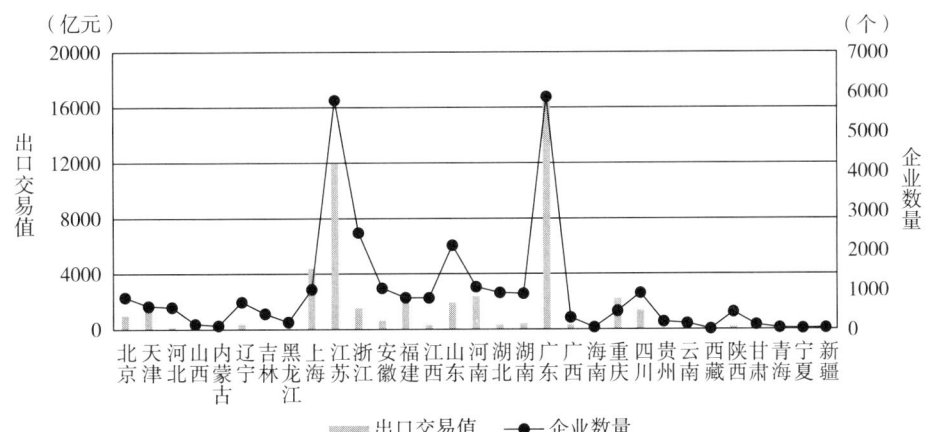

图 2-3 2014 年高新技术产业出口交货值和企业数量

资料来源：国家统计局网站。

从 2011～2014 年我国高新技术产业新产品销售收入看，各省份增长速度不一。其中，北京、上海、江苏等地发展近年来高新技术产品销售收入比较均衡，河北、天津、山西、河南、湖北等地呈增长态势，如图 2-4 所示。

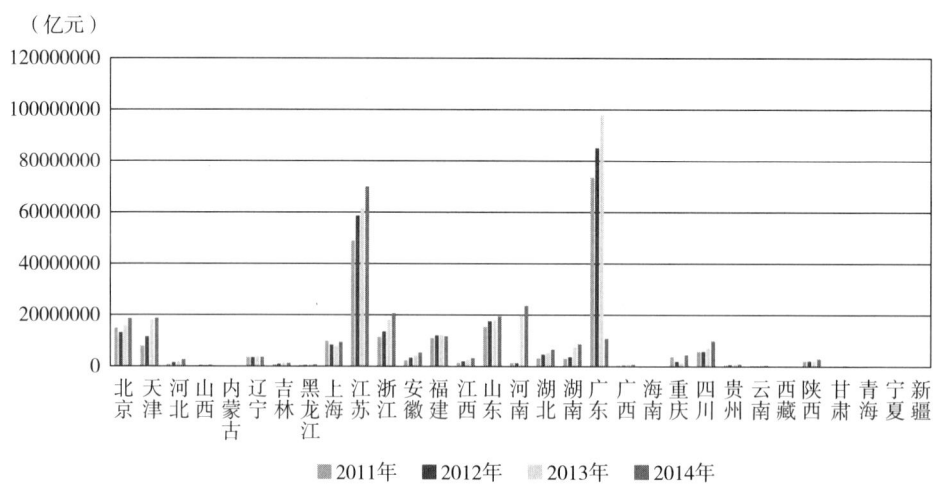

图 2-4　2011～2014 年高新技术产业新产品销售收入

资料来源：国家统计局网站。

第二节　战略性新兴产业地区发展现状

"十三五"规划纲要提出，要围绕重点基础产业、战略性新兴产业的重大需求，加快战略性新兴产业发展，推进技术突破和应用，促进新产业新业态的成长，实现产业向中高端水平迈进。提升战略性新兴产业对产业结构升级的推动作用，力争到 2020 年战略性新兴产业增加值占国内生产总值的比重达到 15% 左右，战略性新兴产业对就业能力的吸纳和带动能力显著提高，产业整体创新能力大幅提升，产业发展水平达到世界先进；力争使节能环保、新一代信息技术、生物、高端装备制造产业成为国民经济的支柱产业，新能源、新材料、新能源汽车产业成为国民经济的先导产业；力争掌握一批关键核心技术，形成一批具有国际影响力的大企业和一批创新活力旺盛的中小企业；力争建成一批产业链完善、创新能

第二章 战略性新兴产业发展现状

力强、特色鲜明的战略性新兴产业集聚区,为经济社会可持续发展提供强有力的支撑。下面以北京、上海、广东、江苏、浙江、山东六个省市为例,对我国部分地区的战略性新兴产业和高新技术产业发展情况作简要分析。

一、北京

自北京市提出基于首都产业基础,重点培育和发展新一代信息技术、生物、节能环保、新材料、新能源汽车、新能源、航空航天、高端装备制造等产业后,北京市高新技术产业进入迅速发展期,主营业务收入和出口交货值得到较大幅度的增加,利润和利税稳步增长,逐步形成"三级载体支撑、四区一带布局"的产业发展格局的目标;明确了以重点产业园区为主要载体,优化园区服务功能,促进产业向园区集聚、向新城集中的发展趋势。明确打造四大重点产业功能区:北部国家战略性新兴产业策源地、南部高端制造业和战略性新兴产业发展新区、东部制造业与服务业融合发展示范区和西部传统工业转型升级示范区,重点发展生态涵养区和绿色产业发展带。2000~2006年,包括生物医药、航空航天、电子及通信设备制造等产业在内的北京市高新技术产业年均主营业务收入增长率为22.49%,2006~2011年年均主营业务收入增长率为10.75%,如图2-5所示。

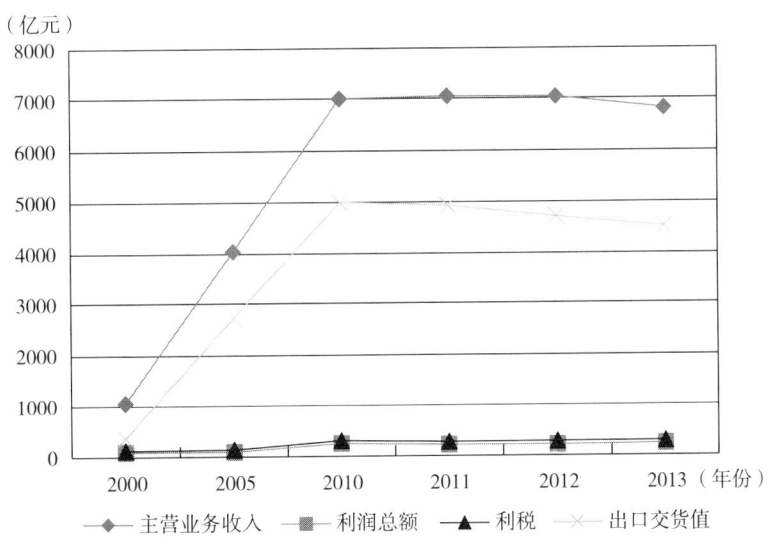

图2-5　2000~2013年北京市高新技术产业发展情况

资料来源:国家统计局网站。

2011年以后,北京市战略性新兴产业进入稳步增长期,年均主营业务收入增长率为4.92%。通过贯彻落实《北京市人民政府关于进一步促进科技成果转化和产业化的指导意见》和《北京市关于加快培育和发展战略性新兴产业的实施意见》,制定《北京市战略性新兴产业科技成果转化基地认定管理办法》等,为战略性新兴产业发展提供制度保障。通过启动专项资金,重点支持战略性新兴产业的共性技术研发及产业化、创新能力建设、基地建设,项目准入退出机制和战略性新兴产业统计监测制度得以建立,一批战略性新兴产业领域内的科技成果转化基地得以建设,战略性新兴产业集聚发展的态势逐渐形成。另外,对资金、人力、土地等资源的统筹,为科技创新成果转化、重大项目建设、重点示范应用工程顺利实施提供了保障。

二、上海

上海市确定新一代信息技术、高端装备制造、生物、新能源、新材料为五大主导产业,节能环保、新能源汽车为两大先导产业。聚焦发展极大规模集成电路、民用航空、云计算、物联网、下一代网络(互联网、通信网、广电网)、新型显示、智能电网、新能源高端装备、智能制造、新能源汽车与汽车电子、卫星导航、生物医药与医疗器械、电子商务与新型贸易现代化、新兴产业技术创新、高技术服务业等重点领域。

2000~2010年为上海市高新技术产业的迅速增长期,主营业务收入、出口交货值增长显著,其中,2000~2006年的主营业务收入的年均增长率为56.25%,出口交货值的年均增长率达127.1%,2006~2011年的主营业务收入年均增长率为14.83%,出口交货值的年均增长率为16.58%;2011年,上海市高新技术产业进入平稳增长期,各类指标数据稳中有降,2011~2014年主营业务收入的年均增长率为-0.93%,出口交货值的年均增长率为-3.33%,如图2-6所示。高新技术产业的发展态势顺应了产业发展周期,与上海市经济增长方式转变及产业结构优化升级也密切相关。在依托对经济增长贡献很大的电子信息制造业、汽车制造业、石油化工及精细化工制造业、精品钢材制造业、成套设备制造业、生物医药制造业六大支柱产业基础上,围绕战略性新兴产业发展和先进制造业改造提升,通过实施一批重大专项工程,设立上海市创业投资引导基金,与国家发展改革委、财政部共同发起设立新能源、集成电路、生物医药、新材料、软件和信息服务业等高新技术产业化创业投资基金,对战略性新兴产业进行专门支持,加大战略性新兴产业的投资和技术改造力度。

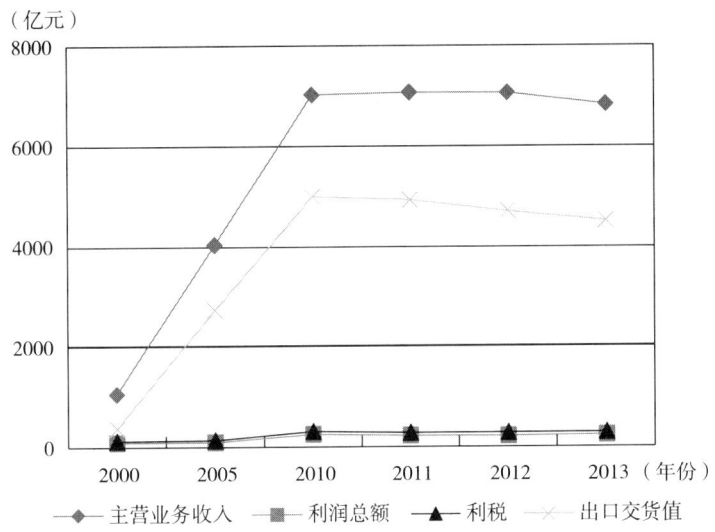

图 2-6 2000~2013 年上海市高新技术产业发展情况

资料来源：国家统计局网站。

三、广东

2000~2006 年，广东省高新技术产业发展一直处于快速增长期，主营业务收入年均增长率为 59.45%；2006~2014 年，广东省高新技术产业发展进入平稳期，2006~2011 年均主营业务收入增长率为 20.18%，2012~2014 年均主营业务收入增长率为 10% 左右，如图 2-7 所示。

广东省高新技术产业发展的状态侧面反映了战略性新兴产业的发展情况，与政策引导密不可分。通过建立或认定综合与专业基地，制订产业、财税、金融、投资、对外经贸合作等扶持政策，设立重大专项引导资金，引导金融机构对战略性新兴产业提供融资支持，设立发展股权基金、风险投资，引导民间资本投向战略性新兴产业；优先发展包括产品设计中心、公共试验检测平台、公共技术研发平台、公共认证及注册服务平台、营销服务平台、孵化器平台、公共交易平台、公共展示平台、公共信息平台、公共培训平台在内的 10 类平台，以推进战略性新兴产业发展的公共服务平台，为壮大广州的战略性新兴产业提供平台基础。如广州明确提出"9+6"战略性主导产业发展框架，即服务业的商贸、会展、金融保险、现代物流、文化创意、商务与科技服务五大领域及制造业的汽车制造、石油化工、电子产品、重大装备四大领域。在此基础上，2012 年广州市发展改革

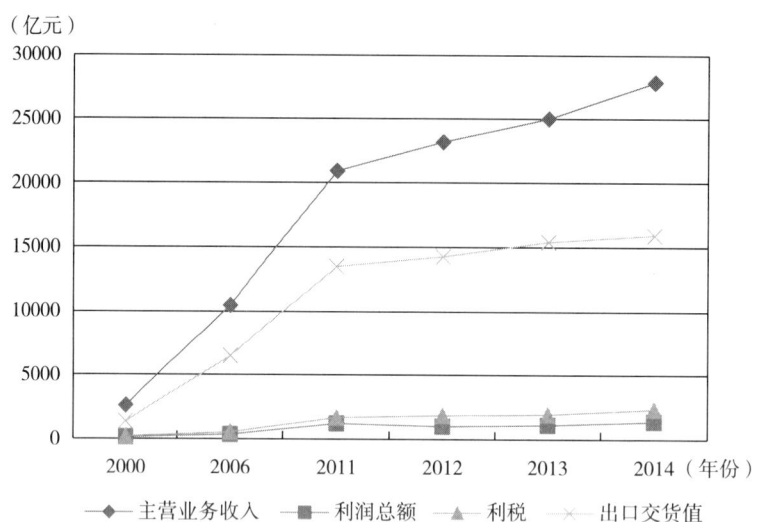

图 2-7 2000~2014 年广东省高新技术产业发展情况

资料来源：国家统计局网站。

委牵头编制了《广州市战略性新兴产业发展规划》，提出广州市现阶段将重点培育和发展新一代信息技术、生物与健康、新材料、时尚创意、节能环保、新能源汽车六大战略性新兴产业。

通过探索体制改革，形成政府扶持、市场引导、企业运作的企业成长机制，发挥政策引导作用，引进外资，实行多种所有制并存，在政策、资源、服务上为产业发展创造环境，建立产业展示、交易、信息的平台；设立专项资金支持新一代信息技术产业发展，并在提升自主创新能力、发展壮大新一代信息技术企业、培育引进产业重大项目、加快产业集聚区建设、培养高素质人才队伍、拓宽融资渠道和创造良好市场环境等方面分别提出了具体的政策措施。如深圳市依托高新技术产业、物流业、金融业和文化产业四大支柱产业，于 2011 年将生物、互联网、新能源、新材料、文化创意和新一代信息技术六大产业确定为重点发展的战略性新兴产业。

四、浙江

浙江省传统产业有电子信息产业，农业、纺织业等，在战略性新兴产业方面，推出了九大战略性新兴产业加以重点支持，具体包括生物、新能源、高端装备制造、节能环保、新能源汽车、物联网、新材料、海洋新兴以及核电关联产业。其中,三大"重中之重"的战略性新兴产业领域分别为物联网、生物产业以及新能源产业。

自2000年起,浙江省在生物医药、高端装备、电子及通信设备制造、计算机及办公设备等高新技术产业领域迅速崛起,2000~2006年,高新技术产业主营业务收入由489.5亿元迅速增加至1742亿元,年均增长率达51.17%,出口交货值年均增长率达103.19%;2006~2011年,高新技术产业主营业务收入年均增长率达18.16%,出口交货值年均增长率达14.64%;2011~2014年,高新技术产业发展速度有所放缓,主营业务收入年均增长率下降至1.89%,出口交货值年均增长率下降至0.69%,如图2-8所示。

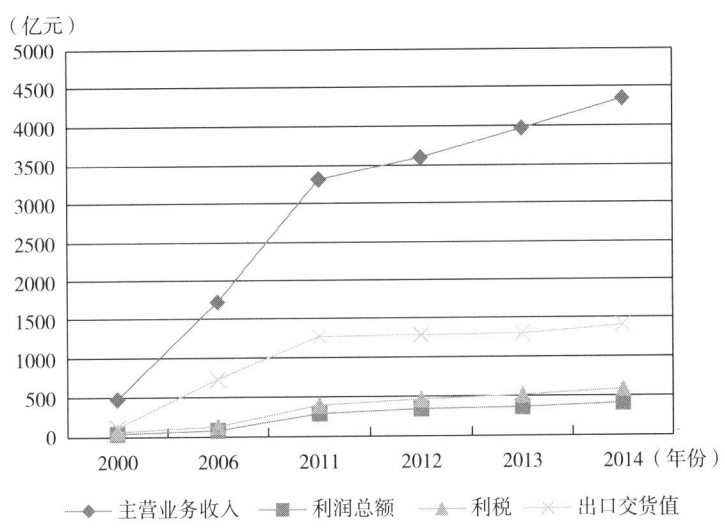

图2-8 2000~2014年浙江省高新技术产业发展情况

资料来源:国家统计局网站。

通过规划引导和政策落实,推进国家和省重点专项,促进产业集群发展,加强产业统计和经济运行监测分析,完善标准化和质量工作体系等推进战略新兴产业发展。主要包括鼓励非货币出资、放宽企业名称限制、开通无区域企业名称和冠省名企业名称核准"直通车"、支持企业兼并重组、实施"非禁即入"等。鼓励非货币出资方面明确指出支持专利权等知识产权以非货币形式注资,鼓励智力成果转化为公司资本,非货币出资最高可占注册资本的70%。对于增加注册资本的战略性新兴产业企业,实施不限制增资部分非货币出资比例的政策。允许战略性新兴企业将涉及其服务内容和服务方式的各类新兴行业用语作为行业表述,战略性新兴产业企业变更为无区域企业名称的,可以直接到省工商局办理名称核准手续,产业企业申请冠省名的,可以直接到企业所在地工商局办理名称核准手续等,从而放宽对企业名称的限制。

五、江苏

江苏省确定了新能源、新材料、生物技术和新医药、节能环保、新一代信息技术和软件、物联网和云计算、高端装备制造、新能源汽车、智能电网和海洋工程装备等十大战略性新兴产业。自2000年起,江苏省的生物医药、高端装备、电子及通信设备制造、计算机及办公设备等高新技术产业便开始迅速发展,2000~2006年,高新技术产业主营业务收入年均增长率达79.35%,出口交货值年均增长率达124.37%;2006~2011年,高新技术产业主营业务收入年均增长率达32.69%,出口交货值年均增长率达30.18%;2011~2014年,高新技术产业发展速度有所放缓,主营业务收入年均增长率为15.51%,出口交货值年均增长率下降至8.24%,如图2-9所示。

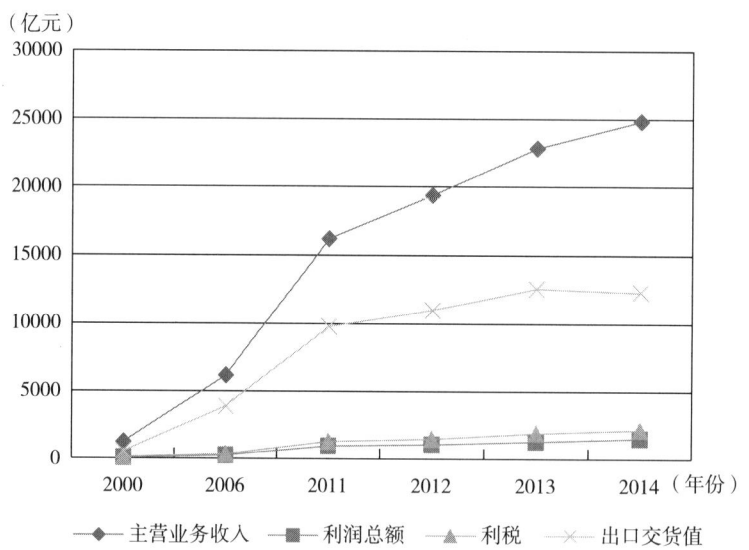

图2-9 2000~2014年江苏省高新技术产业发展情况

资料来源:国家统计局网站。

2000年以来,江苏省高新技术产业的年均主营业务收入增长率始终保持在

15%以上,得益于当地政府的政策支持和融资环境的优化。通过出台《关于加快推进工业结构调整和优化升级的意见》,江苏省有效运用规划引导、政策扶持、法律规范、行政推动等手段,推进装备制造、电子信息、石油化工等主导产业高端化和电子信息、装备制造、汽车、船舶等产业升级,促进制造业产业链向高附加值、高技术含量环节延伸。同时,完善主导产业发展政策环境,贯彻落实相关产业政策、财税政策,加大金融支持、自主创新和资源整合力度;抓好主导产业规划的实施,强化组织领导,完善规划体系,严格目标考核,优化服务环境,使规划纲要在保增长、调结构、促发展中发挥出积极作用;发挥科技与金融结合试点省的优势,通过相关政策意见,为新兴产业企业创新创业提供更多的金融支持;加快推进科教结合、协同创新,加快苏州纳米、宜兴环保产业、无锡传感网、南京无线谷与网络产业、常州科教城高端制造等十大新兴产业科教结合创新基地建设。

六、山东

山东省将新能源、新材料、新医药、新信息、海洋开发、高端装备制造、新能源汽车、节能环保产业八个领域作为重点发展的战略性新兴产业。2000~2006年,山东省生物医药、电子及通信设备制造、计算机及信息技术、高端装备制造等高新技术产业主营业务收入年均增长率为74.94%,出口交货值年均增长率为87.56%;2006~2011年,山东省高新技术产业主营业务收入年均增长率为39.25%,出口交货值增长率为53.85%;2011~2014年,山东省高新技术产业主营业务收入年均增长率为20.3%,出口交货值增长率为2.27%。自2000年以来,山东省高新技术产业等主营业务收入年均增长率始终保持在20%以上,而出口交货值的年均增长率自2011年以来迅速下降,反映了该省高新技术产业良好的国内市场能力,如图2-10所示。

山东省高新技术产业的良好发展态势与政府支持密切相关。每年有不少于10亿元的省财政资金用于支持高新技术产业发展,重点支持关键共性技术研发、产业化示范工程、创新能力建设和产业基地培育。从配套政策、资金扶持、财税优惠、人才培养等多方面详细列出了要扶持发展的一大批企业名单。2010~2012年分别设立了新材料、新医药和新信息产业发展专项资金,由省级财政每年单列。实施新能源、新材料、新医药、新信息和海洋开发的"四新一海"战略,在税收支持、金融机构放贷授信、土地利用等方面对四大战略性新兴产业项目和重点领域予以扶持。

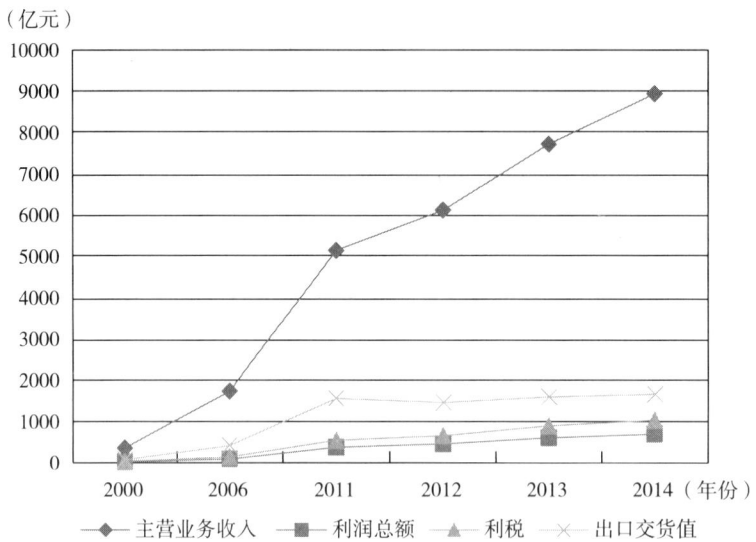

图 2-10 2000~2014 年山东省高新技术产业发展情况

资料来源：国家统计局网站。

第三节 本章小结

基于国内主要省份的战略性新兴产业发展现状与启示，本章着重分析了我国战略性新兴产业整体发展态势和地区发展情况。

第一，从全国整体发展情况看，2011~2014 年我国高新技术产业企业数、新产品销售收入、出口交货值、发明专利数量等指标侧面反映出我国战略性新兴产业整体呈现上升趋势，31 个省份地区呈现不规则的发展状况。

第二，从分地区发展情况看，北京、上海、广东、浙江、山东等省市根据经济形势的变化不断调整产业结构和产业政策，传统支柱产业或退出市场或与高新技术产业结合发生蜕变。地区自身发展需求成为产业发展布局调整的动因，知识型服务业的地位日趋重要，智力资源的培育成为战略性新兴产业发展较好省份的优先选择。

由此，我国在战略性新兴产业的发展方面需立足本国实际，构筑政策体系，创造产业环境，注重技术创新，完善市场机制。

第三章 战略性新兴产业创新能力评价

继"十三五"科技规划纲要提出科技创新的目标要着力提升战略性新兴产业竞争力,发挥创新引领示范作用和辐射带动作用后,"十三五"国家战略性新兴产业发展规划①进一步提出供给创新、需求引领、产业集聚、人才兴业和开放融合的战略性新兴产业发展原则。战略性新兴产业是引导未来经济社会发展的重要力量,完善战略性新兴产业创新评价机制,对优化区域内创新资源配置,鼓励创新资源密集的区域率先实现创新驱动发展具有重要意义。

本节通过建立科学的评价指标体系,利用2011年、2014年的数据,对全国31个省份的战略性新兴产业发展动力情况进行评价,通过评价结果反映出战略性新兴产业的区域创新能力差异。

第一节 指标选择与模型构建

战略性新兴产业发展的核心动力是技术创新,技术的更新是带动产业发展的源泉。战略性新兴产业具有战略性和新兴性特征,是能够产生足够的规模效应、带动相关产业发展的产业;是能够促进产业结构优化和经济增长的产业;是能够有效提升就业能力、提高人民生活水平和国家综合实力的产业;是能够代表未来时代发展方向和国民经济可持续发展方向的产业。为了有效反映战略性新兴产业这些特征,本书选取战略性新兴产业创新能力相关指标进行分析和评价。产业创新能力是反映战略性新兴产业竞争力、带动力、发展潜力的最重要指标,其评价

---

① 国务院关于印发"十三五"国家战略性新兴产业发展规划的通知[EB/OL]. http://www.gov.cn/zhengce/content/2016-12/19/content_5150090.htm. 2016-11-29/2018-3-2.

指标体系主要考虑产业创新动力和影响因素，由多个相关指标综合而成，多角度、全方位地反映一个地区的产业创新能力和发展潜力。影响产业发展潜力的因素包括内在竞争能力和外在竞争能力两方面，其中，内在竞争力是产业发展的内部因素，包括产业投入能力、产出能力、技术创新能力和产业发展潜力；外在竞争力是产业发展的外部条件，包括产业所处的经济环境、政策环境、社会环境、市场环境和自然环境，它们共同影响着产业发展的质量和速度[178]。

由此可见，产业发展是多种要素组合产生影响的结果，它侧重资源转化能力所带来的影响，主要包括基础资源投入、产业产出、产业合作和产业环境等方面；它强调产业创新能力对产业原始发展能力的重要影响，主要包括创新基础、科技投入、产出效益、环境支撑、持续创新五个方面；它突出利用科技资源进行R&D创新活动这一战略性新兴产业特征，主要包括自主知识产权、R&D的组织管理水平、科技成果转化能力、成长性（总资产与销售成长率）四个方面。产业创新过程是一个完整、开放的系统，是企业创新的最高层次和归属，是产品创新、市场创新、技术创新和管理创新的有机融合，也是一个向链条内外延伸、主体间互为影响、整体上不断创新的过程。

作为决定创新成功的系统因素（弗里曼，1997），促使企业运用技术创新、产品创新、市场创新或组合创新等来突破已有产业结构约束，改变现有产业结构或创造全新产业。各行为主体之间通过知识互动与技术交流实现内部有机整合，而链条网络内各节点与链条外各网络节点之间的多层次联结，为知识互补和资源创新提供了条件。从系统因素对产业创新的影响过程看，投入能力、产出能力、产业结构和创新环境在生产流程方面对产业创新能力产生影响，对研发部门、生产部门、营销部门的影响贯穿全程。

综上所述，影响产业创新和发展的主要因素包括以下几点：①基础资源要素，通过基础资源对产学研合作的调配，实现产业深度和广度拓展及产业一体化目标；②创新投入要素，以自主知识产权、企业科技机构为核心，提高产业竞争力；③创新产出要素，通过主营业务收入增长率、项目建成投产率、固定资产交付使用率等考察产业间的关联作用，反映产业发展方向；④创新技术扩散与产业关联，以国际合作、技术改造和技术获取程度反映创新的外部性和社会效应；⑤创新环境支撑，市场和政策环境所反映的经济自由度，对产业创新产生影响。

遵循产业发展趋势和指标体系设计原则，基于我国战略性新兴产业发展和创新现状，以产业创新模型为理论基础，参考国内外相关评价指标体系的设定，编制了我国战略性新兴产业自主创新能力评价体系。该评价体系主要包括创新基础资源、创新投入、创新产出、创新扩散与产业关联、创新环境支撑五个方面，下设17个二级指标和59个三级指标[179]。该评价指标体系强调产业创新的核心作用，突出产业转型能力、产业结构转化和升级能力；突出产业竞争力和生产要素转化为市场占有率的综合素质；突出行业整体创新性，即以新产品和新技术催生新产业。各指标的具体分属与解释如下：

一、支撑创新基础资源指标

该指标旨在反映某区域战略性新兴产业的创新和发展潜力，包括创新资源水平和产学研合作，含创新资源水平等2个二级指标以及科研和开发机构研究与试验发展经费支出等6个三级指标，如表3-1所示。

表3-1 创新基础资源（A）指标体系

二级指标	三级指标
创新资源水平（A1）	拥有科技活动企业占全部企业的比重（A11）
	科研和开发机构研究与试验发展经费支出（A12）
产学研合作（A2）	高等学校研究与实验发展（R&D）经费支出比重（A21）
	高等学校研究与实验发展（R&D）人员全时当量（A22）
	高等学校研究与试验发展经费支出比重（元/个）（A23）
	高等学校科技服务强度（课题个数/学校个数）（A24）

二、创新投入指标

产业自主创新活动主要以制造企业在创新活动各环节的经费投入来衡量，包括产业研发、技术改造、技术引进及技术推广等，创新投入指标包含核心自主知识产权等4个二级指标和发明专利申请受理量等24个三级指标，如表3-2所示。

三、创新产出指标

创新产出是对创新能力和创新成果最直接的检验，该项指标包括企业办科技机构等4个二级指标和高技术产业销售收入等9个三级指标，如表3-3所示。

表3-2 创新投入（B）指标体系

二级指标	三级指标
研发投入能力（B1）	R&D劳务费支出量（B11）、R&D仪器设备费支出量（B12）
	科研和开发机构研究与试验发展政府资金经费支出（B13）
	政府R&D资金占GDP的比重（B14）
	R&D活动人员折合全时当量（B15）
	R&D人员（B16）、高技术产业科技活动人员数（B17）
	研究人员占R&D人员的比重（B18）、新产品开发经费（B19）
	高技术产业研究与试验发展项目经费（B100）
核心自主知识产权（B2）	专利申请数（B21）、发明专利申请受理量（B22）
国家高新技术开发区（B3）	企业数（个）（B31）、从业人员（人）（B32）
	全年收入（B33）、技术性收入（B34）、销售收入（B35）
	总产值（B36）、净利润（B37）、实交税金（B38）
	年出口额（万美元）（B39）
企业办科技机构（B4）	科技机构数（B41）、科技机构人员（人）（B42）
	科技机构经费支出（万元）（B43）

表3-3 创新产出（C）指标体系

二级指标	三级指标
生产经营（C1）	企业数（C11）、主营业务收入增长率（C12）
	项目建成投产率（C13）、固定资产交付使用率（C14）
核心自主知识产权（C2）	高技术产业销售收入（万元）（C21）
	新产品销售收入（万元）（C22）
企业办科技机构（C3）	专利申请授权量（C31）
	高技术产业有效发明专利数（C32）
国际贸易（C4）	出口交货值（C41）

四、创新扩散与产业关联指标

创新扩散主要是指成果转化扩散能力，及对整体产业技术带动的能力。该指标包括国际技术合作等3项二级指标和国外技术引进合同数等10项三级指标，如表3-4所示。

表3-4 创新扩散与产业关联（D）指标体系

二级指标	三级指标
市场扩散（D1）	技术市场技术流向地域（合同数）（D11）
	技术市场技术流向地域（合同金额）（D12）
	按合同类别分技术市场技术流向地域（合同数）（D13）
	按合同类别分技术市场技术流向地域（合同金额）（D14）
国际技术合作（D2）	按地区分国外技术引进合同数（D21）
	按地区分国外技术引进和金额（D22）
技术改进、技术获取（D3）	技术改造经费支出（万元）（D31）
	技术引进经费支出（万元）（D32）
	消化吸收经费支出（万元）（D33）
	购买国内技术经费支出（万元）（D34）

五、创新环境支撑指标

竞争环境是竞争主体不可控制的发展条件，是影响战略性新兴产业国际竞争力的外部因素。在既定的科技投入体系下，全民素质、经济环境、科学意识和政策环境等外部环境对区域创新能力产生复杂而深刻的影响。该指标包含经济增长方式与可持续发展等3个二级指标和工业污染治理完成投资额等10个三级指标，如表3-5所示。

表3-5 创新环境支撑（E）指标体系

二级指标	三级指标
全民素质（E1）	每十万人口中高等学校平均在校生数（E11）
经济增长方式与可持续发展（E2）	人均GDP（元/人）（E21）
	工业污染治理完成投资额（E22）
	废水总排放量（E23）
	废弃总排放量（二氧化硫、氮氧化物和烟尘之和）（E24）
科学环境和政策环境（E3）	人均邮电业务量（E31）
	每万人口中固定电话用户数（E32）
	移动电话年末用户（万户）（E33）
	互联网上网人数（万人）（E34）
	各地区公共图书馆总流通人次（E35）

本节对我国战略性新兴产业创新情况进行综合评价的数据来源主要为国家统计部门公布的《中国统计年鉴》《中国科技统计年鉴》《中国高技术产业统计年鉴》《中国区域统计年鉴》等权威性资料中的相关统计数据,省、市、自治区作为国民经济综合竞争力的评价单位。通过对 16 个领域、59 个原始统计指标或生成指标进行相关分析,设计并筛选出形成了我国战略性新兴产业各省、市、自治区自主创新能力指标体系。

第二节　方法选择与运行结果

全局因子分析法是简单利用整个测量矩阵来进行因子分析的方法,它基本不利用测量矩阵的局部性质。建立全局因子分析的数学矩阵形式为:

$$X = U^* + Q^T + \Delta Q^T \tag{3-1}$$

上式中的 Q 即为式 $X = UX^T$ 中的特征向量阵;

$$U^* = \begin{bmatrix} u_{11}^* & \cdots & u_{1d}^* & 0 & \cdots & 0 \\ u_{21}^* & \cdots & u_{2d}^* & 0 & \cdots & 0 \\ \vdots & \ddots & \vdots & \vdots & \ddots & \vdots \\ u_{m1}^* & \cdots & u_{md}^* & 0 & \cdots & 0 \end{bmatrix} \tag{3-2}$$

$$\Delta = \begin{bmatrix} 0 & \cdots & 0 & \sigma_{1,d+1}^0 & \cdots & \sigma_{1,n}^0 \\ 0 & \cdots & 0 & \sigma_{2,d+1}^0 & \cdots & \sigma_{1,n}^0 \\ \vdots & \ddots & \vdots & \vdots & \ddots & \vdots \\ 0 & \cdots & 0 & \sigma_{m,d+1}^0 & \cdots & \sigma_{1,n}^0 \end{bmatrix} \tag{3-3}$$

$$X = X^* + X^0, \quad X^* = U^* X^T, \quad X^0 = \Delta Q^T \tag{3-4}$$

在此,X^* 为主轴(即主因子)所构成的矩阵,它包含了测量矩阵 X 的主要信息,而 X^0 则为次轴所构成的矩阵,它主要反映了量测误差的信息。

根据正交变换不改变矩阵的迹的原理,依照式 $Q^T X^T X Q = diag(\lambda)$,得:

$$tr(X^T X) = \sum_{i=1}^{m} \sum_{j=1}^{n} x_{ij}^2 = tr(U^T U) = tr(\lambda) = \sum_{i=1}^{n} \lambda_i \tag{3-5}$$

将这些特征值分成两组,一组由主因子阵给出,而另一组则由误差引出,即:

$$tr(X^{+T}X^{+}) = \sum_{i=1}^{m}\sum_{j=1}^{n}x_{ij}^{+2} = tr(Q^{T}X^{+T}X^{+}Q)$$
$$= tr(Q^{T}QU^{+T}U^{+}Q^{T}Q) = tr(U^{+T}U^{+})$$
$$= \sum_{i=1}^{d}\sum_{j=1}^{n}u_{ij}^{+} = tr(\lambda^{+}) = \sum_{i=1}^{d}\lambda_{i} \tag{3-6}$$

而，$tr X^{0T}X^{0} = \sum_{i=1}^{m}\sum_{j=1}^{n}x_{ij}^{02} = tr(Q^{T}X^{0T}X^{0}Q)$ (3-7)

在上述推导中，利用式 $X = X^{+} + X^{0} = U^{+}Q^{T} + \Delta Q^{T}$，及 U^{+} 与 Δ 的矩阵正交特性。后文中，为以示区别，我们在前 d 个特征值上做一标记"+"，即 λ_{j}^{+}（$j = 1, 2, \cdots, d$），以表示它们是来自主因子阵；而在后（$n-d$）个特征值上标"0"，即记为 λ_{j}^{0}（$j = 1, 2, \cdots, d$），表示它们皆来自误差。由此可得：

$$\sum_{j=1}^{n}\lambda_{j}^{+} = \sum_{j=1}^{d}\lambda_{j}^{+} + \sum_{j=d+1}^{n}\lambda_{j}^{0} \tag{3-8}$$

用式 $tr(X^{T}X) = \sum_{i=1}^{m}\lambda_{i}$ 减去式 $tr(X^{+T}X^{+}) = \sum_{i=1}^{d}\lambda_{i}$，得：

$$\sum_{i=1}^{m}\sum_{j=1}^{n}(x_{ij}^{2} - x_{ij}^{+2}) = \sum_{j=d+1}^{n}\lambda_{i}^{0} = \sum_{i=1}^{m}\sum_{j=1}^{n}\sigma_{ij}^{02} \tag{3-9}$$

此式说明，只要主因子数 d 能正确确定，则后（$n-d$）个所剩的特征值完全由误差的平方和构成，即：

$$\sum\lambda_{j}^{0} = tr(Q^{T}Q\Delta^{T}\Delta Q^{T}Q) = tr(\Delta^{T}\Delta) = \sum_{i=1}^{d+1}\sum_{j=1}^{n}\sigma_{ij}^{02} = \sum_{k=d+1}^{n}\lambda_{i} \tag{3-10}$$

其中，$j = 1, 2, \cdots, d$。

由此，$e_{ij} = \sum_{k=1}^{\alpha}\sigma_{ik}^{+}q_{kj} + \sum_{k=d+1}^{n}\sigma_{ik}^{0}q_{kj}$ 所表示的纯误差在整个空间 $\{q_{j}(j=1, 2, \cdots, n)\}$ 上的特征值之和为 $\sum_{j=1}^{n}\lambda_{j}^{e} = \sum_{j=1}^{d}\lambda_{j}^{e+} + \sum_{j=d+1}^{n}\lambda_{j}^{e0}$。此处，上标 e 表示来自误差。得到：

$$\sum_{j=1}^{d}\lambda_{j}^{e+} = \sum_{i=1}^{m}\sum_{j=1}^{d}(\sigma_{ij}^{+})^{2} \tag{3-11}$$

$$\sum_{j=1}^{d}\lambda_{j}^{e0} = \sum_{i=1}^{m}\sum_{j=d+1}^{n}(\sigma_{ij}^{0})^{2} \tag{3-12}$$

因为在进行正交变换时，误差的协方差阵的迹也是不变的，所以，结合 $\sum_{i=1}^{m}\sum_{j=1}^{n}(e_{ij})^{2} = \sum_{j=1}^{n}\lambda_{j}^{e}$，得到：

$$\sum_{i=1}^{m}\sum_{j=1}^{n}(e_{ij})^{2} = \sum_{i=1}^{m}\sum_{j=1}^{d}(\sigma_{ij}^{+})^{2} + \sum_{i=1}^{m}\sum_{j=d+1}^{n}(\sigma_{ij}^{0})^{2} \tag{3-13}$$

式 (3-10) 左侧为测量误差平方和，同样可理解为误差在 n 个全因子空间的投影平方和，其中第一项代表测量误差在主因子轴上的投影平方和，它在因子分析中不能出去，成为置入误差 (Imdedded Error, IE)；而第二项则代表测量误差在次因子轴上的投影平方和，它在因子分析过程中可以被剔除，成为抽出误差 (Extracted Error, XE)。这三项与所谓的剩余标准偏差 (Residual Standard Deviation, RSD) 有关，即：

$$mn(RSD)^2 = \sum_{i=1}^{m}\sum_{j=1}^{n}(e_{ij})^2 \tag{3-14}$$

$$md(RSD)^2 = \sum_{i=1}^{m}\sum_{j=1}^{d}(\sigma_{ij}^{+})^2 \tag{3-15}$$

$$m(n-d)(RSD)^2 = \sum_{i=1}^{m}\sum_{j=d+1}^{n}(\sigma_{ij}^{0})^2 = \sum_{j=d+1}^{n}\lambda^0 \tag{3-16}$$

式 (3-11) ~ 式 (3-13) 表示了不同途径求 RSD 的方法。将它们两边同时除以 nm，得到：

$$(RSD)^2 = \left(\frac{d}{n}\right)(RSD)^2 + \left(\frac{n-d}{n}\right)(RSD)^2 \tag{3-17}$$

这一重要的恒等式总结了上述误差理论。在因子分析中，RSD 可被分为两项：置入误差 (IE) 和抽出误差 (XE)。换言之，剩余标准误差 (RSD)，即真实误差 (real error, RE)，可由一类似勾股定理的方式表示出：$(RE)^2 + (IE)^2 = (XE)^2$。

在此，$RE = RSD$，$IE = \sqrt{\dfrac{d}{n(RED)}}$，$XE = \sqrt{\dfrac{(n-d)}{n(RED)}}$。

其中，$m(n-d)(RSD)^2 = \sum_{j=d+1}^{n}\lambda_i^0$。将 $RSD(RE)$ 与可通过计算机运算求得的特征值 $\lambda_j (j = 1, 2, \cdots, n)$ 联系起来。这说明只需算出了协方差阵的特征值，就可将 RE、IE、XE 分别求出，为确定体系的独立组分数 d 奠定了基础。

值得注意的是，因子分析误差理论是从整个矩阵的特征值来考虑的，反映了整个协方差阵的方差，对于这样的方法，常被称为全局因子分析法 (Global Factor Analysis)。运用统计软件 SPSS22.0 对我国 2011 年和 2014 年的 31 个省份的战略性新兴产业自主创新水平进行全局因子分析。首先，按时间为时序立体数据表中的时刻数据赋予权重；其次，纵向展开已赋权重的时序数据，对其进行主成分分析；最后，以计算出的因子最终得分为参考，实现对样本数据的评价与分析。考虑到在战略性新兴产业自主创新能力评价中各年份数据的重要性，将各个年份赋予相同权重。

利用全局因子分析法对自主创新能力评价体系中的5个一级指标、16个二级指标和59个三级指标分别进行计算和测度,计算公式为:

$$F = \sum_{i=1}^{n} \omega_i Fac_i, \omega_i = \frac{\lambda_i}{\sum_{i=1}^{n} \lambda_i} \quad (3-18)$$

其中,F 为自主创新能力水平,Fac_i 为第 i 个公因子的得分,ω_i 为第 i 个公因子的权重,λ_i 为第 i 个公因子的方差贡献率,n 为提取的公因子数。最终的计算结果如表3-6和表3-7所示。

表3-6 2011年全国31个省份综合排名情况

省份	支撑创新基础			创新投入					创新产出					创新扩散与产业关联				创新环境支撑				排名
	A1	A2	位次	B1	B2	B3	B4	位次	C1	C2	C3	C4	位次	D1	D2	D3	位次	E1	E2	E3	位次	
北京	1	1	1	3	4	1	6	2	30	3	5	8	22	1	3	7	2	1	14	12	5	3
天津	15	7	10	12	7	12	13	8	24	8	10	7	17	8	7	11	7	2	11	25	13	9
河北	16	20	20	19	15	18	17	16	19	18	18	15	20	13	23	18	15	20	4	8	9	11
山西	23	24	24	27	19	23	24	20	17	24	19	20	21	19	4			13	9	18	18	
内蒙古	26	26	26	28	5	22	27	19	8	28	27	25	9	18	2			22		24	16	
辽宁	10	10	12	8	12	9	15	6	16	11	11	12	14	4	10	8	5	8	6	7	8	7
吉林	17	8	9	28	13	9	22	12	5	19	22	24	13	22	8	20	17	18	22	20	20	15
黑龙江	22	12	14	13	14	15	20	14	22	26	21	17	22	26	20	22			10	19	17	19
上海	5	4	4	3	2	6	5	4	28	4	4	6	10	6	1	3	3	6	5	10	6	4
江苏	2	3	3	2	3	4	2	3	1	2	2	2	2	3	5	1	1	6	2	2	2	2
浙江	4	4	5	6	6	10	3	5	21	5	6	3	6	6	8	4	8	11	5	3	4	6
安徽	14	15	15	14	11	14	11	12	14	9	14	17	10	14	12	10	12	19	12	14	17	14
福建	13	18	18	11	8	16	9	12	23	6	9	4	15	18	2	8	14	12	10	10	8	
江西	20	23	21	15	18	19	16	16	9	16	20	14	8	24	15		12	23	6	23	16	
山东	8	13	8	7	9	5	4	5	10	4	4	5	2	3	7	6	6	15	4	3	5	
河南	12	21	17	16	10	12	15	12	6	15	6	10	13	9	19	14	14	17	13	13	13	12
湖北	9	6	7	8	10	7	9	8	15	20	7	13	11	8	6	5	16	12	10	10		
湖南	11	14	13	16	15	11	15	13	12	10	15	9	13	12	13	11	13	16	8	14	13	13
广东	3	6	4	1	2	1	1	1	3	1	1	1	5	6	5	4	21	3	1	1	1	
广西	19	16	16	22	21	20	21	21	12	22	23	16	27	17	20	26	16	26	21	17	
海南	27	29	29	15	20	21	18	29	28	29	27	30	23	16	29	30	29					
重庆	18	17	17	21	21	18		2	16	12	5		19	6	11		5	21	19	21	22	
四川	6	5	6	10					7	12	9	11	4	4		10	7	7	6	11	5	
贵州	25	25	25	18	25	19			29	20	21	15	26	26	21		30	25	26	27		

续表

省份	支撑创新基础			创新投入					创新产出					创新扩散与产业关联				创新环境支撑				排名
	A1	A2	位次	B1	B2	B3	B4	位次	C1	C2	C3	C4	位次	D1	D2	D3	位次	E1	E2	E3	位次	
云南	21	22	23	24		24	23		22	23	24	26	25	25	21	22	19	28	24	19	24	
西藏	31	31	31	30			30		14	30	30		31			31		29	31	31	31	
陕西	7	11	11	5		4	12		25	15	13	19	24	9		14	9	4	15	15	14	
甘肃	24	19	22	23		26	25		27	25	25	27	27	21		24	11	18	28	27	26	
青海	30	30	30	31		28	31		20	31		30		28			11	31	29	30	30	
宁夏	29	27	27	26			27		13	26	29	23	19				11	23	27	29	25	
新疆	28	28	28	29		17	29		31	27	26	28	29	23			30	27	21	23	25	

表3-7 2014年全国31个省份综合排名情况

省份	支撑创新基础			创新投入					创新产出					创新扩散与产业关联				创新环境支撑				排名
	A1	A2	位次	B1	B2	B3	B4	位次	C1	C2	C3	C4	位次	D1	D2	D3	位次	E1	E2	E3	位次	
北京	1	1	1	3	4	1	5	1	7	7	4	11	5	1	4	23	1	1	15	11	6	3
天津	15	3	10	14	9	3	15	4	20	12	9	8	10	8	23	27	19	2	11	26	15	13
河北	16	23	20	17	20	18	16	19	16	18	17	20	20	14	18	21	25	25	4	8	7	14
山西	24	25	24	26	23	26	24	26	22	23	23	16	26	15	19	12	12	12	12	19	18	
内蒙古	27	27	26	30	28	25	27	27	18	27	28	24	29	19	27	12	11	24	6	24	13	
辽宁	13	10	11	12	13	9	17	11	11	15	15	15	14	10	9	8	13	8	12	16	10	
吉林	18	11	13	22	22	8	22	11	4	19	14	22	15	27	10	30	29	5	21	22	17	
黑龙江	19	12	14	11	18	15	20	17	23	22	19	21	25	24	22	26	23	10	20	18	19	18
上海	5	2	3	7	6	7	4	4	31	10	2	3	19	4	1	7	4	4	10	6	5	5
江苏	2	7	2	2	2	3	1	2	1	2	1	2	2	2	2	5	2	9	3	2	2	2
浙江	4	4	5	6	5	11	8	7	9	4	3	9	3	9	8	2	6	15	5	3	4	6
安徽	10	16	15	8	16	6	7	13	5	13	12	13	13	6	14	22	21	24	19	14	17	16
福建	14	19	17	10	14	16	13	18	19	8	6	11	11	13	4	7	13	9	9	10	12	
江西	17	20	21	15	21	19	14	20	12	16	12	18	26	5	12	11	23	21	23	21	23	20
山东	8	13	8	7	3	4	6	5	5	5	7	5	4	6	5	16	5	14	1	1	3	4
河南	12	22	19	12	12	10	3	14	14	22	26	19	24	24	26	13	5	10	5	20	11	
湖北	9	8	9	9	10	5	9	7	21	12	10	16	16	6	12	20	10	6	13	12	12	7
湖南	11	14	12	13	16	14	12	15	6	14	16	8	17	22	16	11	17	23	13	16	15	
广东	3	6	4	1	1	2	2	3	2	1	7	1	1	3	2	5	3	16	2	1	1	1

续表

省份	支撑创新基础			创新投入					创新产出					创新扩散与产业关联				创新环境支撑				排名
	A1	A2	位次	B1	B2	B3	B4	位次	C1	C2	C3	C4	位次	D1	D2	D3	位次	E1	E2	E3	位次	
广西	22	17	18	24	17	27	21	25	8	21	21	17	18	20	22	12	11	26	22	15	20	
海南	26	29	29	28	29	28	26	29	29	28	27	28	30	28	17	28	31	17	30	28	29	23
重庆	20	15	16	20	15	22	18	22	10	14	16	5	13	19	6	5	25	22	7	26	20	19
四川	6	5	6	9	8	10	11	9	15	9	7	13	12	12	11	10	7	20	16	7	11	8
贵州	25	21	23	19	19	20	19	21	26	24	20	25	27	23	30	29	28	29	27	25	26	21
云南	21	18	22	15	24		23	23	27	24	22	25	22	12		12		28	24	17	25	
西藏	31	30	30	23	31		31	12	28		31		31	13		12		30	31	31	31	
陕西	7	9	10	5	11	7	13	6	24	17	14	19	22	7	20	9	8	3	14	16	14	9
甘肃	23	24	25	21	25	23	25	22	13	25	25	21	25	21	22	17	19	21	28	27	25	
青海	30	31	31	30	30	30	30	30	30	26	29	30						31	29	27	30	
宁夏	29	26	28	29	28	28	28	30	17	26	29	29	23	28	12	12	11	18	25	29	28	
新疆	28	28	27	31	26	28	29	28	25	29	26	29	28	25	28	31	30	27	17	23	24	22

资料来源：笔者整理。

综合2011年与2014年的分析结果（见表3-6、表3-7），各省份的排名相差不大，广东、江苏排名保持在前两名，说明在这两个地区区域创新体系得到完善，战略性新兴产业自主创新能力遥遥领先。在我国各省份综合排名中，广东、北京、上海、湖北、陕西近几年居于前五名（见图3-1）。从具体指标来看，北京在支撑创新基础资源和创新投入以及创新扩散与产业关联三个指标中占据绝对优势；广东在创新投入与创新产出和创新环境支撑三个指标中均为第一名，具有较强优势。各地区在五项指标中都存在排位不均衡现象，整体还有很大的上升空间。

排名靠前的北京、上海、广东等地区，2011年与2014年的排名情况变化较小，波动幅度在两名之内；而名次波动较大的多为经济欠发达地区。部分经济后进省份的排名进步较大，其中陕西提高到第九名，其随着创新投入的加大，创新产出也随之增长。而排名下降的地区多表现为多个指标整体名次的下降。这说明我国战略性新兴产业的创新绩效整体处于较低的状态，目前排名靠前的地区需要进一步整合内部资源，提高创新产出效率；排名落后的地区需要增加创新投入，同时加强创新基础与创新环境建设，实现创新能力的全面提升。

从地域上看，京津冀区域的天津和河北与北京的排名差距较大，北京在2011

年和2014年的综合排名均为第三,而天津和河北的综合排名均在第五名以上,且2014年较2011年的排名均有下滑,全部下降到十名以后。长三角地区的发展水平则比较均衡,除安徽外,上海、江苏、浙江2011年和2014年的综合排名均在第二至第六名。相似的地域特征带来的可能是相似的产业发展结果,也可能带来完全不同的产业发展态势,说明战略性新兴产业在发展过程中应该存在共性因素,也存在不同之处,为下文研究提供了方向。

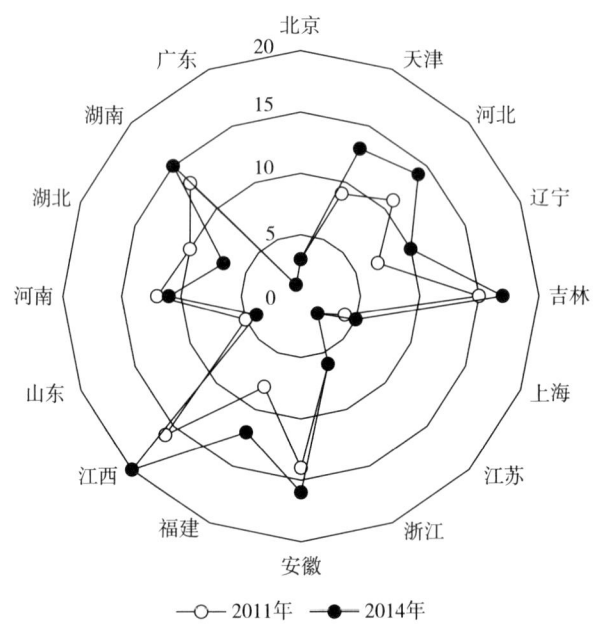

图3-1 2011年和2014年全国部分地区综合排名情况

第三节 综合评价

综合上节对战略性新兴产业创新及发展潜力的评价结果,全国各省(市、自治区)地区被划分为六类。其中,第一类包括北京、上海、江苏、广东、山东,第二类包括浙江、四川、陕西、湖北、辽宁、福建、天津,第三类包括河北、黑龙江、安徽、河南、湖南、广西、重庆,第四类包括江西、贵州、山西、云南、吉林，第五类包括青海、宁夏、西藏，第六类包括新疆、内蒙古、甘肃、海南。

从分类结果看，近年来强弱分明的格局及强弱两极分化的趋势继续保持，且越加明显。首都北京具有集聚中央部位单位的优势，在逐步拉开与周边其他地区差距的同时，形成了微电子、印刷、软件服务等若干条相对较为完整的产业体系，呈现"全面创新发展"局面。

第一类的上海和广东正在形成逐渐独立的区域性产业体系，且与第二类的水平逐步拉大；第二类的浙江、天津等地正在展开产业模块化布局，但模块之间的集成尚需一定的时间。另外，西部地区在国家政策扶植下产业创新能力有大幅提升，排名甚至超过个别东部地区，但西部地区部分产业体系仍处于点状分布，未形成产业链条和产业集聚效应，总体上呈现出沿海经济发达地区优于西部地区的态势，西部战略性新兴产业创新动力不足的现状亟待改变。上述分析显示，我国战略性新兴产业自主创新能力和发展潜力有待提高，其成因包括：长期行政分割惯性尚存，致使创新要素不能通畅流动；政府管理职能尚未转变，致使市场运作规范性不佳和竞争环境缺乏；专业性机构能力有待提高，服务型机构有待创建；产权不明确和创新意识不强，致使激励机制缺乏。下面进一步基于指标排序对我国战略性新兴产业发展现状进行区域分析。

一、支撑创新基础资源

在该项指标综合排名中，2011年与2014年相比，排在前十名的地区差距不大，但组内的排名稍有差距（见表3-8）。在2011年与2014年的对比分析中，北京、江苏和上海均位居前三，这三个地区在综合排名中也位于第一类，表明在该类区域产业创新过程中支持创新的基础资源起到很大作用。从具体指标分析，北京的创新资源水平和产学研合作能力明显高于其他省份，这也使得北京在支撑创新基础资源指标综合排名中居于首位。但从各项指标来看，存在指标不均衡现象，产学研合作排名靠前的地区，其创新资源水平较低，如上海、天津、吉林等；同时，部分创新资源水平很高的地区，产学研合作排序靠后，如广东、山东、江苏等地。这要求相关地区在提高创新资源支撑水平的同时，提高本地区的产学研合作能力，加强企业与高等院校、科技机构和科技中介之间的联系。

二、创新投入

在创新投入方面，近年来我国工业企业技术创新能力有了较大提高，但各省份差距还很大（见表3-9）。总体来看，2011年与2014年的结果相差不大，这

表 3-8 支撑创新基础资源综合排名前十位

综合排名	2011 年			2014 年		
	地区	创新资源水平	产学研合作	地区	创新资源水平	产学研合作
1	北京	1	1	北京	1	1
2	上海	5	2	江苏	2	7
3	江苏	2	3	上海	5	2
4	广东	3	6	广东	3	6
5	浙江	4	4	浙江	4	4
6	四川	6	5	四川	6	5
7	湖北	9	9	天津	15	3
8	山东	8	13	山东	8	13
9	吉林	17	8	湖北	9	8
10	天津	15	7	陕西	7	9

资料来源：笔者整理。

表 3-9 创新投入综合排名前十位

综合排名	2011 年					2014 年				
	地区	研发投入能力	核心自主知识产权	国家高新产业区	企业办科技机构	地区	研发投入能力	核心自主知识产权	国家高新产业区	企业办科技机构
1	广东	1	1	2	1	北京	3	4	1	5
2	北京	3	4	1	6	广东	1	1	2	2
3	江苏	2	3	3	2	江苏	2	2	3	1
4	上海	4	2	6	5	上海	4	7	6	7
5	山东	7	9	5	4	山东	7	3	4	4
6	辽宁	8	12	7	15	陕西	5	11	7	13
7	浙江	6	6	10	3	湖北	8	10	5	9
8	天津	12	7	12	13	浙江	6	5	11	3
9	吉林	20	13	9	22	四川	9	8	10	11
10	湖南	16	16	11	14	辽宁	12	13	9	17

资料来源：笔者整理。

说明各地区的创新投入存在一定的刚性，保持一定的增长率。尤其是北京、广东、上海、江苏、山东一直保持在前五名,同时也在综合排名中占据第一等级组中。而陕西、湖北、四川在创新投入方面则是后起之秀,依靠在研发投入和国家高新产业区方面竞争力的绝对优势在 2014 年跻身前十名的行列。具体而言,在研发投入能力方面,广东、江苏、上海、浙江等排名前十位的省市,与排名后十位的地区差距悬殊。在两年的分析结果中,排名前四位的地区相同,分别是北京、广东、江苏和上海。在排名前十位的地区中,东部地区居多,较西部地区具有明显优势,存在东强西弱现象。企业办科技机构方面,江苏省的科技机构人员数量与科技机构经费支出额均远高于其他地区,优势明显,且拥有相对完善的企业科研创新机制。

三、创新产出

创新产出指标的排名情况与其他一级指标的排名存在较大差距(见表 3-10),主要原因在于生产经营指标中,选取了项目建成投产率、主营业务增长率等增长率指标,北京、上海等经济发达地区的增长率低于其他经济欠发达地区。这既证明了后进地区的增长潜力,同时也说明了经济发达地区需要进一步整合现有资源,提高经济增长率。在创新产出的新产品、专利和国际贸易等方面,各省份表现不尽相同。广东、江苏、浙江、山东等地在新产品产值、新产品收入、新产值占工业总产值比重三项指标的测评中均保持较高排名。在东部地区,尤其是沿海城市在国际贸易出口交货值排名前十位的省份中具有明显优势。重庆、河南、江西等地在专利申请数和拥有数量方面明显落后于沿海发达地区。

表 3-10 创新产出综合排名前十位

综合排名	2011 年					2014 年				
	地区	生产经营	新的产品	专利	国际贸易	地区	生产经营	新的产品	专利	国际贸易
1	广东	3	1	1	1	广东	2	1	1	1
2	江苏	1	2	2	2	江苏	1	2	2	2
3	山东	10	4	4	5	浙江	9	4	3	9
4	浙江	21	5	3	6	山东	6	5	5	7
5	四川	7	9	7	9	北京	7	7	4	11
6	重庆	2	10	16	10	河南	14	3	12	4
7	河南	6	17	14	11	安徽	3	13	8	12
8	江西	4	16	20	14	湖南	5	11	13	14

续表

综合排名	2011年					2014年				
	地区	生产经营	新的产品	专利	国际贸易	地区	生产经营	新的产品	专利	国际贸易
9	上海	28	7	6	3	四川	15	9	7	10
10	安徽	9	14	9	17	天津	20	6	11	8

资料来源：笔者整理。

四、创新扩散与产业关联

在2011年和2014年的该指标综合排名中，北京、江苏、上海、广东均位列前四位，但具体名次有所不同（见表3-11）。

表3-11 创新扩散综合排名前十位

综合排名	2011年				2014年			
	地区	市场扩散	国际合作	技术改造与获取	地区	市场扩散	国际合作	技术改造与获取
1	江苏	3	5	1	北京	1	4	23
2	北京	1	3	7	江苏	2	3	1
3	上海	2	1	3	广东	3	2	5
4	广东	5	16	5	上海	4	1	7
5	辽宁	4	10	8	山东	5	6	2
6	浙江	6	8	4	浙江	9	7	6
7	山东	7	17	6	福建	11	13	4
8	福建	15	18	2	辽宁	10	9	8
9	天津	8	7	11	陕西	7	20	9

资料来源：笔者整理。

在市场扩散方面，排名较为靠前的地区包括北京、江苏、广东、上海、辽宁和山东等，其他省份与其差距较大。战略性新兴产业技术市场还不成熟的省份，显现出明显的市场扩散效应。在国际技术合作方面，不同省份之间差距也较大，2011年排名第一的上海国外技术引进合同金额为414105万美元，是排名第十的辽宁省的11倍多。由于我国国际合作型创新体系尚未形成，大多数省份与国外地区合作少，对国外先进技术的吸收转化能力不强。在技术改造与获取方面，2011年位居前三的是江苏、北京、上海，2014年广东排名第二，上海排名第四。部分地区的排名与创新扩散总排名不一致，具有较强二次开发和独创能力的地区较少，并较落后地区存在明显的优势。在产业关联方面，东部地区战略性新兴产业聚集程度优势较西部省份明显。

五、创新环境支撑

从对创新环境支撑的分析得出，在2011年与2014年的分析结果中，广东、江苏、广东均居于前三位（见表3-12）。在全民素质方面，持续排名靠前的地区是北京和上海，东强西弱的格局依然存在。在经济增长方式与可持续发展方面，广东、江苏、山东等省市在2011年和2014年均位列前三，而北京、上海、福建的排名均较为靠后。在科学环境指标中，老牌沿海省市排名虽保持较为靠前的地位，但内陆地区的发展势头也不容小觑。

表3-12 创新环境支撑综合排名前十位

综合排名	2011年				2014年			
	地区	全民素质	经济增长方式与可持续发展	科学环境	地区	全民素质	经济增长方式与可持续发展	科学环境
1	广东	21	3	1	广东	16	2	1
2	江苏	6	2	2	江苏	9	3	2
3	山东	15	1	4	山东	14	1	4
4	浙江	11	5	3	浙江	15	5	3
5	北京	1	14	12	上海	4	10	6
6	上海	3	10	9	北京	1	15	11
7	河南	25	7	5	河北	25	4	8
8	辽宁	8	8	7	河南	22	7	5
9	河北	20	4	8	辽宁	8	8	10
10	福建	14	12	10	福建	13	9	9

资料来源：笔者整理。

第四节 本章小结

本章从支撑创新基础资源、创新投入、创新产出、创新扩散与产业关联、创新环境支撑五方面编制相关评价指标体系，利用5个一级指标、16个二级指标、59个三级指标，采用全局因子分析法对全国31个省、市、自治区的高新技术产业发展情况进行综合分析。结果显示，与其他地区相比，北京、上海、江苏、广东具有较强的创新资源和产学研合作等基础资源能力，广东、北京、江苏、上海具有较强的研发投入能力，江苏、重庆、广东、江西、安徽等具有较强的创新产出能力，北京、江苏、上海、辽宁、广东、山东等具有较强的市场扩散和产业扩散能力，江苏、广东、山东等在全民素质、经济增长方式、科学环境等方面表现出较好的环境支撑能力。由此得出，我国战略性新兴产业正在逐渐形成相对完整的区域性产业发展布局，广东、江苏、上海、北京等地具有较强的综合优势，东部地区已形成较为成熟的产业发展布局，河北、江西、天津综合实力逐步增强，产业模块化优势正在展开，而西部地区的产业布局分散，无法形成集聚效应，东部和西部地区间强弱两极分化趋势明显。

以战略性新兴产业的创新能力反映的各地区产业发展潜力表明，以战略性新兴产业发展带动地区经济增长的局面正在形成，但地区间产业发展不均衡的现象仍然存在，产业创新动力不足造成的产业发展缓慢问题亟待解决。

第四章 战略性新兴产业发展动力机制模型构建

以前文对战略性新兴产业发展现状及创新能力的评价分析为出发点,结合相关理论,本章旨在剖析战略性新兴产业发展的动力机制,探究我国战略性新兴产业发展和创新动力不足的原因。基于扎根理论,运用质性分析软件 Nvivo 对 CNKI 数据库中的相关文献进行分析,经过开放式编码、主轴编码和选择性编码,对影响战略性新兴产业发展的文献节点进行试探性质性分析、主从关系分析、关联性分析和理论饱和度检验,结合波特的竞争力理论和钻石模型,构建以政府行为、技术创新、市场能力、企业战略为主体动力要素和资本要素、人力资源要素为调节要素的战略性新兴产业发展动力机制理论模型。

第一节 扎根理论与方法选择

1967 年,由 Glaser 和 Strauss 提出的扎根理论认为对研究对象"解释性真实"有助于新理论的提出和形成。作为一种重要的、科学的质性研究方法,扎根理论近年来日益成为学者们进行量化研究的有力补充。"持续比较"和"理论取样"是扎根理论的基本思想。

对收集资料进行分析的基本程序包括:①开放式编码:从原始资料中提取相关概念,并进行一级编码;②主轴编码:在对所提取概念反复比较的基础上,进行二级编码(范围化的过程);③选择性编码:通过建立和发展概念之间的联系,构建概念与范围之间的逻辑构架,进行三级编码;④以三级编码为基础,对理论概念的密度、变异度和高度的整合性进行调整,通过理论分析和构建,形成理论架构。在整个过程中,对原始资料进行严格分析和逐级编码是最重要的一环[180]。

扎根理论属于典型的质性资料分析法(Qualitative Data Analysis,QDA),其核心是对原始资料进行采集和分析。按照扎根理论的要求,本书首先对原始资料的搜集环节进行如下设计,以期得到符合要求的原始资料:①研究领域。我们选择与战略性新兴产业发展相关的文献资料进行搜集。②研究对象。本书主要考虑战略性新兴产业及影响其发展的要素。③研究方式。本书主要对CNKI数据库中的相关文献进行检索并分析。

自2009年我国中央经济工作会议明确提出要发展战略性新兴产业的重大决策后,"战略性新兴产业"一词频繁出现在我国经济研究领域。在中国知网(CNKI)数据库中,有关战略性新兴产业的研究文献增长迅速:以"战略性新兴产业"为主题词进行检索,2009年相关文献仅有49篇,而2010年迅速增长为1198篇,2011年为2132篇,2012年为2156篇,2013年为1832篇,2014年(截至2014年5月5日)为1630篇。随着学术界对战略性新兴产业研究的不断深化和完善,对战略性新兴产业发展模式的理论框架进行梳理便具有迫切性和必要性。基于此,本书运用Nvivo软件,对从CNKI数据库下载的文献进行转录、整理、编码、节点分析、聚类分析,绘制出自由节点散点分布图、树状聚类结构图、矩阵结构图,得出战略性新兴产业发展的主要影响因素。

第二节 文献编码与数据分析

以"战略性新兴产业"作为检索条件对文献主题进行初步检索,在CNKI数据库(包括核心期刊数据库和CSSCI数据库)中共检索出11532条结果。为了进一步聚焦本书的研究目的,在初步检索的结果中依次以"发展""影响因素""要素"为检索条件对主题进行检索,共检索出282篇相关文献(截至2014年5月5日)。通过泛读文献摘要,对最终检索到的文献从主要研究内容上进行筛选,得到136篇以"战略性新兴产业发展"或"战略性新兴产业影响因素"为研究主题的文献。对符合研究主题的文献全文进一步研读,剔除报道性文章、描述性文章及难以进行聚焦分析和概念提炼的文章,最终选定50篇文献开展编码分析。

将选定的50篇文献导入定性分析软件Nvivo10.0进行转录、整理,经过开放式编码、主轴编码、选择性编码,将概念转化为节点,节点概括为范畴,为战略性新兴产业发展模式的归纳奠定了理论基础。编码过程包括开放式编码、主轴编码、选择性编码三个步骤。

首先,进行开放式编码。对导入 Nvivo10.0 的 50 篇文献全文进行分解,形成 270 个"信息元",然后经过反复筛选,得到 60 个概念群和范畴群,再将概念群和范畴群进行整合和重新归类。经过初次分析,共得到 186 条原始语句及 42 个初始概念。其次,进行主轴编码。目的在于搜集歧义性和变化性的资料,促成概念的饱和,构建出一系列能组成逻辑架构的范畴。主轴编码采用资料收集—现象分析—脉络梳理—理论提取的逻辑范式,把开放式编码得到的 60 个范畴有机联结起来。通过对 42 个初始概念内涵的筛选,将 186 条原始语句中大量重复和交叉的语句进行整理和合并,最后得到 51 条语句及 40 个节点。最后,进行选择性编码。对范畴间的关系进行逻辑检验和补充的过程,包括调试和补充已有范畴和补充未发展成熟的范畴两部分,目的在于实现理论性饱和及范畴间关系妥当。根据研究目的和前两级编码的结果,本书在选择性编码过程中通过补充 5 篇文献资料,对主轴编码的结果进行了理论检验和提炼。

试探性质性分析是对已定义的自由节点进行散点分布,根据节点分布情况确定不同节点对被研究对象的影响程度。运行 Nvivo10.0,选择"聚类分析"—"按单词相似性聚类的节点",得到自由节点散点分布图,运行结果如图 4-1 所示。图 4-1 中共包括政府、技术、市场、企业、资本、人力资源、产业发展七个节点群,其中,"政府主导""政府财政""财税政策"等组成政府节点群,"技术创新""创新驱动""技术突破"等组成技术节点群,"市场需求""市场风险""市场带动"等组成市场节点群,"创业扩散""创业资本"等组成企业节点群,"民间资本""融资""银行信贷"和"融资风险""市场性信贷""政策性信贷"等组成资本节点群,"人才""智力支持"等组成人力资源节点群,"产业集群""产业链""发展""成长""产业集聚""培育"等组成产业发展节点群。七个节点群之间相互关联,政府节点群、技术节点群、市场节点群、企业节点群、资本节点群和人力资源节点群以产业发展节点群为中心分散在四周,说明现有文献认为政府、技术、市场、企业、资本、人力资源共同对战略性新兴产业发展产生影响。节点群内节点的多与少代表学者们关注该领域的众与寡,也体现了相应的研究领域,比如对政府行为的研究主要集中在政府的主导性和财税政策等方面,对资本要素的研究主要集中在企业融资、市场性信贷、政策性信贷、民间资本等角度,对技术影响的研究主要集中在技术创新、技术突破和创新驱动方面，对市场影响的研究主要集中在战略性新兴产业的市场需求、市场对产业发展的带动和产业面临的市场风险方面。

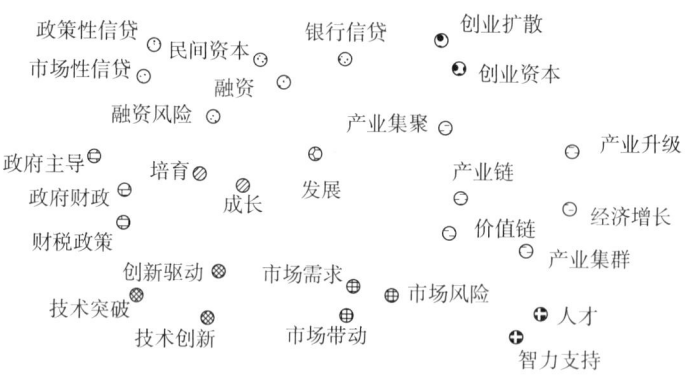

图 4-1 自由节点散点分布图

试探性质性分析结果表明：有关战略性新兴产业发展问题的现有相关研究主要集中在政府行为、企业技术创新行为、资本融资和市场影响方面，政府、技术、资本、市场是学者们认为与战略性新兴产业发展相关性最大的四个因素。

运行 Nvivo10.0，选择"树状聚类分析"，对已编码文献及节点进行聚类分析，通过对共享相似词、属性值等进行分组，将文献节点之间的联系逐层分解，形成逻辑链，再由各个逻辑链分支汇聚成一个结构化体系，呈现出编码节点之间的主从关系，即树状聚类结构图，如图 4-2 所示，有关战略性新兴产业发展的技术突破、评价指标、融资来源等节点与战略性新兴产业发展相关节点之间的联系最为疏远；创业扩散、政策性信贷、财税政策、民间资本融资、产业结构、产学研、经济增长等节点与战略性新兴产业发展相关节点之间的联系较近一层；政府财政支持、政府经费支持、政府作用、政府政策引导、创新动力、技术创新、市场机制等节点与战略性新兴产业发展的相关节点之间的联系最为紧密。

主从关系分析结果表明：政府行为、企业技术创新行为及现有市场机制是影响战略性新兴产业发展的主要影响因素；创业扩散、资本融资、产业结构、产学研合作模式、经济增长情况等是影响战略性新兴产业发展的重要因素，但相关研究有待进一步深入；有关战略性新兴产业技术突破、评价指标、融资来源等问题的研究较少，属于学者们关注但未广泛涉及的研究领域。

第四章　战略性新兴产业发展动力机制模型构建

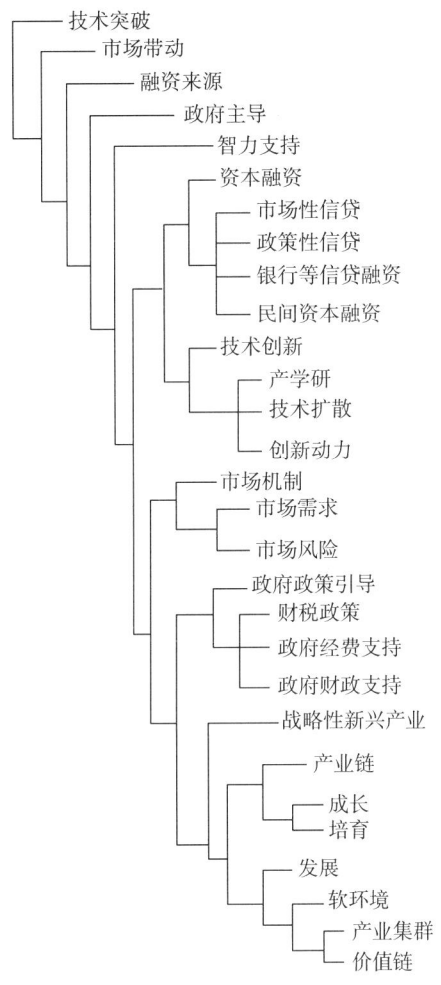

图 4-2　树状聚类结构图

为了进一步明确各编码之间的关联性，形象反映出各编码与战略性新兴产业之间的联系，运用 Nvivo10.0 对数目比较多的节点进行矩阵结构分析，运行结果如图 4-3 所示。根据节点所包含的参考点数比较，与"战略性新兴产业"及"发展"节点关联性最强的首先是政府政策引导、政府财政支持、财税政策和政府主导，其次是技术创新、创新动力、技术突破、技术引进、技术扩散，以及市场机制、市场导向、市场需求、市场带动，再次是银行信贷融资、民间资本融资、市场性信贷、政策性信贷和政府经费支持等融资来源，最后是智力支持、人才和企业战略、创业、产学研等，表明影响战略性新兴产业发展的因素包括政府因素、技术因素、市场因素、资本因素、人力资源因素和企业因素,通过各因素共同作用,战略性新兴产业创新得以成长和发展,并形成相应的产业链和价值链,催生产业集群,最终促进产业结构优化升级。

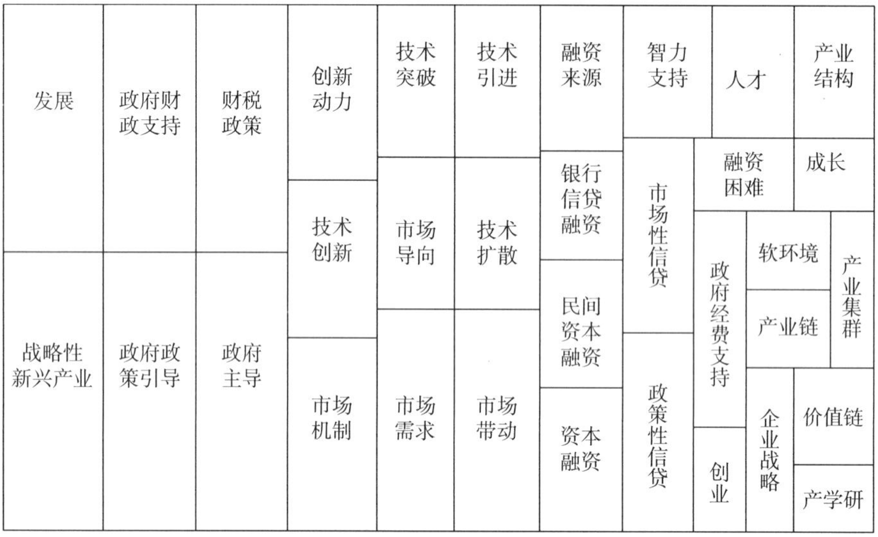

图 4-3 矩阵结构分析

矩阵结构分析结果表明:影响战略性新兴产业发展的最重要因素包括政府引导、技术创新和市场需求;资本和人力资源的支撑作用和产业环境、企业战略等因素次之。

根据试探性质性分析结果,政府支持、企业技术创新、资本融资及市场影响是学者们认为影响战略性新兴产业发展的主要影响因素;根据主从关系分析结果,政府财政及经费支持、技术创新、市场机制等节点与战略性新兴产业发展相关节点之间的联系最为紧密;根据关联性分析结果,政府政策引导、技术创新和市场需求与战略性新兴产业发展的关联性最强。三类分析的结果一致显示,政府、创新及市场是影响战略性新兴产业发展的主要因素。为了验证这一结论,本书另选取了 5 篇文献进行理论饱和度检验。

根据罗晓梅等[181]的研究,有关战略性新兴产业研究的核心期刊主要包括《科学学与科学技术管理》《科学学研究》《中国工业经济》《经济研究》等。本书选取发表在该类核心期刊上的 5 篇文章对文献分析结果做进一步理论验证。肖兴志等[182]认为,科技政策是推动战略性新兴产业发展的重要手段,战略性新兴产业的发展离不开政府资金的引导和推动,政府创新支持资金的投向能够影响企业的科技创新行为。申俊喜[183]认为,战略性新兴产业因具有发展的前瞻性、较强的社会性、生产要素的先进性以及产品首次进入市场的困难性等特点,需要政府的扶持和引导来实现发展。张治河等[184]通过案例分析了战略性新兴产业集群的形成机制,得出战略性新兴产业集群的形成迄今为止主要由政府主导形成的结论;在战略性新兴产业形成过程中,集群发展的主要驱动力是来自战略性新兴产业的创新,也是集群能否占据市场主要地位的决定性因素。汪海粟等[185]认为,战略性新兴产业的发展应以政策路线为出发点,通过建立符合战略性新兴产业发展的产业政策体系,构建与战略性新兴产业发展阶段相匹配的策略安排;提出我国战略性新兴产业应推行"以技术换市场"的发展模式,并以我国电动汽车产业为例进行深入探讨;技术进步对战略性新兴产业的发展具有显著正向作用,其中科技进步的贡献最大;肯定了技术创新在战略性新兴产业发展中的作用。于新东等[186]通过研究认为,战略性新兴产业的社会根基关键是技术进步和理论引导,充分发挥政府先期引导作用和科技创新核心作用的前提是尊重市场规律,培育发展战略性新兴产业的基础是建立完善的制度支柱;战略性新兴产业培育发展应以市场为导向,充分发挥价格机制和竞争机制的功能,有效促进技术创新和资源要素的优化配置。5篇期刊的理论验证结果与试探性分析、主从关系分析、关联性分析的结果相符,战略性新兴产业的发展主要受政府政策、技术创新、市场机制影响的结论成立。

文献分析表明,战略性新兴产业的发展动力主要来自政府引导、创新驱动和市场机制。根据制度经济学相关理论,肖兴志、申俊喜、张治河等的研究观点肯定并重视了政府政策这一非市场因素对于战略性新兴产业发展的影响,可以将符合该类发展模式的战略性新兴产业归纳为政府引导型。根据技术经济学相关理论,汪海粟等的研究观点肯定了技术创新与战略性新兴产业发展之间的正向关系,可以将符合该类发展模式的战略性新兴产业归纳为创新驱动型。根据市场经济学相关理论,于新东等的研究观点肯定了市场机制在战略性新兴产业发展过程中所起到的资源配置作用,可以将符合该类发展模式的战略性新兴产业归纳为市场配置型。

运用Nvivo软件对相关文献的分析结果显示,现阶段我国战略性新兴产业发展主要受政府政策、技术创新、市场机制影响。该结论也通过了理论饱和度检验。

第三节 动力机制模型构建

通过运用 Nvivo 软件对相关文献进行分析可以得出，现阶段我国战略性新兴产业发展主要受政府政策、技术创新、市场环境影响的结论，而根据波特的理论，产业竞争力是一个综合的系统工程，涉及很多因素，如资源禀赋、产业政策、产业技术水平、企业经营管理能力等，借鉴波特的竞争力理论及钻石模型，依据本书上述文献分析结果，进一步构建出战略性新兴产业发展动力模型，如图 4-4 所示。

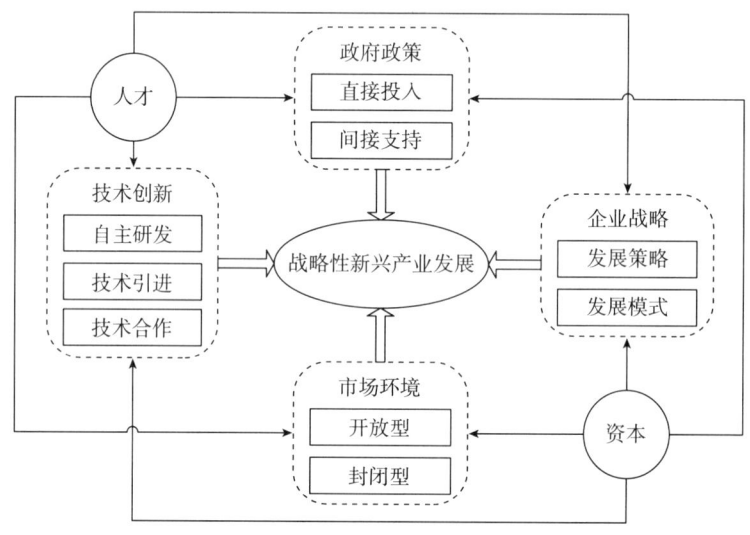

图 4-4 战略性新兴产业发展动力模型

从模型中可以看出，战略性新兴产业的发展主要受到政府政策、技术创新、市场环境和企业战略的影响，资本要素和人力资源要素的影响贯穿其中。在基于 Nvivo 的相关文献分析中，战略性新兴产业受到政府政策、技术创新和市场环境的影响，而根据产业竞争力的相关理论，企业的经营管理能力也是影响整个产业发展的重要因素，因此，本书将企业战略作为影响战略性新兴产业发展的动力之一纳入战略性新兴产业发展模式的理论模型。

尽管对文献的分析显示，资本要素和人力资源要素对战略性新兴产业发展所起的作用不甚明显，但不能说明这两类生产要素在战略性新兴产业发展中的作用可以忽略[187]，因为以往研究已证实了这两类生产要素在一般产业发展中均产生了重要的影响[188]，而在本章对战略性新兴产业相关文献进行分析时，由于研究对象的特殊性和现阶段研究的局限性，使这两类生产要素的作用由显性变为隐性。因此，本书将资本和人才作为两个隐性因素纳入战略性新兴产业发展动力理论模型。

第四节 本章小结

本章基于扎根理论，采用质性分析，运用软件 Nvivo 对战略性新兴产业相关文献进行整理、归纳、分析，结合波特的竞争力理论及钻石模型，运用根据试探性分析、主从关系分析、关联性分析和理论饱和度检验，得出政府引导、技术创新、市场机制对战略性新兴产业发展具有较为重要的促进作用。根据战略性新兴产业发展动力理论模型，提出以政府行为、技术创新、市场环境、企业战略为主体动力影响因素，以及以资本要素、人力资源为调节因素的战略性新兴产业发展动力机制模型。

第五章　战略性新兴产业发展动力机制实证分析

伴随"互联网+"的信息化发展趋势和"工业4.0"与"中国制造2025"的深度融合,加快转变产业结构,大力发展低碳环保的新兴产业,使其逐步替代资源依赖型和能源消耗型传统产业成为我国经济社会发展的必然选择。"十三五"时期,国家对战略性新兴产业发展目标和主要任务的规划,对提升新兴产业支撑作用、培育发展战略性产业、构建新兴产业发展新格局、完善新兴产业发展环境提出新要求;市场在资源配置中起决定性作用的经济体制改革背景,为战略性新兴产业发展带来新机遇。鉴于此,有关我国战略性新兴产业发展动力机制的探究对培育我国经济增长新动能、深化经济体制改革、促进经济结构优化具有重要的理论和现实意义。本章旨在运用实证研究方法证明战略性新兴产业发展的动力机制模型。以战略性新兴产业发展动力机制理论模型为基础,提出六要素与战略性新兴产业发展关系相关假设,通过构建六类变量指标体系、设计相关问卷,运用因子分析、相关分析等统计分析方法对问卷调查收集的样本数据进行检验及分析,得出主体动力要素和调节要素在战略性新兴产业发展中所起的作用及差异。

第一节　战略性新兴产业发展动力相关假设

一、政府行为与战略性新兴产业

政府行为能够为战略性新兴产业发展提供相应的支持,促进产业成长。政府行为可以归纳为直接行为和间接行为两种,前者包括财政资金投入、政府采购[189]、科技人才派送[190]等,后者则包括制定合理的相关政策[191]、支持产学研合作[192]、拓展上下游产业链[193]、培育产品的市场需求[194]等。通过创新驱动等国家发展战略的实施,企业创新能力和创新效率进一步提升。政府通过深化科技管理体制改革等宏观调控,能够推进关键核心技术攻关和重大科技基础设施、科技创新中心等建设。将提高研发费用加计扣除比例政策扩大至所有企业等政策带来的创新生态环境的不断优化,有利于充分调动各类创新主体的积极性,强化企业技术创新主体地位。

基于以上分析,提出假设 H1:

H1:政府行为对于战略性新兴产业发展具有正向的推动作用。

二、技术创新与战略性新兴产业关系分析

一般来讲,企业进行技术创新的动力来自两个方面:一是来自企业生存与发展的压力,二是企业进行技术创新所产生的利益诱导[195]。企业进行技术创新的方式也包含两种,一是自主研发,二是模仿创新。企业选择何种方式进行创新取决于企业的生存竞争压力或预期收益,企业生存和发展的基础是技术创新,R&D 是科技企业的核心,企业可以凭借一定的技术能力产生规模经济效应。技术创新对产品创新[196]、产业创新绩效[197]均有显著影响,先进技术的引进能够显著提升新产品的产出效率和产业整体的创新水平[198]。

基于以上分析,提出假设 H2:

H2:技术创新对于战略性新兴产业发展具有正向的支撑作用。

三、市场环境与战略性新兴产业关系分析

市场与产业发展的关系密不可分,市场是企业将技术创新产品进行传播和扩散的载体[199],企业创新能力与市场实力和市场规模呈正相关关系[200],在特定条件下竞争性产业比垄断性产业更能激励研发[201],在考虑不确定性和研发成本时,处于完全垄断或中等竞争水平的企业比完全竞争的企业更易于产生研发和创新活动[202]。企业对主要客户、新兴市场潜在需求和市场接受度的认知决定了企业的市场能力。作为企业创新和发展的最主要推动力,市场为科技开发和成果扩散及转化提供了桥梁。事实证明,70%左右的重大创新来自市场需求的驱动。市场容量和市场环境中是否存在相应的需求直接影响企业所生产和经营的技术产品能否实现产业化。科技创新与市场需求是战略性新兴产业发展的两大原动力,市

场需求的不断变化升级对技术提出更新升级的要求,企业的市场能力直接影响高新技术产品的市场需求和战略性新兴产业的成长[203]。

基于以上分析,提出假设 H3:

H3:市场能力对于战略性新兴产业发展具有正向的培育作用。

四、企业战略与战略性新兴产业关系分析

企业战略是企业调配优势资源、实现长期绩效的基础。以资源能力为核心的企业战略与决策,在提升竞争优势、规划发展战略、调配优势资源、实现顾客价值、节约企业成本方面均有重要影响。企业战略有助于形成企业品牌、声誉、智能财产权、执照、契约、网络关系等无形资源,以及员工能力、组织能力、管理能力等无形能力[204]。在资源基础理论体系中,企业战略被称为"无形的优势资源能力",这种无形的优势资源能力产生的"管理租"或"效率租",进而形成"独占租"或"先占租"[205]。企业规模是企业战略的外在反映,企业规模能够有效推动企业创新,进而影响产业的创新和发展能力[206]。

基于以上分析,提出假设 H4:

H4:企业战略对于战略性新兴产业发展具有正向的引导作用。

五、资本要素与战略性新兴产业关系分析

资金是制约企业成长的主要因素[207]。稳定的财务状况和雄厚的资金实力为企业进一步发展提供必要的资金支持,也为企业成长注入新鲜的血液,使其具有生命力,并产生成长的动力。大量的资金支持为技术开发、技术转化以及市场开拓提供了保障,然而新兴企业自身存在的技术风险和市场风险带来的融资困难,成为阻碍新兴企业发展的重要原因。研究表明,资金投入[208]尤其是研发资金的投入与企业[209]、行业创新绩效[210]存在显著正相关关系。新兴产业的成长过程充满了风险性和不确定性,并需要大量的资金支持,这就需要发达的资本市场、完善的融资渠道、良好的融资环境为处于成长过程中的新兴企业提供必需的资金支持,以便企业能够及时获取成长所需要的资源,进而推动产业成长。研究表明,金融发展水平与企业成长存在正相关性[211]。

基于以上分析,提出假设 H5:

H5:资本要素对于战略性新兴产业发展具有正向的调节作用。

六、人力资源与战略性新兴产业关系分析

在众多生产要素中,人力资本是不可或缺的隐形因素,企业的成长依靠于雇

员的科技知识,企业的生存部分地依赖于它们所能获得的人力资本[212],企业的技术往往掌握在少数技术人员手中,其流失将会影响企业短期的商业活动,严重的会导致企业消亡。企业人力资源对企业成长潜力、生存状态等有显著的正效应[213]。人力资本可通过对创新能力的激励产生外部效应[214],在一定程度上,科研力量储备决定了企业和产业发展的后劲和潜力,因此,企业人才的来源直接影响企业的智力资源库,并进一步影响产业的发展。

基于以上分析,提出假设 H6:

H6:人力资源对于战略性新兴产业发展具有正向的调节作用。

假设汇总如表5-1所示:

表5-1 假设汇总

序号	假设描述	假设类型
H1	政府行为对于战略性新兴产业发展具有正向的推动作用	探索性
H2	技术创新对于战略性新兴产业发展具有正向的支撑作用	探索性
H3	市场能力对于战略性新兴产业发展具有正向的培育作用	探索性
H4	企业战略对于战略性新兴产业发展具有正向的引导作用	探索性
H5	资本要素对于战略性新兴产业发展具有正向的调节作用	探索性
H6	人力资源对于战略性新兴产业发展具有正向的调节作用	探索性

第二节 方法选择与变量设计

经济转轨时期,影响我国产业发展的重要因素包括政府税收、市场竞争、融资约束、员工培训、R&D 等[215]。结合国内外相关研究,基于前文所构建的模型以及提出假设,下面对涉及变量进行指标设计,利用问卷调查法收集数据,采用微观调查和宏观分析相结合的方法进行实证分析。主要包括问卷设计、变量测量、信效度检验和样本数据的描述性分析,采用的方法为 EFA。

EFA(Exploratory Factor Analysis,探索性因子分析法)是一项用来找出多元观测变量本质结构,并对数据和指标进行降维处理的方法,通过分析多变量之间的内部依赖关系,探究指标数据之间的基本结构,并用少数几个因子表示基本数据结构。EFA 分析法是与验证性分析法相对的,对于 EFA 法来说,不存在异常值、等距值、线形值、多变量常态分配以及正交性等情况。该方法是在1904年英国心理学家Charles Spearman提出的单一化智能因子分析法和20世纪30年代瑞典心理学家Thurstone提出的多元因子分析基础上发展和形成的。该方法易于操作，当调查问卷含有很多问题时效果尤佳，且便于与其他工具结合使用。

典型的EFA流程如图5-1所示：

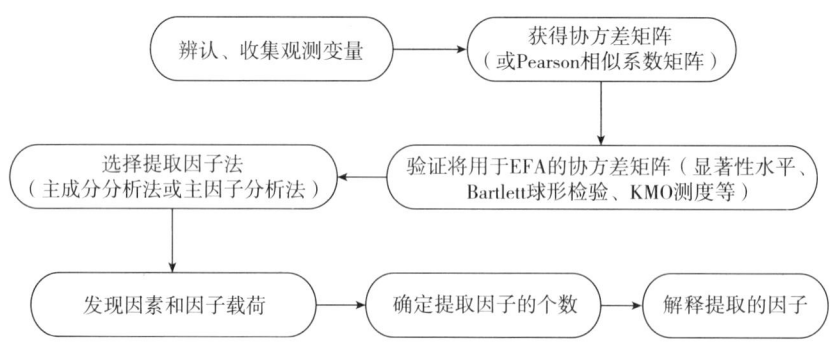

图5-1 EFA流程

一、主体变量设计

变量的测量是验证假设的最重要的步骤之一，是否准确对相关变量进行测量直接关系到本书工作的质量，此节将在科学分析基础上对变量的测量方法和指标进行说明。根据模型构建和假设提出，各类测量变量的来源主要是直接用已经被证实有效或者是在文献中出现的相对成熟的测量变量，并在文献提出的成熟量表基础上结合本书的实际情况调整。下面对政府行为、技术创新、市场环境、企业战略四个战略性新兴产业发展影响因素自变量指标体系进行构建，如表5-2所示。

表5-2 主体变量指标体系

一级指标	二级指标
政府行为（G）	投入财政资金（G1）、制定合理的政策（G2）
	直接购买产品（G3）、支持产学研合作（G4）
	派送科技人才（G5）、拓展上下游产业链（G6）
	培育产品的市场需求（G7）

续表

一级指标	二级指标
技术创新（T）	企业自有技术（T1）、拥有自己的研发团队（T2）
	向其他单位购买专利（T3）
	引进国内外先进技术并消化创新（T4）
	与高校、科研院所合作（T5）
	与相关企业开展技术合作（T6）
市场环境（M）	国内市场（M1）、亚洲市场（M2）、欧洲市场（M3）
	北美市场（M4）、拉丁美洲市场（M5）、非洲市场（M6）
企业战略（S）	开发新产品或新工艺（S11）
	对原有产品或工艺改进（S12）
	开拓新市场（S13）、将新材料应用到本领域（S14）
	拓宽融资渠道（S15）、吸引优秀人才（S16）
	推动企业产品制造与服务配套相结合（S21）
	推动企业开展产业间合作（S22）
	推动产业与金融服务的联合发展（S23）
	推动政府引导与市场调控相结合（S24）
	推动科技创新与市场创新的共同进步（S25）

1. 政府行为

发展战略性新兴产业时，各地方政府要结合中央的发展规划和本地的特色制定相应规划；地方政府在发展新兴产业时需要考虑规模经济、成本控制和空间布局三大问题。在市场调节的前提下，政府对关系国家经济、社会、国防安全的战略性领域和战略性新兴产业的关键环节，发挥宏观指导、政策激励和组织协调的宏观调控作用[216]。在战略性新兴产业的发展过程中，政府应坚持政府引导和市场推动相结合的发展模式，充当组织引导者而非主攻手，应摒弃政府主导式的工作思路。政府应在遵循市场规律的同时充分发挥自身的宏观调控优势，将政府的宏观调控与市场的需求和基础调节作用结合起来。不仅要采取措施鼓励企业进行技术攻关，在制度安排方面更要考虑技术的市场需求[217]。为验证本书提出的假设 H1，采用投入财政资金、制定合理的政策、直接购买产品、支持产学研合作、派送科技人才、拓展上下游产业链、培育产品的市场需求 7 个二级指标对政府行为变量进行考察。如表 5-2 所示。

2. 技术创新

技术创新对战略性新兴产业的发展具有推动性作用。驱动企业进行技术创新的直接因素一般来自企业生产与发展的压力或创新引致收益的诱导，它们影响企业以何种方式进行技术创新。不同的技术创新来源往往引致不同的企业发展模式，如吴传清、钟清流、王利政等将战略性新兴产业的发展模式分为技术领先模式和技术追随模式。基于此，本书将从技术来源角度分析技术创新对战略性新兴产业发展的影响程度。一般来讲，新兴企业的技术创新源于以下几方面：一是自主研发；二是直接购买；三是模仿并创新；四是合作创新。具体来讲，自主研发是指企业拥有自有核心技术或自己的研发团队；直接购买是指企业向其他单位购买专利；模仿创新是指模仿或引进国内外先进技术并消化创新；合作创新是指与高校、科研院所或相关企业之间的技术合作。后发国经济增长方式随技术水平的提升一般遵循"生产性投资驱动"到"研发驱动""模仿主导"再到"创新主导"的转变[218]。为验证本书提出的假设H2，采用企业自有技术、拥有自己的研发团队、向其他单位购买专利、引进国内外先进技术并消化创新、与高校及科研院所合作、与相关企业开展技术合作6个二级指标对技术创新变量进行考察，如表5-2所示。

3. 市场环境

市场需求是战略性新兴产业发展的主要动力要素之一[219]。政府对战略性领域和战略性新兴产业发挥宏观调控作用的前提是充分尊重市场规律和市场调节作用，尤其考虑技术的市场需求和企业的市场能力。为验证本书提出的假设H3，将战略性新兴产业市场分为国内市场和国外市场，并将国外市场进一步细分，采用国内市场、亚洲市场、欧洲市场、北美市场、拉丁美洲市场、非洲市场6个二级指标对市场需求和市场能力进行考察，如表5-2所示。

4. 企业战略

曲立勇以生物产业为例，对生物产业中小企业的战略管理过程进行了案例研究，揭示了中小企业在战略性新兴产业培育和发展中的作用，并提出战略性新兴产业发展的"中小企业模式"。从创业扩散的角度，战略性新创企业创业的扩散形成了战略性新兴产业，并最终形成了战略性新兴产业集群。从战略管理的角度，企业战略的制定应考虑资源、制度等外部环境因素和知识、技术等内部资源因素[220]。为验证本书提出的假设 H4，将企业战略从发展策略和发展模式上进行划分，采用开发新产品或新工艺、对原有产品或工艺改进、开拓新市场、将新材料应用到本领域、开拓融资渠道、吸引优秀人才、推动企业产品制造与服务配套相结合、推动企业开展产业间合作、推动产业与金融服务的联合发展、推动政府引导与市场调控相结合、推动科技创新与市场创新的共同进步 11 个二级指标从企业发展策略和发展模式两个角度对企业战略进行综合考察，如表 5-2 所示。

二、调节变量设计

根据战略性新兴产业发展动力机制理论模型及相关假设，构建相关指标体系对资本要素及人力资源进行测量。

1. 资本要素

战略性新兴产业在不同的发展阶段需要不同的融资模式[221]。从业态演进角度，对战略性新兴产业的金融支持体系可以分为市场性金融支持机制、政策性金融支持机制、信贷市场主导的间接金融体系和资本市场主导的直接金融体系四个方面。现阶段我国金融支持系统的不健全[222]、现有金融模式的不适应[223]、融资政策的不完善[224]等问题对科技型企业及战略性新兴产业的发展形成了限制。融资政策的不完善[225]、融资渠道的狭窄[226]，影响了战略性新兴产业发展。因此，对于战略性新兴产业的资本要素而言，融资渠道至关重要[227]。为验证本书提出的假设 H5，结合已有文献，本书从融资渠道方面对资本要素进行测量，采用自有资金、商业银行等金融机构信贷、政策性信贷、民间资本融资、上市融资、政府财政直接支持、其他机构融资 7 个二级指标进行考察，如表 5-3 所示。

2. 人力资源要素

企业通过人力资源管理通过影响企业人力资本存量[228]、引导企业员工行为[229]、创造组织核心知识[230]、塑造企业创新文化[231]、营造内部创新氛围[232]等途径提升企业绩效。人才来源的途径直接影响并反映了企业的人力资源状况，是战略性新兴产业发展的隐性因素。为验证本书提出的假设 H6，结合已有文献，本书从人才渠道方面对人力资源要素进行测量，采用招聘国内高校的毕业生、招聘国外留学生（含外籍人士）、与国内外高校联合培养技术人才、引进国内外研究机构科研人员和引进国内外企业的科研人员 5 个二级指标进行考察,如表 5-3 所示。

表 5-3 隐性变量指标体系

一级指标	二级指标
融资渠道（C）	自有资金（C1）、商业银行等金融机构信贷（C2）
	政策性信贷（C3）、民间资本融资（C4）
	上市融资（C5）、政府财政直接支持（C6）
	其他机构融资（C7）
人才来源（H）	招聘国内高校的毕业生（H1）
	招聘国外留学生（含外籍人士）（H2）
	与国内外高校联合培养技术人才（H3）
	引进国内外研究机构的科研人员（H4）
	引进国内外企业的科研人员（H5）

三、因变量设计

战略性新兴产业是在新能源、新材料、节能环保、生物医药、信息网络、高端制造等产业基础上发展起来的,是对技术研发、市场开拓、融资环境、产业融合等方面均有引领和主导作用的产业[233],技术实力、融资渠道等都可以作为战略性新兴产业发展的潜力评价指标[234]。借鉴相关研究,本书制定了衡量战略性新兴产业发展的指标体系,包括技术能力、销售渠道、市场需求、融资渠道、高科技人才、政府支持力度、社会关系网络 7 个二级评价指标,如表 5-4 所示。

表 5-4 因变量指标体系

一级指标	二级指标
战略性新兴产业发展绩效（P）	技术能力（P1）、销售渠道（P2）、市场需求（P3）
	融资渠道（P4）、高科技人才（P5）、政府支持力度（P6）
	社会关系网络（P7）

第三节 信效度实证检验

本书通过问卷调查法对前面设计的战略性新兴产业发展影响因素指标体系进行效度检验。设计一份合格的问卷，需要检索查阅大量的相关文献，并且在初步设计后，征求有关专家学者的意见，还要通过小样本的预调研方式来使得设计的问卷更加科学和合理。预调研过程能够发现一些题项设计是否能够被大多数调查者理解，提法是否科学，以及理解上是否存在歧义或者含义是否有遗漏。经过预调研分析，修改完善问卷，为大样本调研工作做准备。

一、调查问卷设计与发放

由于战略性新兴产业的统计数据难以获得，本书基于以往学者的研究，结合本书的目的，采取问卷调查的方式对政府行为、企业技术创新、企业市场能力、企业发展战略、资本要素和人力资源要素等对战略性新兴产业发展的影响情况进行了调查，制定了相应的量表，获取相关数据。在借鉴相关研究成果、总结战略性新兴产业发展规律的基础上，设计了一份旨在调查各类影响因素与战略性新兴产业成长关系的问卷，详见附录。问卷由四部分组成：第一部分是填表人的基本信息和所在行业的基本情况。此部分的设计目的在于确定被调查人所从事的行业为战略性新兴产业或与战略性新兴产业密切相关，并确保填表人对该行业比较熟悉，以确保问卷的回收质量。主要内容包括被调查人所在地区、学历、所在单位性质及职业背景等。第二部分是显性因素对影响战略性新兴产业发展的影响情况。这部分内容主要通过对政府行为、技术来源、市场能力、企业战略等方面的测量，共包括31个变量。在计分方法上，采用5点量表法。受调查人被要求根据个人感受对各种因素对战略性新兴产业发展的影响情况做出客观的评价，从"影响非常大"到"没有影响"分别选择数字1到5。在计分方式上，所有变量都采用负向计分法，即分数越高，表示该变量在描述项方面对战略性新兴产业发展的影响越小。第三部分是隐性因素对战略性新兴产业发展的影响情况。这部分内容主要通过对融资来源和人才来源两个方面的测量来反映资本要素和人力资源要素对战略性新兴产业发展的影响，共包括12个变量。在计分方法上，采用5点量表法。受调查人被要求根据个人感受对资本和人才要素对战略性新兴产业发展的影响情况做出客观的评价,从"影响非常大"到"没有影响"分别选择数字1到5。在计分方式上,所有变量都采用负向计分法,即分数越高,表示该变量在描述项方面对战略性新兴产业发展的影响越小。第四部分是对控制变量的测量。包括被调查人所涉及的行业类型、所在单位成立的时间年限和所在单位规模等。

此次研究共发放问卷300份,涉及战略性新兴产业的不同行业,回收197份,有效问卷176份,有效率达78.5%。所涉及地区主要包括北京、天津、河北、江苏、山东等地,所调查单位包括企业、高校、科研院所、政府。其中,新一代信息技术企业数占总调查企业数的23.86%,生物与新医药、节能环保、新材料、新能源、高端装备制造行业涉及的企业数占总调查企业数的比例分别为15.91%、14.77%、14.77%、13.64%、10.23%,如表5-5所示;成立10年以上的企业占67.05%;员工数超过1000人的企业占46.02%;调查单位合作或交流对象为企业的占41.22%,合作或交流对象为高校、科研院所的占48.65%。样本问卷填答人中本科以上学历的占到88.64%,在企业成立年限3年以上的占到了89.77%,这也为保证问卷的信度和效度奠定了基础。

表5-5 样本基本情况

行业类型	企业数	百分比(%)
节能环保	26	14.77
新一代信息技术	42	23.86
生物与新医药	28	15.91
高端装备制造	18	10.23
新能源	24	13.64
新材料	26	14.77
新能源汽车	10	5.68
其他行业	2	1.14

资料来源:本书整理。

二、指标体系的信度检验

信度是衡量量表的一致性和稳定性。通常是利用 Cronbach's α 值来衡量。效度是指测量工具能够正确测量的程度,分为内容效度和结构效度。本书以相关理论为基础,参照相关文献和实证分析的问卷结果进行问卷设计,并且征求学术团队意见，经过调研，保证了调查问卷涉及的测量量表的内容效度。结构效度是理论的概念与测量之间的一致性程度，包括三方面的检验：违犯估计①、单个观测变量效度检验、整体模型拟合度检验。

通过使用因子分析对收集到的数据进行初步的分析与评价，主要包括探索性因子分析和验证性因子分析。探索性因子分析与验证性因子分析的不同之处在于，在分析过程中测量理论架构所扮演的角色与检验时机[235]。对于探索性因子分析，理论架构是事后概念，而对于验证性因子分析来说，理论架构是事前概念，验证性因子分析必须有一定的理论或理论架构作为基础，之后再借用数学方法来评价该理论观点所得的计量模型是否适当和合理。探索性因子分析是对量表或问卷的建构效度进行检验，而验证性因子分析则要检验这种建构效度的适切性与真实性。即通过探索性因子分析和验证性因子分析主要是对量表和收集数据进行信度和效度检验。对调查问卷中所设题项进行信度和效度检验过程及结果如下：

1. 政府行为变量

针对政府行为项目七个方面的测量，设定相应的七个变量，对该项目进行同质性检验（包括信度和效度检验）的结果如表5-6所示。其中，"校正变量与总分相关"栏表示的是该变量与其他变量加总后的积差相关，参考吴明隆（2010）的判断方法和标准，该项的判别临界值为0.400，若是"校正题项与总分相关"栏呈现的数值小于0.400，表示该变量与其余变量的相关为低度关系，该变量与其余变量所要测量的心理或潜在特质同质性不高。"变量删除后的α值"表示的是该变量删除后，整个量表的α系数（即Cronbach's alpha系数）改变的情形，若是同一份量表各变量所预测量的行为特质越接近，则其内部一致性α系数会越高；相对地，若是同一份量表各变量所预测量的行为特质差异较大，则其内部一致性α系数会偏低，此时量表所包含的层面或构念的内涵可能并不同质。内部一致性α系数的公式如下：

$$\alpha = \frac{K}{K-1}\left(1 - \frac{\sum S^2}{S^2}\right) \quad (5-1)$$

其中，K为量表的变量数，$\sum S^2$为量表变量的方差总和，S^2为量表总分的方差。从式（5-1）中可以发现，量表的变量数越多时，$\frac{K}{K-1}$的值越接近1，

---

① Hair等（1998）建议，检验模型效度时，不能出现负误差协方差、标准化系数超过或太接近1、太大的标准误差，如果有这三种现象，属违纪现象，不可以做整体拟合优度和内在结构拟合检验。

$\frac{\sum S^2}{S^2}$ 的值越接近 0,内部一致性 α 系数也会越接近 1。因而如果量表所包含的变量数越多,内部一致性 α 系数一般而言会越高,删除某一道题后,量表的内部一致性 α 系数相对会变小,若是删除某个变量后,量表的内部一致性 α 系数反而变大,则此题所欲测量的行为或心理特质与其余量表所欲测量的行为或心理特质并不同质,可以考虑删除此变量。

采取主成分分析抽取共同因素时,初始的共同性估计值均为 1,根据最后共同性萃取值的大小,可以了解变量所欲测量共同特质(因素)的高低。"共同性"为各题项在共同因素的"因素负荷量"的平方加总,反映的是共同因素对各变量的解释变异量,这个值是个别变量与共同因素间多元相关系数的平方,相当于回归分析中的 R^2。因为只抽取一个共同因素,因而共同性可说是共同因素对于各变量的解释变异量,如果变量的共同性越大,表示测得的行为或心理特质的共同因素与变量的关系越密切;相对地,若是变量的共同性值越小,表示变量与共同因素的关系越弱。一般而言,共同性值若低于 0.2(此时因素负荷量小于 0.45),表示变量与共同因素间的关系不密切,此时,此变量可以考虑删除。

表 5-6 为政府行为各指标变量关于校正变量与总分相关、同质性检验的统计量结果摘要,从校正变量与总分相关变量删除后的 α 值、共同性与因素负荷量等指标来看,第三个变量在以上四个指标的统计量均不理想,因而经项目分析综合评鉴后,应从该题的量表中删除该变量。

表 5-6 政府行为变量分析摘要

变量	校正变量与总分相关	同质性检验			未达标准指标数	备注
		α 值	共同性	负荷量		
G1	0.525	0.759	0.444	0.667	0	保留
G2	0.484	0.766	0.412	0.642	0	保留
G3	**0.305**	**0.805**	**0.176**	**0.420**	**4**	**删除**
G4	0.602	0.743	0.549	0.741	0	保留
G5	0.602	0.742	0.554	0.744	0	保留
G6	0.592	0.745	0.574	0.758	0	保留
G7	0.529	0.757	0.466	0.683	0	保留
判标准则	≥0.400	≤0.787	≥0.2	≥0.45		

资料来源:本书整理。

第五章 战略性新兴产业发展动力机制实证分析

删除第三个变量后，该项目的各项指标均得到提高：首先，α 系数由 0.787 提高到 0.805；其次，公因子方差均有不同程度的提高；最后，解释的总方差中提取平方和载入的累积方差率也得到提高，由 45.369% 提高到 50.816%。如表 5-7 所示。

表 5-7 删除 G3 前后的解释总方差与公因子方差对比

成分	删除前的初始特征值			删除后的初始特征值			删除前公因子方差提取	删除后公因子方差提取
	合计	方差%	累积%	合计	方差%	累积%		
G1	3.176	45.369	45.369	3.049	50.816	50.816	—	—
G2	0.972	13.884	59.253	0.864	14.405	65.221	0.412	0.425
G3	0.842	12.031	71.283	—	—	—	0.176	—
G4	0.667	9.523	80.806	0.696	11.599	76.819	0.549	0.543
G5	0.635	9.070	89.876	0.635	10.585	87.404	0.554	0.549
G6	0.405	5.785	95.662	0.420	6.993	94.397	0.574	0.622
G7	0.304	4.338	100.0	0.336	5.603	100.00	0.466	0.474

资料来源：本书整理。

2. 技术创新变量

对企业技术创新六个方面的衡量共设六个测试变量，对该项目进行同质性检验（包括信度和效度检验）的结果整理如表 5-8 所示。从校正变量与总分相关、变量删除后的 α 值、共同性与因素负荷量等指标来看，第三个变量 T3 在以上四个指标的统计量均不理想，因而经项目分析综合评鉴后，应从测量指标体系中删除该变量。

表 5-8 技术创新变量分析摘要

变量	校正变量与总分相关	同质性检验			未达标准指标数	备注
		α 值	共同性	负荷量		
T1	0.436	0.772	0.367	0.606	0	保留
T2	0.590	0.735	0.553	0.744	0	保留
T3	**0.367**	**0.787**	**0.164**	**0.414**	**4**	**删除**
T4	0.601	0.731	0.556	0.746	0	保留
T5	0.685	0.706	0.694	0.833	0	保留
T6	0.520	0.750	0.493	0.702	0	保留
判标准则	≥0.400	≤0.781	≥0.2	≥0.45		

资料来源：本书整理。

删除第三个变量 T3 后,该项目的各项指标均得到提高:首先,α 系数由 0.781 提高到 0.787;其次,公因子方差均有不同程度的提高;最后,解释的总方差中提取平方和载入的累积方差率也得到提高,由 48.789% 提高到 54.783%。如表 5-9 所示。

表 5-9 删除 T3 前后的解释总方差与公因子方差对比

成分	删除前的初始特征值			删除后的初始特征值			删除前公因子方差提取	删除后公因子方差提取
	合计	方差%	累积%	合计	方差%	累积%		
T1	2.927	48.789	48.789	2.739	54.783	54.783	—	—
T2	1.077	17.957	66.747	0.990	19.805	74.588	0.553	0.615
T3	0.883	14.721	81.467	—	—	—	0.264	
T4	0.468	7.800	89.267	0.594	11.882	86.470	0.556	0.491
T5	0.342	5.696	94.963	0.358	7.156	93.626	0.694	0.722
T6	0.302	5.037	100.00	0.319	6.374	100.00	0.493	0.523

资料来源:本书整理。

3. 市场环境变量

对市场环境的衡量共设六个测试变量,对变量进行同质性检验(包括信度和效度检验)的结果整理如表 5-10 所示,该表为企业市场能力各变量关于校正变量与总分相关、同质性检验的统计量结果摘要表。

表 5-10 市场能力变量分析摘要

变量	校正变量与总分相关	同质性检验			未达标准指标数	备注
		α 值	共同性	负荷量		
M1	0.322	0.808	0.193	0.431	4	删除
M2	0.549	0.765	0.476	0.690	0	保留
M3	0.616	0.747	0.608	0.780	0	保留
M4	0.641	0.740	0.637	0.798	0	保留
M5	0.593	0.752	0.537	0.733	0	保留
M6	0.576	0.758	0.523	0.723	0	保留
判标准则	≥0.400	≤0.795	≥0.2	≥0.45		

资料来源:本书整理。

从校正变量与总分相关、变量删除后的α值、共同性与因素负荷量等指标来看，第一个变量 M1 在以上四个指标的统计量均不理想，因而经项目分析综合评鉴后，应从该指标体系中删除该变量。删除 M1 后，该项目的各项指标均得到提高：首先，α系数由 0.795 提高到 0.808；其次，公因子方差均有不同程度的提高；最后，解释的总方差中提取平方和载入的累积方差率也得到提高，由 49.898% 提高到 56.919%。如表 5-11 所示。

表 5-11 删除 M1 前后的解释总方差与公因子方差对比

成分	删除前的初始特征值			删除后的初始特征值			删除前公因子方差提取	删除后公因子方差提取
	合计	方差%	累积%	合计	方差%	累积%		
M1	2.994	49.998	49.898				0.213	0.395
M2	1.158	19.294	69.192	2.846	56.919	56.919	0.476	0.395
M3	0.898	14.982	84.175	0.927	18.546	75.465	0.608	0.652
M4	0.414	6.897	91.072	0.678	13.559	89.024	0.637	0.686
M5	0.293	4.888	95.961	0.299	5.973	94.997	0.537	0.577
M6	0.242	4.039	100.00	0.250	5.003	100.00	0.523	0.536

资料来源：本书整理。

4. 企业发展战略变量

对企业发展战略的测量包括企业发展策略和企业发展模式两方面的衡量，共设 12 个测试变量，其中企业发展策略包含七个变量，企业发展模式包含五个变量。对该项目进行同质性检验（包括信度和效度检验）的结果整理如表 5-12 所示。从校正变量与总分相关、变量删除后的α值、共同性与因素负荷量等指标来看，企业发展策略的七个测试变量及企业发展模式的五个测试变量在以上四个指标的统计量均比较理想，因而经项目分析综合评鉴后，该指标体系中无须删除任何变量。

表 5-12 企业发展战略变量分析摘要

变量	校正变量与总分相关	同质性检验			未达标准指标数	备注
		α值	共同性	负荷量		
S11	0.539	0.839	0.437	0.661	0	保留
S12	0.589	0.832	0.503	0.709	0	保留

续表

变量	校正变量与总分相关	同质性检验			未达标准指标数	备注
		α值	共同性	负荷量		
S13	0.626	0.827	0.550	0.742	0	保留
S14	0.590	0.832	0.503	0.709	0	保留
S15	0.638	0.825	0.559	0.747	0	保留
S16	0.670	0.820	0.603	0.776	0	保留
S17	0.613	0.828	0.530	0.728	0	保留
判标准则	≥0.400	≤0.850	≥0.2	≥0.45		
S21	0.625	0.766	0.600	0.775	0	保留
S22	0.547	0.789	0.507	0.712	0	保留
S23	0.616	0.769	0.594	0.771	0	保留
S24	0.659	0.756	0.644	0.802	0	保留
S25	0.549	0.790	0.509	0.714	0	保留
判标准则	≥0.400	≤0.811	≥0.2	≥0.45		

资料来源：本书整理。

5. 资本要素变量

对资本要素七个方面的测量分别设定七个测试变量，对该项目进行同质性检验（包括信度和效度检验）的结果整理如表5-13所示。结果显示，资本要素各项目关于校正变量与总分相关、同质性检验的统计量结果摘要，从校正变量与总分相关、变量删除后的α值、共同性与因素负荷量等指标来看，第一个变量C1在以上四个指标的统计量均不理想，因而经项目分析综合评鉴后，应从该指标体系中删除该变量。

表5-13 资本要素变量分析摘要

变量	校正变量与总分相关	同质性检验			未达标准指标数	备注
		α值	共同性	负荷量		
C1	**0.392**	**0.792**	**0.175**	**0.425**	**4**	**删除**
C2	0.502	0.761	0.430	0.656	0	保留
C3	0.537	0.755	0.475	0.689	0	保留
C4	0.562	0.749	0.520	0.721	0	保留

续表

变量	校正变量与总分相关	同质性检验			未达标准指标数	备注
		α 值	共同性	负荷量		
C5	0.534	0.755	0.470	0.685	0	保留
C6	0.438	0.774	0.339	0.582	0	保留
C7	0.629	0.735	0.597	0.772	0	保留
判标准则	≥0.400	≤0.786	≥0.2	≥0.45		

资料来源：本书整理。

删除 C1 后，该项目的各项指标均得到提高：首先，α 系数由 0.786 提高到 0.792；其次，公因子方差均有不同程度的提高；最后，解释的总方差中提取平方和载入的累积方差率也得到提高，由 44.353% 提高到 48.351%。如表 5-14 所示。

表 5-14　删除 C1 前后的解释总方差与公因子方差对比

成分	删除前的初始特征值			删除后的初始特征值			删除前公因子方差提取	删除后公因子方差提取
	合计	方差%	累积%	合计	方差%	累积%		
C1	3.105	44.353	44.353				0.275	
C2	0.925	13.221	57.574	2.901	48.351	48.351	0.430	0.407
C3	0.852	12.166	69.740	0.877	14.621	62.971	0.475	0.503
C4	0.750	10.714	80.455	0.772	12.868	75.839	0.520	0.560
C5	0.598	8.543	88.998	0.616	10.267	86.106	0.470	0.469
C6	0.410	5.862	94.860	0.470	7.835	93.940	0.339	0.331

资料来源：本书整理。

6. 人力资源要素变量

对人力资源要素五个方面的测量共设相应的五个测试变量，对该项目进行同质性检验（包括信度和效度检验）的结果整理如表 5-15 所示。从校正变量与总分相关、变量删除后的 α 值、共同性与因素负荷量等指标来看，五个变量在以上四个指标的统计量均比较理想，因而经项目分析综合评鉴后，该指标体系中无须删除任何变量。

表5-15 人力资源要素分析摘要

变量	校正变量与总分相关	同质性检验			未达标准指标数	备注
		α值	共同性	负荷量		
H1	0.489	0.723	0.459	0.678	0	保留
H2	0.495	0.721	0.461	0.679	0	保留
H3	0.522	0.711	0.510	0.714	0	保留
H4	0.539	0.705	0.537	0.733	0	保留
H5	0.562	0.696	0.560	0.749	0	保留
判标准则	≥0.400	≤0.755	≥0.2	≥0.45		

资料来源：本书整理。

7. 战略性新兴产业发展变量

采用产业发展绩效作为指标对战略性新兴产业发展情况进行测量，共设定相应的七个测试变量。对战略性新兴产业发展绩效变量指标体系进行同质性检验（包括信度和效度检验）的变量分析结果整理如表5-16所示，七个变量指标通过同质性检验，均予以保留。

表5-16 战略性新兴产业发展绩效变量分析摘要

变量	校正变量与总分相关	同质性检验			未达标准指标数	备注
		α值	共同性	负荷量		
P1	0.613	0.823	0.536	0.732	0	保留
P2	0.615	0.822	0.548	0.740	0	保留
P3	0.633	0.819	0.569	0.754	0	保留
P4	0.637	0.819	0.566	0.752	0	保留
P5	0.521	0.836	0.411	0.641	0	保留
P6	0.572	0.829	0.470	0.685	0	保留
P7	0.631	0.820	0.554	0.744	0	保留
判标准则	≥0.400	≤0.845	≥0.2	≥0.45		

资料来源：本书整理。

表5-17为战略性新兴产业发展绩效各项目关于校正变量与总分相关、同质性检验的统计量结果摘要表，从校正变量与总分相关、变量删除后的α值、共同性与因素负荷量等指标来看，七个变量在以上四个指标的统计量均比较理想，因

而经项目分析综合评鉴后,该指标体系中无须删除任何变量。经过对七个测量变量的信效度分析,所设计问卷共需剔除四个变量,分别是G3、T3、M1、C1,汇总情况如表5-17所示。表明政府直接购买变量对政府行为指标体系的贡献作用较小,或与其他变量所反映的特质相反,删除该变量可提高指标体系中其他变量的共同性和内部一致性,使指标体系的综合反映能力增强;同理,购买专利变量对技术创新指标体系的贡献作用、国内市场变量对市场能力指标体系的贡献作用、自有资金变量对资本融资指标体系的贡献作用也可以忽略。

表5-17 剔除变量汇总

变量	校正变量与总分相关	同质性检验			未达标准指标数	备注
		α值	共同性	负荷量		
G3	0.305	0.805	0.176	0.420	4	删除
T3	0.367	0.787	0.164	0.414	4	删除
M1	0.322	0.808	0.193	0.431	4	删除
C1	0.392	0.792	0.175	0.425	4	删除
判标准则	≥0.400	≤0.755	≥0.2	≥0.45		

资料来源:本书整理。

三、指标数据的效度检验

本节主要通过KMO样本测度和Bartlett球形检验分析和因子分析方法对调查数据进行信度分析。对变量进行因子分析前要确定该变量的各测量变量之间具有相关性,必须进行KMO样本测度和Bartlett球形检验。当KMO值大于0.6,并且Bartlett球形检验统计值的显著性概率小于0.01时,数据就可以进行因子分析[236]。因子分析(Factor Analysis)是主成分分析的推广和发展,也是利用降维方法进行统计分析的一种多元统计方法。因子分析通过研究相关矩阵或协方差的内部依赖关系,将多个变量综合为少数几个因子,从而再现原始变量与因子之间的相互关联[237]。因子分析通过运用对诸多变量的相关性研究,假设少数几个变量来表示原来变量的主要信息,以便浓缩数据。

在问卷分析中,已结合α系数和题项—总体的相关系数对因变量和自变量的测量变量进行了分析和检验,可利用因子分析法进一步对已观测数据的信度和效度进行检验。对问卷所设变量的信度检验结果显示,G3、T3、M1、C1四个变量需要删除。在删除以上四个变量的前提下,本节对所获取的数据进行了KMO样本测度和Bartlett球形检验分析,根据检验结果对数据进行因子分析。

设有n个原始变量,表示x_1、x_2、…、x_n,假设n个变量可以由k的因子f_1、

$f_2, \cdots, f_k$ 表示为线性组合，即：

$$\begin{cases} x_1 = a_{11}f_1 + a_{12}f_2 + \cdots + a_{1k}f_k + \varepsilon_1 \\ x_2 = a_{21}f_1 + a_{22}f_2 + \cdots + a_{2k}f_k + \varepsilon_2 \\ \vdots \\ x_n = a_{n1}f_1 + a_{n2}f_2 + \cdots + a_{nk}f_k + \varepsilon_n \end{cases} \quad (5-2)$$

如果利用矩阵形式表示即为 $X = AF + \varepsilon$。其中，X 为可观测的 n 维变量向量，它的每一个分量表示一个指标或变量；F 称为因子向量，每一个分量表示一个因子，由于它们出现在每个原始变量的线性表达式中，所以又称为公共因子；矩阵 A 为因子负荷矩阵，元素 a_{ij} 称为因子负荷；ε 称为特殊因子，表示原始变量中不能由因子解释的部分，均值为 0。

因子分析的基本思想是通过对变量的相关系数矩阵的内部结构进行分析，从中找出几个少数能控制原始变量的因子 $f_1, f_2, \cdots, f_k$，选取公共因子的原则是尽可能包含更多的原始变量信息，建立因子分析模型，利用公共因子 $f_1, f_2, \cdots, f_k$ 再现原始变量之间的相关系数，达到简化变量、降低变量维数和对原始变量再解释及命名的目的。

1. 主体动力要素之一：政府行为

根据对政府行为指标体系中各变量的效度检验，政府行为测量变量中的"G3"项被删除，测量变量由 7 项变为 6 项。基于因子分析的基本原理，假设政府行为及其影响因素符合以下线性模型：

$$G = a_{11}G_1 + a_{12}G_2 + a_{14}G_4 + a_{15}G_5 + a_{16}G_6 + a_{17}G_7 + \varepsilon_1 \quad (5-3)$$

如表 5-18 所示，对政府行为测量变量数据进行 KMO 样本测度与 Bartlett 球形检验可知，KMO 为 0.790，大于标准值 0.6，且其 Bartlett 球形度检验的统计值为 325.586，显著性概率为 0.000，小于标准 0.01，因此，政府行为各测量变量所得数据适合进行因子分析。

表 5-18 政府行为的 KMO 和 Bartlett 检验

取样足够度的 Kaiser – Meyer – Olkin 度量		0.790
Bartlett 的球形度检验	近似卡方	325.586
	df	15
	Sig.	0.000

资料来源：本书整理。

运用主成分分析法、旋转方差最大法对政府行为全部测量变量进行探索性因子分析，结果显示仅得到一个大于1的特征值的因子，而且该因子可解释全部测量变量52.241%的总体方差，说明通过原始变量之间关系的分析，政府行为各测量变量数据具有良好的一维性，可以从中提取出一个因子对测量变量进行表示，如表5-19所示。

表5-19 政府行为解释的总方差

因子	初始特征值			提取平方和载入		
	合计	方差的%	累积%	合计	方差的%	累积%
G1	3.134	52.241	52.241	3.134	52.241	52.241
G2	0.837	13.947	66.188			
G4	0.655	10.914	77.103			
G5	0.598	9.975	87.077			
G6	0.447	7.448	94.525			
G7	0.328	5.475	100.000			

资料来源：本书整理。

因子分析在对原始数据进行综合评价的基础上，利用因子提取方法保证了因子之间的正交性，也就是因子之间的不相关性，对统计数据的分析结果表明，各因子之间显著不相关。G1与G2、G4、G5、G6、G7之间的相关系数分别为0.493、0.340、0.442、0.410、0.282，G2与G4、G5、G6、G7之间的相关系数分别为0.460、0.299、0.394、0.394，G4与G5、G6、G7之间的相关系数分别为0.495、0.593、0.399，G5与G6、G7之间的相关系数分别为0.473、0.431，G6与G7之间的相关系数为0.570。在置信水平为95%的前提下，各因子之间的不相关显著性为0.000，因子之间的相关系数均小于预期水平，拟合指数均达到要求，模型对样本数据拟合情况较好，如表5-20所示。

表5-20 政府行为各因素相关性矩阵

题项	G1	G2	G4	G5	G6	G7
G1	1.000	0.493	0.340	0.442	0.410	0.282
G2	0.493	1.000	0.460	0.299	0.394	0.394
G4	0.340	0.460	1.000	0.495	0.593	0.399
G5	0.442	0.299	0.495	1.000	0.473	0.431

续表

题项	G1	G2	G4	G5	G6	G7
G6	0.410	0.394	0.593	0.473	1.000	0.570
G7	0.282	0.349	0.399	0.431	0.570	1.000
Sig.（单侧）G1	—	0.000	0.000	0.000	0.000	0.000
G2	0.000	—	0.000	0.000	0.000	0.000
G4	0.000	0.000	—	0.000	0.000	0.000
G5	0.000	0.000	0.000	—	0.000	0.000
G6	0.000	0.000	0.000	0.000	—	0.000
G7	0.000	0.000	0.000	0.000	0.000	—

资料来源：本书整理。

通过因子模型的旋转变换，公共因子的负荷系数更接近1或0，使得公共因子对变量的命名和解释变得更加容易，成分矩阵及成分得分矩阵提取方法为主成分，旋转法采用具有Kaiser标准化的正交旋转法对各因子之间的相关性进行降解，如表5－21所示。G1、G2、G4、G5、G6、G7的成分得分分别为0.673、0.681、0.754、0.727、0.794、0.700，成分得分系数分别为0.215、0.217、0.241、0.232、0.253、0.223。

表5－21　政府行为各因素成分矩阵

题项	成分矩阵	成分得分系数矩阵
G1	0.673	0.215
G2	0.681	0.217
G4	0.754	0.241
G5	0.727	0.232
G6	0.794	0.253
G7	0.700	0.223

资料来源：本书整理。

根据成分矩阵运行结果得到如下线性方程：
$$G = 0.215G_1 + 0.217G_2 + 0.241G_4 + 0.232G_5 + 0.253G_6 + 0.223G_7 + \varepsilon_1 \quad (5-4)$$
结合前一节对变量的信效度检验和所获取数据的信度检验，政府行为各因子具有良好的信度和效度，对样本数据拟合程度较好，可以把其直接纳入理论模型的假设检验分析中。

2. 动力主体变量二：技术创新

根据上一节对技术创新指标体系中各变量的效度检验，技术创新测量指标中的"T3"变量被删除，测量变量由6项变为5项。基于因子分析的基本原理，假设技术创新及其影响因素符合如下线性模型：

$$T = a_{21}T_1 + a_{22}T_2 + a_{24}T_4 + a_{25}T_5 + a_{26}T_6 + \varepsilon_2 \tag{5-5}$$

对技术创新测量变量数据进行 KMO 样本测度与 Bartlett 球形检验可知，KMO 为 0.739，大于标准值 0.6，且其 Bartlett 球形度检验的近似卡方统计值为 300.709，显著性概率为 0.000，小于标准 0.01，说明技术创新各测量变量数据适合进行因子分析，如表 5-22 所示。

表 5-22 技术创新 KMO 和 Bartlett 的检验

取样足够度的 Kaiser – Meyer – Olkin 度量		0.739
Bartlett 的球形度检验	近似卡方	300.709
	df	10
	Sig.	0.000

资料来源：本书整理。

运用主成分分析法、旋转方差最大法对技术创新全部测量变量进行探索性因子分析，结果显示仅得到一个大于1的特征值因子，该因子可解释全部测量变量61.312%的总体方差，说明通过原始变量之间关系的分析，技术创新各测量变量数据具有良好的一维性，从中可提取出一个因子对全部变量进行表示，如表 5-23 所示。

表 5-23 技术创新解释的总方差

因子	初始特征值			提取平方和载入		
	合计	方差的%	累积%	合计	方差的%	累积%
T1	3.066	61.312	61.312	3.066	61.312	61.312
T2	0.703	14.060	47.252			
T4	0.559	11.190	86.562			
T5	0.347	6.941	93.503			
T6	0.325	6.497	100.000			

资料来源：本书整理。

根据技术创新各因素相关性分析结果，T1 与 T2、T4、T5、T6 之间的相关系数分别为 0.602、0.229、0.341、0.194，T2 与 T4、T5、T6 之间的相关系数分别为 0.382、0.528、0.419，T4 与 T5、T6 之间的相关系数分别为 0.587、0.447，T5 与 T6 之间的相关系数为 0.620，在置信水平为 95% 的前提下，显著性为 0.000，拟合指数均达到要求，模型对样本数据拟合情况较好，如表 5 - 24 所示。

表 5 - 24　技术创新各因素相关性矩阵

题项		T1	T2	T4	T5	T6
	T1	1.000	0.602	0.229	0.341	0.194
	T2	0.602	1.000	0.382	0.528	0.419
	T4	0.229	0.382	1.000	0.587	0.447
	T5	0.341	0.528	0.587	1.000	0.620
	T6	0.194	0.419	0.447	0.620	1.000
Sig.（单侧）	T1		0.000	0.000	0.000	0.000
	T2	0.000		0.000	0.000	0.000
	T4	0.000	0.000		0.000	0.000
	T5	0.000	0.000	0.000		0.000
	T6	0.000	0.000	0.000	0.000	

资料来源：本书整理。

通过因子模型的旋转变换，公共因子的负荷系数更接近 1 或 0，使得公共因子对变量的命名和解释变得更加容易，成分矩阵及成分得分矩阵提取方法为主成分，旋转法采用具有 Kaiser 标准化的正交旋转法对因子间的相关性进行降解，如表 5 - 25 所示。T1、T2、T4、T5、T6 的成分得分分别为 0.607、0.790、0.717、0.849、0.733，成分得分系数分别为 0.219、0.286、0.259、0.307、0.265。

表 5 - 25　技术创新各因素成分矩阵

题项	成分矩阵	成分得分系数矩阵
T1	0.607	0.219
T2	0.790	0.286
T4	0.717	0.259
T5	0.849	0.307
T6	0.733	0.265

资料来源：本书整理。

根据成分得分矩阵,得到如下线性方程:
$$T = 0.219T_1 + 0.286T_2 + 0.259T_4 + 0.307T_5 + 0.265T_6 + \varepsilon_2 \quad (5-6)$$

结合前一节对指标变量的效度检验和所获取数据的信度检验,技术创新各因子具有良好的信度和效度,对样本数据拟合程度较好,可以把其直接纳入理论模型的假设检验分析中。

3. 动力主体变量三:市场能力

根据上一节对市场能力指标变量的效度检验,技术创新测量变量中的"M1"项被删除,变量数量由6项变为5项。基于因子分析的基本原理,假设市场能力及其影响因素符合如下线性模型:
$$M = a_{32}M_2 + a_{33}M_3 + a_{34}M_4 + a_{35}M_5 + a_{36}M_6 + \varepsilon_3 \quad (5-7)$$

对市场能力测量变量数据进行 KMO 样本测度与 Bartlett 球形检验可知,KMO 为 0.735,大于标准值 0.6,且其 Bartlett 球形度检验的统计值为 387.291,显著性概率为 0.000,小于标准值 0.01,因此,市场能力各测量变量所得数据适合进行因子分析,如表 5-26 所示。

表 5-26 市场能力 KMO 和 Bartlett 的检验

取样足够度的 Kaiser - Meyer - Olkin 度量		0.735
Bartlett 的球形度检验	近似卡方	387.291
	df	10
	Sig.	0.000

资料来源:本书整理。

运用主成分分析法、旋转方差最大法对市场能力全部测量变量进行探索性因子分析,结果显示仅得到一个大于1的特征值因子,而且该因子可解释全部测量变量 59.982% 的总体方差,说明通过原始变量之间关系的分析,市场能力各测量变量数据具有良好的一维性,从中可提取出一个因子对测量变量进行表示,如表 5-27 所示。

表 5-27 市场能力解释的总方差

因子	初始特征值			提取平方和载入		
	合计	方差的%	累积%	合计	方差的%	累积%
M2	2.999	59.982	59.982	2.999	59.982	59.982
M3	0.887	17.734	77.716			

续表

因子	初始特征值			提取平方和载入		
	合计	方差的%	累积%	合计	方差的%	累积%
M4	0.597	11.937	89.653			
M5	0.272	5.447	95.100			
M6	0.245	4.900	100.000			

资料来源：本书整理。

根据市场能力因素相关性矩阵分析，M2 与 M3、M4、M5、M6 之间的相关系数分别为 0.531、0.451、0.297、0.361，M3 与 M4、M5、M6 之间的相关系数分别为 0.737、0.473、0.380，M4 与 M5、M6 之间的相关系数分别为 0.561、0.467，M5 与 M6 之间的相关系数为 0.699。在置信水平为 95% 的前提下，显著性为 0.000，拟合指数均达到要求，模型对样本数据拟合情况较好，如表 5 - 28 所示。

表 5 - 28　市场能力各因素相关性矩阵

题项	M2	M3	M4	M5	M6
M2	1.000	0.531	0.451	0.297	0.361
M3	0.531	1.000	0.737	0.473	0.380
M4	0.451	0.737	1.000	0.561	0.467
M5	0.297	0.473	0.561	1.000	0.699
M6	0.361	0.380	0.467	0.699	1.000
Sig.（单侧）M1		0.000	0.000	0.000	0.000
M2	0.000		0.000	0.000	0.000
M4	0.000	0.000		0.000	0.000
M5	0.000	0.000	0.000		0.000
M6	0.000	0.000	0.000	0.000	
M7	0.000	0.000	0.000	0.000	0.000

资料来源：本书整理。

通过因子模型的旋转变换，公共因子的负荷系数更接近 1 或 0，使得公共因子对变量的命名和解释变得更加容易，成分矩阵及成分得分矩阵提取方法为主成分；旋转法采用具有 Kaiser 标准化的正交旋转法以降解因子间的相关性，如表 5 - 29 所示，M2、M3、M4、M5、M6 的成分得分分别为 0.660、0.816、0.846、

0.790、0.748,成分得分系数分别为 0.220、0.272、0.282、0.263、0.249。

表 5-29 市场能力各因素成分矩阵

题项	成分矩阵	成分得分系数矩阵
M2	0.660	0.220
M3	0.816	0.272
M4	0.846	0.282
M5	0.790	0.263
M6	0.748	0.249

资料来源:本书整理。

根据成分得分矩阵,得到如下线性方程:

$$M = 0.220M_2 + 0.272M_3 + 0.282M_4 + 0.263M_5 + 0.249M_6 + \varepsilon_3 \quad (5-8)$$

结合前一节对问卷题项的效度检验和所获取数据的信度检验,市场能力各因子具有良好的信度和效度,对样本数据拟合程度较好,可以把其直接纳入理论模型的假设检验分析中。

4. 动力主体变量四:企业战略

根据上一节对企业战略指标变量的效度检验,企业战略测量变量中无删除项。基于因子分析的基本原理,假设企业战略及其影响因素符合如下线性模型:

$$S = a_{41}S_1 + a_{42}S_2 + a_{43}S_3 + a_{44}S_4 + a_{45}S_5 + \varepsilon_4 \quad (5-9)$$

对企业战略测量变量数据进行 KMO 样本测度与 Bartlett 球形检验可知,KMO 为 0.819,大于标准值 0.6,且其 Bartlett 球形度检验的统计值为 340.086,显著性概率为 0.000,小于标准值 0.01,因此,企业战略各测量数据适合进行因子分析,如表 5-30 所示。

表 5-30 企业战略 KMO 和 Bartlett 的检验

取样足够度的 Kaiser-Meyer-Olkin 度量		0.819
Bartlett 的球形度检验	近似卡方	340.086
	df	10
	Sig.	0.000

资料来源:本书整理。

运用主成分分析法、旋转方差最大法对企业战略全部测量变量进行探索性因子分析，结果显示仅得到一个大于 1 的特征值因子，而且该因子可解释全部测量变量 61.949% 的总体方差。说明通过原始变量之间关系的分析，企业战略各测量变量数据具有良好的一维性，从中可提取出一个因子对测量变量进行表示，如表 5-31 所示。

表 5-31　企业战略解释的总方差

因子	初始特征值			提取平方和载入		
	合计	方差的%	累积%	合计	方差的%	累积%
S1	3.097	61.949	61.949	3.097	61.949	61.949
S2	0.640	12.794	74.743			
S3	0.493	9.859	84.602			
S4	0.460	9.199	93.801			
S5	0.310	6.199	100.000			

资料来源：本书整理。

根据企业战略各因素相关性矩阵，在置信水平为 95% 的前提下，显著性为 0.000，拟合指数均达到要求，模型对样本数据拟合情况较好。如表 5-32 所示，S1 与 S2、S3、S4、S5 之间的相关系数分别为 0.551、0.583、0.512、0.525，S2 与 S3、S4、S5 之间的相关系数分别为 0.495、0.540、0.374，S3 与 S4、S5 之间的相关系数分别为 0.578、0.477，S4 与 S5 之间的相关系数分别为 0.598。在置信水平为 95% 的前提下，显著性为 0.000，拟合指数均达到要求，模型对样本数据拟合情况较好，如表 5-32 所示。

表 5-32　企业战略各因素相关性矩阵

题项	S1	S2	S3	S4	S5
S1	1.000	0.551	0.583	0.512	0.525
S2	0.551	1.000	0.495	0.540	0.374
S3	0.583	0.495	1.000	0.578	0.477
S4	0.512	0.540	0.578	1.000	0.598
S5	0.525	0.374	0.477	0.598	1.000
Sig.（单侧）S1		0.000	0.000	0.000	0.000
S2	0.000		0.000	0.000	0.000

续表

题项	S1	S2	S3	S4	S5
S3	0.000	0.000		0.000	0.000
S4	0.000	0.000	0.000		0.000
S5	0.000	0.000	0.000	0.000	

资料来源：本书整理。

通过因子模型的旋转变换，公共因子的负荷系数更接近1或0，使得公共因子对变量的命名和解释变得更加容易，成分矩阵及成分得分矩阵提取方法为主成分；旋转法采用具有Kaiser标准化的正交旋转法以降低因子之间的相关性，如表5－33所示，S1、S2、S3、S4、S5的成分矩阵得分分别为0.808、0.747、0.799、0.825、0.753，成分得分系数分别为0.261、0.241、0.258、0.266、0.243。

表5－33　企业战略各因素成分矩阵

题项	成分矩阵	成分得分系数矩阵
S1	0.808	0.261
S2	0.747	0.241
S3	0.799	0.258
S4	0.825	0.266
S5	0.753	0.243

资料来源：本书整理。

根据成分得分矩阵，得到如下线性方程：

$$S = 0.261S_1 + 0.241S_2 + 0.258S_3 + 0.266S_4 + 0.243S_5 + \varepsilon_4 \tag{5-10}$$

结合前一节对指标变量的效度检验和所获取数据的信度检验，企业战略各因子具有良好的信度和效度，对样本数据拟合程度较好，可以把其直接纳入理论模型的假设检验分析中。

5. 调节变量一：资本要素

根据上一节对资本要素指标变量的效度检验，资本要素测量变量中的"C1"项被删除，测量变量由7项变为6项。基于因子分析的基本原理，假设资本要素及其影响因素符合以下线性模型：

$$C = a_{52}C_2 + a_{53}C_3 + a_{54}C_4 + a_{55}C_5 + a_{56}C_6 + a_{57}C_7 + \varepsilon_5 \tag{5-11}$$

对资本要素测量变量数据进行 KMO 样本测度与 Bartlett 球形检验可知，KMO 为 0.761，大于标准值 0.6，且其 Bartlett 球形度检验的统计值为 271.156，显著性概率为 0.000，小于标准值 0.01，因此，资本要素各测量题项所得数据适合进行因子分析，如表 5-34 所示。

表 5-34 资本要素 KMO 和 Bartlett 的检验

取样足够度的 Kaiser – Meyer – Olkin 度量		0.761
Bartlett 的球形度检验	近似卡方	271.156
	df	15
	Sig.	0.000

资料来源：本书整理。

运用主成分分析法、旋转方差最大法对政府行为全部测量变量进行探索性因子分析，结果显示仅得到一个大于 1 的特征值因子，而且该因子可解释全部测量变量 47.123% 的总体方差，说明通过原始变量之间关系的分析，资本要素各测量变量数据具有良好的一维性，从中可提取出一个因子对测量变量进行表示，如表 5-35 所示。

表 5-35 资本要素解释的总方差

因子	初始特征值			提取平方和载入		
	合计	方差的%	累积%	合计	方差的%	累积%
C2	2.827	47.123	47.123	2.827	47.123	47.123
C3	0.955	15.914	63.037	—	—	—
C4	0.829	13.815	76.852	—	—	—
C5	0.587	9.775	86.628	—	—	—
C6	0.458	7.632	94.259	—	—	—
C7	0.344	5.741	100.000	—	—	—

资料来源：本书整理。

因子分析在对原始数据进行综合评价的基础上，利用因子提取方法保证了因子之间的正交性，也就是因子之间的不相关性，对统计数据的分析结果表明，各因子之间显著不相关。

根据资本要素各因素相关性矩阵，C2 与 C3、C4、C5、C6、C7 之间的相关系数分别为 0.488、0.331、0.299、0.182、0.288，C3 与 C4、C5、C6、C7 之间的相关系数分别为 0.293、0.326、0.375、0.352，C4 与 C5、C6、C7 之间的相关系数分别为 0.440、0.271、0.631，C5 与 C6、C7 之间的相关系数分别为 0.253、0.503，C6 与 C7 之间的相关系数为 0.374。在置信水平为 95% 的前提下，显著性为 0.000，拟合指数均达到要求，模型对样本数据拟合情况较好，如表 5-36 所示。

表 5-36　资本要素各因素相关性矩阵

题项		C2	C3	C4	C5	C6	C7
	C2	1.000	0.488	0.331	0.299	0.182	0.288
	C3	0.488	1.000	0.293	0.326	0.375	0.352
	C4	0.331	0.293	1.000	0.440	0.271	0.631
	C5	0.299	0.326	0.440	1.000	0.253	0.503
	C6	0.182	0.375	0.271	0.253	1.000	0.374
	C7	0.288	0.352	0.631	0.503	0.374	1.000
Sig.（单侧）	C2		0.000	0.000	0.000	0.000	0.000
	C3	0.000		0.000	0.000	0.000	0.000
	C4	0.000	0.000		0.000	0.000	0.000
	C5	0.000	0.000	0.000		0.000	0.000
	C6	0.000	0.000	0.000	0.000		0.000
	C7	0.000	0.000	0.000	0.000	0.000	

资料来源：本书整理。

通过因子模型的旋转变换，公共因子的负荷系数更接近 1 或 0，使得公共因子对变量的命名和解释变得更加容易，成分矩阵及成分得分矩阵提取方法为主成分；旋转法采用具有 Kaiser 标准化的正交旋转法降低因子之间的相关性，如表 5-37 所示，C2、C3、C4、C5、C6、C7 的成分得分分别为 0.611、0.677、0.746、0.698、0.569、0.793，成分得分系数分别为 0.216、0.239、0.264、0.247、0.201、0.280。

表5-37 资本要素各因素成分矩阵

题项	成分矩阵	成分得分系数矩阵
C2	0.611	0.216
C3	0.677	0.239
C4	0.746	0.264
C5	0.698	0.247
C6	0.569	0.201
C7	0.793	0.280

资料来源：本书整理。

根据成分得分矩阵，得到如下线性方程：

$$C = 0.216C_2 + 0.239C_3 + 0.264C_4 + 0.247C_5 + 0.201C_6 + 0.280C_7 + \varepsilon_5$$

(5-12)

结合前一节对指标变量的效度检验和所获取数据的信度检验，资本要素各因子具有良好的信度和效度，对样本数据拟合程度较好，可以把其直接纳入理论模型的假设检验分析中。

6. 调节变量二：人力资源要素

根据上一节对人力资源要素各变量的效度检验，人力资源要素测量变量中无删除项。基于因子分析的基本原理，假设人力资源要素及其影响因素符合以下线性模型：

$$H = a_{61}H_1 + a_{62}H_2 + a_{63}H_3 + a_{64}H_4 + a_{65}H_5 + \varepsilon_6$$

(5-13)

对人力资源要素测量变量数据进行 KMO 样本测度与 Bartlett 球形检验可知，KMO 为 0.725，大于标准值 0.6，且其 Bartlett 球形度检验的统计值为 228.305，显著性概率为 0.000，小于标准值 0.01，因此，人力资源要素各测量变量所得数据适合进行因子分析。如表5-38 所示。

表5-38 人力资源要素 KMO 和 Bartlett 的检验

取样足够度的 Kaiser-Meyer-Olkin 度量		0.725
Bartlett 的球形度检验	近似卡方	228.305
	df	10
	Sig.	0.000

资料来源：本书整理。

运用主成分分析法、旋转方差最大法对政府行为全部测量变量进行探索性因子分析,结果显示仅得到一个大于1的特征值因子,而且该因子可解释全部测量变量51.594%的总体方差,说明通过原始变量之间关系的分析,人力资源要素各测量变量数据具有良好的一维性,从中可提取出一个因子对测量变量进行表示,如表5-39所示。

表5-39　人力资源要素解释的总方差

因子	初始特征值			提取平方和载入		
	合计	方差的%	累积%	合计	方差的%	累积%
H1	2.580	51.594	51.594	2.580	51.594	51.594
H2	0.966	19.326	70.920			
H3	0.584	11.682	82.602			
H4	0.515	10.293	92.895			
H5	0.355	7.105	100.000			

资料来源:本书整理。

根据人力资源要素各因素相关性矩阵,在置信水平为95%的前提下,显著性为0.000,拟合指数均达到要求,模型对样本数据拟合情况较好,如表5-40所示,H1与H2、H3、H4、H5之间的相关系数分别为0.500、0.277、0.248、0.362,H2与H3、H4、H5之间的相关系数分别为0.343、0.341、0.296,H3与H4、H5之间的相关系数分别为0.487、0.471,H4与H5之间的相关系数为0.599。

表5-40　人力资源要素各因素相关性矩阵

题项	H1	H2	H3	H4	H5
H1	1.000	0.500	0.277	0.248	0.362
H2	0.500	1.000	0.343	0.341	0.296
H3	0.277	0.343	1.000	0.487	0.471
H4	0.248	0.341	0.487	1.000	0.599
H5	0.362	0.296	0.471	0.599	1.000
Sig.(单侧) H1		0.000	0.000	0.000	0.000
H2	0.000		0.000	0.000	0.000

续表

题项	H1	H2	H3	H4	H5
H3	0.000	0.000		0.000	0.000
H4	0.000	0.000	0.000		0.000
H5	0.000	0.000	0.000	0.000	

资料来源：本书整理。

通过因子模型的旋转变换，公共因子的负荷系数更接近 1 或 0，使得公共因子对变量的命名和解释变得更加容易，成分矩阵及成分得分矩阵提取方法为主成分；旋转法采用具有 Kaiser 标准化的正交旋转法，如表 5-41 所示，H1、H2、H3、H4、H5 的成分矩阵得分分别为 0.639、0.671、0.726、0.765、0.780，成分得分系数分别为 0.248、0.260、0.281、0.297、0.302。

表 5-41 资本要素各因素成分矩阵

题项	成分矩阵	成分得分系数矩阵
H1	0.639	0.248
H2	0.671	0.260
H3	0.726	0.281
H4	0.765	0.297
H5	0.780	0.302

资料来源：本书整理。

根据成分得分矩阵，得到如下线性方程：

$$H = 0.248H_1 + 0.260H_2 + 0.281H_3 + 0.297H_4 + 0.302H_5 + \varepsilon_6 \quad (5-14)$$

结合前一节对人力资源要素指标体系中变量的效度检验和所获取数据的信度检验，人力资源要素各因子具有良好的信度和效度，对样本数据拟合程度较好，可以把其直接纳入理论模型的假设检验分析中。

7. 因变量：战略性新兴产业发展绩效

根据上一节对战略性新兴产业发展绩效指标体系中变量的效度检验，战略性新兴产业发展绩效测量变量中无删除项。基于因子分析的基本原理，假设战略性新兴产业发展绩效及其影响因素符合以下线性模型：

$$P = b_1P_1 + b_2P_2 + b_3P_3 + b_4P_4 + b_5P_5 + b_6P_6 + b_7P_7 + \varepsilon \qquad (5-15)$$

如表5-42所示,对战略性新兴产业发展绩效测量变量数据进行KMO样本测度和Bartlett球形检验,得出KMO值为0.841,大于标准值0.6,且其Bartlett球形度检验的统计值为440.486,显著性概率为0.000,小于标准值0.01,因此,战略性新兴产业发展绩效指标测量数据适合进行因子分析。

表5-42 战略性新兴产业发展绩效 KMO 和 Bartlett 的检验

取样足够度的 Kaiser – Meyer – Olkin 度量		0.841
Bartlett 的球形度检验	近似卡方	440.486
	df	21
	Sig.	0.000

资料来源:本书整理。

如表5-43所示,运用主成分分析法和旋转方差最大法对战略性新兴产业发展绩效的全部测量变量进行探索性因子分析,结果仅得到一个特征值大于1的因子,且该因子可解释全部测量变量51.934%的总体方差,说明通过原始变量之间关系的分析,战略性新兴产业发展绩效各测量变量数据具有良好的一维性,从中可提取出一个因子对测量变量进行表示。

表5-43 战略性新兴产业发展绩效解释的总方差

因子	初始特征值			提取平方和载入		
	合计	方差的%	累积%	合计	方差的%	累积%
P1	3.635	51.934	51.934	3.635	51.934	51.934
P2	0.942	13.463	65.397			
P3	0.678	9.682	75.079			
P4	0.524	7.486	82.565			
P5	0.512	7.309	89.875			
P6	0.397	5.677	95.552			
P7	0.311	4.448	100.000			

资料来源:本书整理。

根据战略性新兴产业发展绩效各因素相关性矩阵（见表 5-44），在置信水平为 95% 的前提下，显著性为 0.000，拟合指数均达到要求，模型对样本数据拟合情况较好。如表 5-44 所示，P1 与 P2、P3、P4、P5、P6、P7 之间的相关系数分别为 0.613、0.559、0.484、0.443、0.284、0.346，P2 与 P3、P4、P5、P6、P7 之间的相关系数分别为 0.522、0.589、0.390、0.303、0.393，P3 与 P4、P5、P6、P7 之间的相关系数分别为 0.592、0.480、0.296、0.424，P4 与 P5、P6、P7 之间的相关系数分别为 0.453、0.369、0.379，P5 与 P6、P7 之间的相关系数分别为 0.419、0.312，P6 与 P7 之间的相关系数为 0.483。

表 5-44　战略性新兴产业发展绩效各因素相关性矩阵

题项	P1	P2	P3	P4	P5	P6	P7
P1	1.000	0.613	0.559	0.484	0.443	0.284	0.346
P2	0.613	1.000	0.522	0.589	0.390	0.303	0.393
P3	0.559	0.522	1.000	0.592	0.480	0.296	0.424
P4	0.484	0.589	0.592	1.000	0.453	0.369	0.379
P5	0.443	0.390	0.480	0.453	1.000	0.419	0.312
P6	0.284	0.303	0.296	0.369	0.419	1.000	0.483
P7	0.346	0.393	0.424	0.379	0.312	0.483	1.000
Sig.（单侧）P1		0.000	0.000	0.000	0.000	0.000	0.000
P2	0.000		0.000	0.000	0.000	0.000	0.000
P3	0.000	0.000		0.000	0.000	0.000	0.000
P4	0.000	0.000	0.000		0.000	0.000	0.000
P5	0.000	0.000	0.000	0.000		0.000	0.000
P6	0.000	0.000	0.000	0.000	0.000		0.000
P7	0.000	0.000	0.000	0.000	0.000	0.000	

资料来源：本书整理。

通过因子模型的旋转变换，公共因子的负荷系数更接近 1 或 0，使得公共因子对变量的命名和解释变得更加容易，成分矩阵及成分得分矩阵提取方法为主成分；旋转法采用具有 Kaiser 标准化的正交旋转法，如表 5-45 所示。

表 5-45 主成分矩阵

题项	成分矩阵	成分得分系数矩阵
P1	0.754	0.207
P2	0.772	0.212
P3	0.785	0.216
P4	0.782	0.215
P5	0.689	0.190
P6	0.595	0.164
P7	0.643	0.177

资料来源：本书整理。

根据成分得分矩阵，得到如下线性方程：

$$P = 0.207P_1 + 0.212P_2 + 0.216P_3 + 0.215P_4 + 0.190P_5 + 0.164P_6 + 0.177P_7 + \varepsilon$$

(5-16)

结合前一节对战略性新兴产业发展绩效指标体系中变量的效度检验和所获取数据的信度检验，战略性新兴产业发展绩效各因子具有良好的信度和效度，对样本数据拟合程度较好，因此，可以把其直接纳入理论模型的假设检验和实证分析中。

第四节 实证结果与分析

本节重点对前面提出的假设进行验证。首先，通过使用相关性分析对假设进行了初步的检验；其次，根据中介作用检验原理，使用回归分析方法分别分析显性因素和隐性因素对战略性新兴产业发展的作用；最后，采用单因素方差分析和多变量线性模型分析方法，分析了显性因素在有无隐性因素作用下对战略性新兴产业发展影响的差异。

一、描述性统计与相关分析

通过对已收回问卷的统计分析发现，按行业、地区、成立时间进行 T 检验的结果均不显著，说明战略性新兴产业发展受行业和地域的影响有限，且该产业作为新兴起的产业仍处在起步阶段，尚未呈现出产业周期性的发展规律。因此，本书在后面的研究中未考虑战略性新兴产业的行业性、地域性和周期性。

在进行统计分析时，我们常需要讨论多个变量之间的相互关系。相关分析即是一种可以分析多个变量之间相互联系密切程度的分析方法[238]。相关分析为初步的假设检验，主要检验包括两个步骤：一是对相关系数进行计算；二是利用假设检验开展统计推断。由于数据类型不同，变量之间的相关关系也需要采用不同的相关系数加以度量。*Pearson* 相关系数、*Spearman* 相关系数和 *Kendall tua—b* 一致性相关系数是比较常用的三类相关系数。其中，*Pearson* 相关系数主要适用于定距型变量间的线性相关关系度量，而 *Spearman* 相关系数和 *Kendall tua—b* 一致性相关系数主要适用于定序变量之间的线性相关关系度量。结合所获取的数据类型，本书采取 *Pearson* 相关系数开展相关性度量，考察战略性新兴产业发展绩效与各动力因素之间的相关性，为下一步分析变量间关系奠定基础。

Pearson 相关系数的计算公式为：

$$r = \frac{\sum_{i=1}^{n}(x_i - \bar{x})(y_i - \bar{y})}{\sqrt{\sum_{i=1}^{n}(x_i - \bar{x})^2 \sum_{i=1}^{n}(y_i - \bar{y})^2}} \tag{5-17}$$

其中，n 为样本容量。

t 统计量为 *Pearson* 相关系数所对应的检验统计量，其计算公式为：

$$t = \frac{r\sqrt{n-2}}{\sqrt{1-r^2}} \sim t(n-2) \tag{5-18}$$

由此可见，t 统计量服从自由度为 $n-2$ 的 t 分布。根据 t 统计量计算公式和自由度，t 统计量的相伴概率可以被计算出来。当相伴概率小于或等于显著性水平 α 时，拒绝假设 H0，认为两总体之间存在显著相关性；否则，接受假设 H0，认为两总体之间不存在显著相关性。在一般情况下，假设中的变量之间应该具有一定的相关性，而且相关系数具有统计意义。

当相关系数为 $r=1$ 时，两个变量总体之间完全正线性相关，一个变量发生变化，另一个变量随之发生同比例同方向变化；当相关系数 $0.8 \leq r < 1$ 时，两个变量总体之间呈现高度正线性相关，两者的线性关系较强；当 $0.3 \leq r < 0.8$ 时，两个变量总体之间呈现中度正线性相关，两者的线性关系中等；当 $0 < r < 0.3$ 时，两个变量总体之间呈现轻度正线性相关，两者的线性关系较弱；当 $r=0$ 时，两个变量总体之间无线性相关关系，即一个变量发生变化，另一个变量不会随之发生任何变化。当 r 值为负数时，两个变量总体之间呈现负线性相关关系。

由于不确定两变量之间是正相关还是负相关,在运行 SPSS 软件时,设定显著性水平为 0.01,对数据进行双侧检验。统计数据分析结果显示,在 0.01 的显著性水平下,政府行为、技术创新、市场能力、企业战略与战略性新兴产业发展绩效之间两两显著相关。

如图 5-2 所示,在观测样本数为 176 的情况下,对纳入模型的政府行为、技术创新、市场能力、企业战略、战略性新兴产业发展绩效变量进行相关性检验,各变量之间均存在中度正线性相关关系。

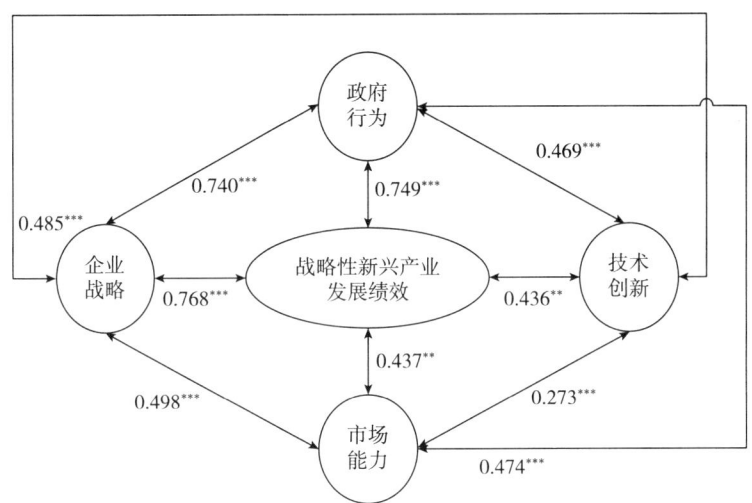

图 5-2 战略性新兴产业发展绩效与主体变量之间的相关关系

二、假设检验结果

1. 回归分析与中介效应

通过相关分析,研究所涉及各变量之间的线性相关关系已经得到证明。在此基础上,本节采用回归分析法、方差分析法对战略性新兴产业发展的动力主体演化机制进行分析。

回归分析方法是最为有效的分析预测方法之一[239]。当需要了解某个变量对另一变量影响程度时,需要用到回归分析。回归分析通过考察变量之间的数量变化规律,以回归方程的形式描述和反映事物之间的统计关系。回归分析方法包括线性回归、曲线回归、逻辑回归、非线性回归等,根据研究的不同目的,可以选择不同的研究方法。其中,线性回归分析(Linear Regression)是研究一个因变量和一个或多个自变量之间是否存在某种线性关系的统计学方法,也是符合本书研究情况和研究目的的方法。当分析多个自变量与多个因变量之间线性相关关系时,所采用的回归方法为多变量对多变量线性回归方法,基本求解方法为最小二乘法。

方差分析在本质上是一种假设检验,通过对实验数据的波动性进行分析,比较特定影响因素下实验数据间的系统性波动和随机波动[240]。20世纪20年代英国统计学家 R. A. Fisher 首次将方差分析用来分析数据的误差来源,通过检验多个总体的均值是否相同判断一个或多个自变量是否相对于因变量独立[241]。当仅考虑一个因素对实验结果的影响,而把其他影响因素固定起来时,就称为单因素方差分析。单因素方差分析即测试一个因素 A 变化,而其余因素没有变化时,因变量的变化情况[242]。显性变量对战略性新兴产业发展路径有直接影响作用,如表 5-46 所示。

表 5-46 动力主体对战略性新兴产业发展绩效的作用分析

假设路径结果	标准化路径系数	P	是否支持假设
产业发展绩效←政府行为	0.388	***	是
产业发展绩效←技术创新	0.027	0.602	否
产业发展绩效←市场能力	0.017	0.752	否
产业发展绩效←企业战略	0.459	***	是

资料来源:本书整理。

根据结果,各显性因素对战略性新兴产业发展路径的影响均为正向,但影响程度不同,其中,企业战略影响程度最大,影响系数达到 0.459,其显著性概率为 0.000;其次是政府行为因素,系数达到了 0.388,其显著性概率为 0.000;技术创新和市场能力的影响程度相对较弱,系数分别为 0.027 和 0.017,显著性概率均为 0.602 和 0.752,在 0.01 的水平上影响不显著。

企业战略影响程度最大,说明了企业作为产业的基本组成要素,其发展战略对产业发展的影响是至关重要的;而由于战略性新兴产业具有战略性,政府决策对产业发展方向产生引导作用,对战略性新兴产业的支持与否直接影响企业发展的方向,且政府提供的政策、法律等服务体系的完备程度也直接影响产业的发展水平。技术创新和市场能力的影响不显著,说明目前技术和市场在战略性新兴产业的发展过程中属于瓶颈要素。对于大部分企业来说,发展主要依靠政府政策引导和企业战略决策的制定,技术和市场方面的风险还不能克服,在发展中两要素的积极作用难以充分发挥。

由上述分析可知,政府行为、技术创新、市场能力、企业战略虽与战略性新兴产业发展显著相关,但技术创新和市场能力对战略性新兴产业的支撑和导向作用并不显著。基于此,本节对资本要素和人力资源对战略性新兴产业发展的调节作用进行研究。

中介效应在心理学和其他社科研究领域被广泛应用于分析变量之间的影响过程和机制[243]。如果 X 通过变量 M 来影响 Y,那么 M 就称为中介变量[244]。如果一个模型包含 3 个以上变量,可能同时包含调节变量和中介变量。有中介效应的调节模型意味着自变量对因变量的效应受到调节变量的影响,而调节效应部分地通过中介变量起作用;有调节作用的中介模型意味着自变量通过中介变量对因变量产生影响,而中介过程受到调节变量的调节[245]。在一般情况下,中介效应代表了一种间接影响,而调节效应代表了一种对内部产生影响的外部影响[246]。

基于此,本书对中介效应和调节效应进行深入研究,如图 5-3 所示。

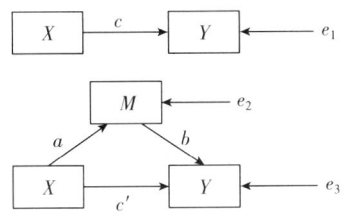

图 5-3 中介变量示意图

其中,$Y = cX + e_1$,$M = aX + e_2$,$Y = c'X + bM + e_3$。

本书主要分析具有中介作用的调节模型。在基于多元回归的调节分析中,对变量进行均值中心化是来描述变量之间关系的通常检验方法[247]。本书运用 SPSS19.0 对调研数据进行分析,对所有参与中介效应和调节效应的变量数据进行中心化,通过对加入中介变量后数据的变化情况分析隐性变量所产生的调节效应。在一般情况下,假设中的变量之间应该具有一定的相关性,而且相关系数具有统计意义。由于不确定两变量之间是正相关还是负相关,在运行 SPSS 软件时,设定显著性水平为 0.01,对数据进行双侧检验。

当相关系数为 $r = 1$ 时,两个变量总体之间呈现完全正线性相关关系,即一个变量的变化会引起另一个变量随之发生同比例、同方向的变化;当相关系数 $0.8 \leqslant r < 1$ 时,两个变量总体之间呈现高度正线性相关关系,即两者的线性关系较强,一个变量的变化会引起另一个变量较大幅度的同方向变化;当 $0.3 \leqslant r < 0.8$ 时,两个变量总体之间呈现中度正线性相关关系,即两者的线性关系中等,一个变量的变化会引起另一个变量中等幅度的同方向变化;当 $0 < r < 0.3$ 时,两个变量总体之间呈现出轻度的正线性相关关系,即两者的线性关系较弱,一个变量的变化会引起另一个变量较小幅度的同方向变化;当 $r = 0$ 时,两个变量总体之间无线性相关关系,即一个变量的变化不会引起另一个变量发生任何变化。当 $r < 0$ 时,两个变量总体之间将呈现负线性相关关系,即一个变量的变化会引起另一个变量反方向的变化。

战略性新兴产业发展绩效与各影响因素之间的相关性系数及显著性检验结果,如图 5-4 所示。结果显示,在 0.01 的显著性水平下,样本数据两个变量之间均呈现中度正线性相关关系,即绩效与政府行为等动力主体因素和资本、人力资源等调节因素之间具有显著的相关性。

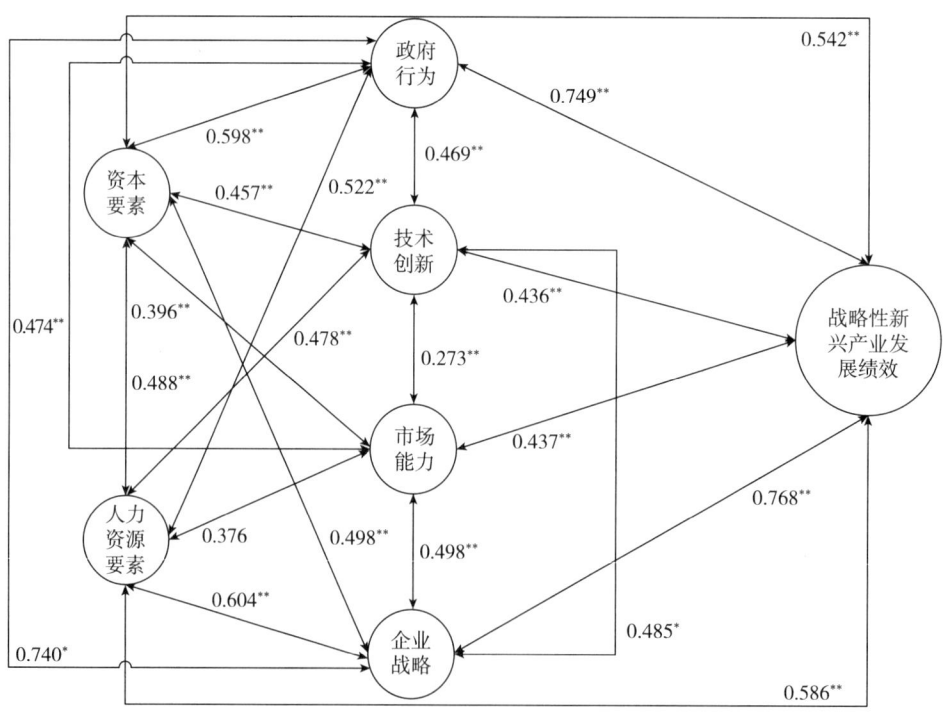

图 5-4 战略性新兴产业发展绩效与各变量之间的相关关系

第五章 战略性新兴产业发展动力机制实证分析

2. 分组回归分析与调节效应

分组回归分析方法是以假设的调节变量为基础的分析方法,它将样本分为若干个子样本,对各样本估计的 x 与 y 之间的关系进行比较,并以回归方程的形式予以表现,最终达到识别并检验调节变量的目的。

当自变量和调节变量中最少有一个潜变量时,若干题项就需要被设计出来以间接测量每个潜变量,即潜变量成为多个题项的公共因子。Yang(1998)[248] 便是根据这一原理,利用潜变量的因子得分将回归分析中的"隐"变量化作"显"变量。在这种情况下,因子得分可以通过 SPSS 软件获得,其标准分都是均值为 0、标准差为 1。将所获得的因子得分作为潜变量的观测值,即可使用调节变量回归分析进行检验[249]。

首先,考虑资本要素的调节效应。当加入资本要素作为中介变量进行调节时,技术创新、市场能力两个因素对战略性新兴产业发展的影响明显提升,如表 5-47 所示。技术创新、市场能力两个因素对战略性新兴产业发展的影响系数分别由 0.027、0.017 提高到 0.040、0.030,政府行为、企业战略对战略性新兴产业发展路径的影响系数分别由 0.388、0.459 提高到 0.394、0.467,资本要素对战略性新兴产业发展绩效的标准化路径系数为 0.106,如图 5-5 所示。

表 5-47 加入资本要素后的系数 a

模型	B 的 95% 置信区间		t	Sig.
	下限	上限		
常量	0.087	0.087		
政府行为	0.201	0.486	4.763	0.000
技术创新	0.100	0.109	0.079	0.007
市场能力	0.100	0.106	0.056	0.006
企业战略	0.320	0.594	6.577	0.000
资本要素	0.008	0.219	1.841	0.006

资料来源:本书整理。

其次,考虑人力资源要素的调节效应,如表 5-48 所示,当加入人力资源要素作为中介变量进行调节时,技术创新、市场能力两个因素对战略性新兴产业发展的影响明显提升。技术创新、市场能力两个因素对战略性新兴产业发展的影响系数分别由 0.027、0.017 提高到 0.070、0.050。政府行为、企业战略对战略性

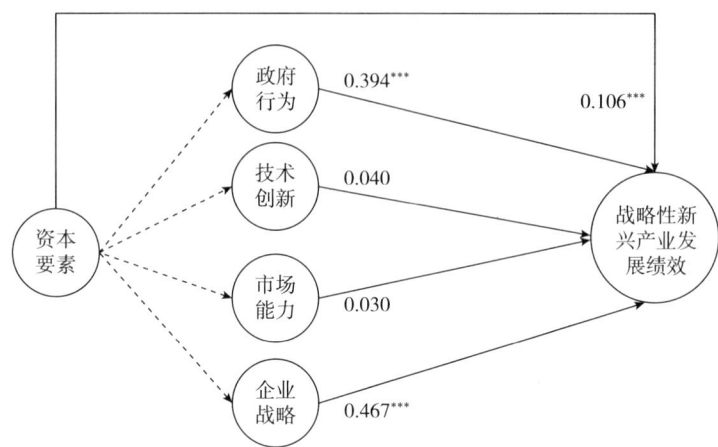

图 5-5 资本单要素调节效应下战略性新兴产业发展动力演化

新兴产业发展路径的影响系数分别由 0.388、0.459 提高到 0.395、0.471，资本要素对战略性新兴产业发展绩效的标准化路径系数为 0.150，如图 5-6 所示。

表 5-48 加入人力资源要素后的系数 a

模型	B 的 95% 置信区间		t	Sig.
	下限	上限		
常量	0.086	0.086	0.000	1.000
政府行为	0.242	0.508	5.559	0.000
技术创新	0.111	0.097	0.131	0.006
市场能力	0.097	0.107	0.096	0.003
企业战略	0.258	0.543	5.536	0.000
人力资源要素	0.037	0.263	2.617	0.010

资料来源：本书整理。

根据上述分析结果，分别考虑资本要素和人力资源要素的调节作用时，政府行为、技术创新、市场能力、企业战略对战略性新兴产业发展绩效的影响力虽均得到不同程度的提高，但技术创新与市场能力对战略性新兴产业发展绩效的影响仍不显著。下面考虑同时加入资本要素和人力资源要素后，各要素对战略性新兴产业发展影响的路径改变，如图 5-7 所示。

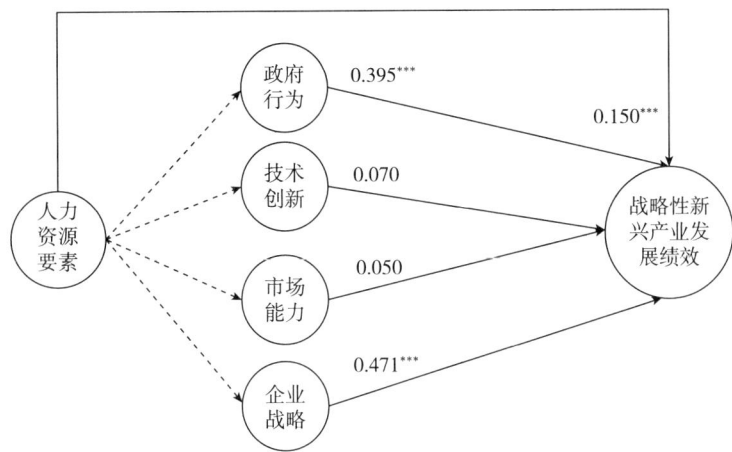

图 5-6　人力资源单要素调节效应下战略性新兴产业发展动力演化

当同时考虑资本要素和人力资源要素的调节作用时，技术创新、市场能力两个要素对战略性新兴产业发展的影响明显提升，影响系数分别由 0.027、0.017 提高到 0.210、0.056，且在 0.01 的显著性水平下影响显著；政府行为、企业战略对战略性新兴产业发展路径的影响系数分别由 0.388、0.459 提高到 0.412、0.475；资本要素、人力资源要素对战略性新兴产业发展绩效的标准化路径系数分别由 0.106、0.150 提高到 0.182、0.162，说明在相互作用的效应下，资本要素和人力资源要素对战略性新兴产业的促进作用进一步增强，如表 5-49 和图 5-7 所示。

表 5-49　调节因素对战略性新兴产业发展绩效的作用分析

假设路径结果	标准化路径系数	P	是否支持假设
产业发展绩效←政府行为	0.412	***	是
产业发展绩效←技术创新	0.210	***	是
产业发展绩效←市场能力	0.056	***	是
产业发展绩效←企业战略	0.475	***	是

资料来源：本书整理。

由此，当技术创新和市场能力在战略性新兴产业发展中的作用不理想时，可通过资本要素和人力资源要素的中介效应进行调节，使其达到预期水平。

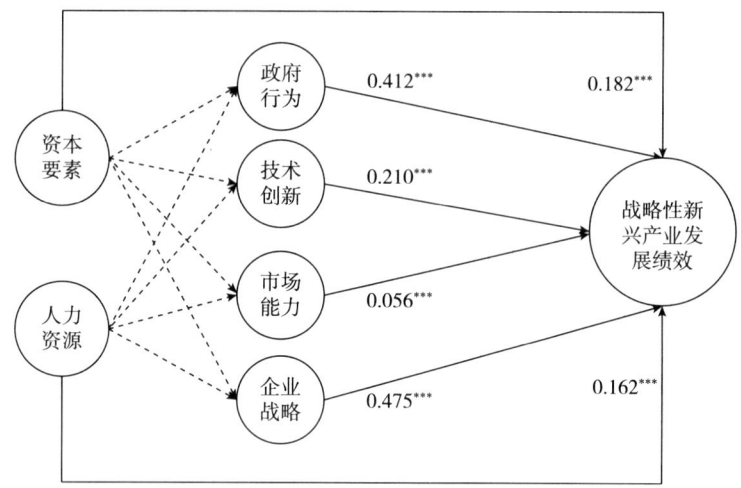

图 5-7 两要素调节效应下战略性新兴产业发展动力演化

三、基于主体动力因素影响的假设检验

根据假设检验的基本思想,推断步骤如下:

首先,提出零假设 H0:两总体之间不存在显著的线性相关,相应地备择假设 H1:两总体之间存在显著的线性相关。

其次,根据不同的相关系数计算方法,计算相应的统计量。

再次,根据统计量得到所对应的相伴概率。

最后,给定一个显著性水平 α。如果相伴概率小于或等于显著性水平 α,则拒绝假设 H0;否则,接受假设 H0。

由于在本节回归分析中涉及多个自变量、一个因变量,因此采用多元线性回归。通过多元线性回归模型的建立,可以解释被解释变量与其他多个解释变量之间的线性关系。回归模型建立如下:

$$Y_0 = \beta_{0a} + \beta_{1a}X_1 + \beta_{2a}X_2 + \cdots + \beta_{pa}X_p + \varepsilon_a \tag{5-19}$$

其中,有 p 个自变量 x_1, x_2, $\cdots$, x_p,m 个因变量 y_1, y_2, $\cdots$, y_m 的 n 次观测样本资料 $(x_{a1}, x_{a2}, \cdots, x_{ap}, y_{a1}, y_{a2}, \cdots, y_{am})$,$a = 1, 2, \cdots, m$。

通过运用 SPSS 软件对回归过程进行检测,反映了回归方法以及变量被删除或引入的信息,得出模型最先引入企业战略变量,然后变量引入的顺序依次为技术创新、市场能力和政府行为,没有变量被剔除。

以战略性新兴产业发展绩效为因变量,以企业战略、技术创新、市场能力、政府行为为预测变量设立回归模型，得出模型的复相关系数（R）为0.814，判定系数（R^2）为0.662，调整判定系数（调整后的R^2）为0.654，估计值的标准误差为0.588。$D-W$值为2.022，说明不存在一阶自相关，也不存在高阶序列相关，回归模型设计较好。

模型方差分析结果显示，模型回归的F统计量观测值为83.747，概率p为0.000，在5%的显著性下，因变量战略性新兴产业发展绩效与企业战略、技术创新、市场能力、政府行为之间具有线性关系，模型各拟合指数均达到要求，模型对样本数据拟合情况较好，整体模型拟合效果可以接受。根据分析结果，得到非标准化方程为：

$$Y = -8.895E^{-17} + 0.388G + 0.027T + 0.017M + 0.459S \quad (5-20)$$

标准化方程为：

$$Y = 0.388g + 0.027T + 0.017M + 0.459S \quad (5-21)$$

模型方程中，非标准化的常数项为$-8.895E^{-17}$，标准化后，常数项为0。政府行为、技术创新、市场能力、企业战略四个显性因素的偏回归系数分别为0.388、0.027、0.017、0.459，经T检验，四个偏回归系数的概率p值分别为0.000、0.602、0.752、0.000，在给定的显著性水平下均有显著性意义。

基于上述分析，原假设成立，接受假设H1、假设H4，拒绝假设H2、H3。

实证分析结果表明，政府行为和企业战略是战略性新兴产业发展的主要动力，直接推动产业发展；技术创新在战略性新兴产业发展中的作用未能充分发挥，与该产业"新兴性"的特征不符；市场机制优化配置资源的效能在战略性新兴产业发展过程中未能得以显现。

四、基于调节因素影响的假设检验

首先，考虑资本要素的调节作用。以战略性新兴产业发展绩效为因变量，以政府行为、技术创新、市场能力、企业战略为预测变量，以资本要素为调节变量设立回归模型，在95%的置信水平下，Sig. 值分别由0.602、0.752下降至0.007、0.006，说明资本要素对政府行为、技术创新、市场能力和企业战略在战略性新兴产业发展中的作用具有调节作用，尤其对技术创新和市场能力的影响调节明显。

考虑资本要素的调节效应得到的非标准化方程为：

$$Y = -8.383E^{-17} + 0.394G + 0.04T + 0.03M + 0.467S + 0.106C \quad (5-22)$$

标准化方程为：

$$Y = 0.394G + 0.04T + 0.03M + 0.467S + 0.106C \qquad (5-23)$$

其次，考虑人力资源要素的调节效应。以战略性新兴产业发展绩效为因变量，以政府行为、技术创新、市场能力、企业战略为预测变量，以人力资源要素为调节变量设立回归模型，在95%的置信水平下，Sig. 值分别由0.602、0.752下降至0.006、0.003，说明人力资源要素对政府行为、技术创新、市场能力和企业战略在战略性新兴产业发展中的作用具有调节作用，尤其对技术创新和市场能力的影响调节明显，但技术创新与市场能力对战略性新兴产业的影响效果仍不显著。即接受假设H1、假设H4、假设H5，拒绝假设H2、假设H3。

考虑人力资源要素的调节效应得到的非标准化方程为：

$$Y = -6.375E^{-17} + 0.395G + 0.07T + 0.05M + 0.471S + 0.150H \qquad (5-24)$$

标准化方程为：

$$Y = 0.395G + 0.07T + 0.05M + 0.471S + 0.150H \qquad (5-25)$$

最后，考虑资本要素和人力资源要素的综合调节效应。以战略性新兴产业发展绩效为因变量，以政府行为、技术创新、市场能力、企业战略为预测变量，以资本要素和人力资源要素为调节变量设立回归模型，在95%的置信水平下，技术创新、市场能力两个因素Sig. 值分别由0.602、0.752下降至0.000、0.000，说明资本要素和人力资源要素对政府行为、技术创新、市场能力和企业战略在战略性新兴产业发展中的作用具有调节作用，尤其对技术创新和市场能力的综合影响具有更明显的调节作用。此时，接受假设H1、假设H2、假设H3、假设H4、假设H6。

同时考虑资本要素和人力资源要素的调节效应得到的非标准化方程为：

$$Y = -6.231E^{-17} + 0.412G + 0.21T + 0.056M + 0.475S + 0.182C + 0.162H$$
$$(5-26)$$

标准化方程为：

$$Y = 0.412G + 0.21T + 0.056M + 0.475S + 0.182C + 0.162H \qquad (5-27)$$

综合上述分析，在考虑资本要素和人力资源要素调节作用的情况下，接受假设H1、假设H2、假设H3、假设H4、假设H5、假设H6。结果表明，当仅考虑资本要素的调节作用时，市场环境和技术创新对战略性新兴产业发展的促进作用能够得到显著提高，但其效果并不显著；当再加入人力资源的调节作用时，市场环境和技术创新对战略性新兴产业发展的影响力变得显著。

第五节 本章小结

本章根据战略性新兴产业发展动力机制模型提出相关假设，综合采用问卷分析法、探索性因子分析法、方差分析法、回归分析法等主体动力要素的直接效应和调节要素的中介效应进行了验证。主要内容归纳如下：

第一，构建战略性新兴产业主体变量指标体系和隐形变量指标体系，并采用5点量表法设计战略性新兴产业调查问卷，对政府行为、企业技术创新、企业市场能力、企业发展战略、资本要素和人力资源要素等对战略性新兴产业发展的影响情况进行了调查，对战略性新兴产业发展动力机制进行实证分析。

第二，根据战略性新兴产业发展动力机制实证结果，政府行为和企业战略推动战略性新兴产业发展的动力显著高于技术创新和市场环境，但资本要素和人力资源要素能够显著提高技术创新和市场环境对战略性新兴产业的影响力，能够从整体上提升主体要素的动力效应，促进战略性新兴产业发展，且人力资源要素的调节作用大于资本要素的调节作用。

综上所述，战略性新兴产业的发展动力首先来自政府行为，其次为企业战略，再次为市场环境，最后为技术创新；技术创新作用的发挥失常和市场资源配置效率的低下是战略性新兴产业发展动力不足的主要原因。战略性新兴产业发展动力要素所体现的差异性，为下文研究战略性新兴产业创新模式分类研究提供支撑。

第六章 战略性新兴产业创新模型构建与模式分析

随着经济全球化的不断深化和信息技术的迅速发展,创新成为战略性新兴产业发展的关键环节和不竭动力,产业创新模式的探索有助于自主创新及创新型工业化的实现。前文分析得出政府行为、企业战略能够有效促进战略性新兴产业发展,但技术创新、市场能力对战略性新兴产业发展的推动作用需要通过资本要素和人力资源要素的调节作用才能得到充分发挥,本章以此为推动力探索战略性新兴产业创新模式,主要从以下两方面开展研究:一是基于主体动力要素和调节要素构建并验证战略性新兴产业创新模型,二是提出四类战略性新兴产业创新模式,为下文开展战略性新兴产业创新模式评价奠定基础。

第一节 创新模型构建与实证研究

一、模型选择

基于小样本的 OLS 最常用的模型为古典线性回归模型(Classical Linear Regression Model,CLRM),CLRM 模型首先要进行线性假定。假设有 n 个样本,则总体模型为:

$$y_i = \beta_1 x_{i1} + \beta_2 x_{i2} + \cdots + \beta_K x_{iK} (i=1, 2, \cdots, n) \tag{6-1}$$

其中,解释变量 x_{ik} 表示第 i 个观测值的第 k 个解释变量($k=1, 2, \cdots, K$)。$\beta_1, \beta_2, \cdots, \beta_k$ 均为待估参数,即"回归系数"。线性假设的含义是每个解释变量 x_{ik} 对被解释变量 y_i 的边际效应均为常数,如 $\beta_1 = \partial E(y_i)/\partial x_{i1}$。

若以向量表示方程（6-1），可以更简洁地表达模型。将第 i 个观测数据记为 $x_i \equiv (x_{i1}, x_{i2}, \cdots, x_{iK})'$，$\beta \equiv (\beta_1, \beta_2, \cdots, \beta_K)'$，则方程（6-1）为：

$$y_i = x'_i \beta + \varepsilon_i \quad (i=1, 2, \cdots, n) \tag{6-2}$$

把所有观测（$i=1, 2, \cdots, n$）所对应的方程叠加，得到：

$$\begin{pmatrix} y_1 \\ y_2 \\ \vdots \\ y_n \end{pmatrix} = \begin{pmatrix} x'_1 \\ x'_2 \\ \vdots \\ x'_n \end{pmatrix} \beta + \begin{pmatrix} \varepsilon_1 \\ \varepsilon_2 \\ \vdots \\ \varepsilon_n \end{pmatrix} \tag{6-3}$$

定义 $y \equiv (y_1, y_2, \cdots, y_n)'$，数据矩阵 $X \equiv (x_1, x_2, \cdots, x_n)'$，$\varepsilon \equiv (\varepsilon_1, \varepsilon_2, \cdots, \varepsilon_n)'$，则

$$y = X\beta + \varepsilon \tag{6-4}$$

当实际经济问题中含有多个变量时，就应该采用多元线性回归模型（Muti-variables Linear Regression Model，MLRM）。多元线性回归模型的一般形式为：

$$y = X\beta + \varepsilon = X_1\beta_1 + X_2\beta_2 + \cdots + X_k\beta_k + \varepsilon \tag{6-5}$$

k 为解释变量的数目，$\beta_j (j=1, 2, \cdots, k)$ 为回归系数。

回归系数用向量表示为：$\beta \equiv \begin{pmatrix} \beta_1 \\ \beta_2 \\ \vdots \\ \beta_k \end{pmatrix}$

结合本书研究，构建战略性新兴产业创新模型如下：

$$IV_k = \beta_0 + \beta_1 GI_k + \beta_2 IP_k + \beta_3 SE_k + \beta_4 AC_k + \varepsilon_{1k} + \varepsilon_{2k} \tag{6-6}$$

其中，k 为样本的数目，β_1、β_2、β_3、β_4 为回归系数，β_0 为常数，ε_{1k} 为调节变量，ε_{2k} 为扰动项。

二、实证方法与变量设计

本章主要研究各主体动力要素对战略性新兴产业创新影响的差异分析，进而找出不同类型的产业创新模式，可以采用方差分析法（Analysis of Variance，ANOVA）和"最小二乘法"（Ordinary Least Square，OLS）。ANOVA 是基于变异分解的思想，用观测值的离差平方和表示整个样本的随机变异和分组变量因素导致的变异。OLS 是单一方程线性回归模型最常见、最基本的估计方法。

1. 方差分析

用 SS_t 表示总变异的总平方和，SS_w 表示组内随机变异的平方和，SS_b 表示组

间变异的平方和，则 $SS_t = SS_w + SS_b$。研究各动力要素对战略性新兴产业创新的影响差异，实际是检测各动力要素的均值差异是否显著为 0。用 μ_i 表示第 i 个动力要素的投入均值，则方差分析假设检验的零假设和备择假设分别为：

H_0：$\mu_1 = \mu_2 = \mu_3 = \mu_4$

H_1：至少有两个均值不相等。

当各组间均值变量的差异为 0 时，说明零假设成立，此时组间变量的差异将全部由随机误差构成，即组间变量差异等于组内变量差异，于是 $F = SS_b / SS_w = 1$。

当有 N 个有效观测样本时，可构造统计量：

$$F_{m-1, N-m} = \frac{SS_b / (m-1)}{SS_w / (N-m)}$$

其中，m 表示样本组数。

2. OLS 估计法

为了估计未知参数向量 β，对于 β 任意可能值记为 β'，第 i 个残差为 $e_i = y_i - x'_i \beta'$，则残差向量为 $e \equiv (e_1, e_2, \cdots, e_n)' = y - X\beta'$。OLS 能够寻找使残差平方和 $\sum_{i=1}^{n} e_i^2 (SSR)$ 最小的 β'。从几何上来说，一元回归就是寻找最佳拟合的回归直线，使观测值 y_i 到该回归直线的距离平方和最小。此问题可表示为：

$$\begin{aligned} \min SSR(\beta') &= \sum_{i=1}^{n} e_i^2 = e'e = (y - X\beta')'(y - X\beta') \\ &= (y' - \beta'X')(y - X\beta') = y'y - y'X\beta' - \beta'X'y + \beta'X'X\beta' \\ &= y'y - 2y'X\beta' + \beta'X'X\beta' \end{aligned}$$

其中，$y'X\beta'$ 和 $\beta'X'y$ 均为 1×1 常数，故 $(y'X\beta')' = \beta'X'y$。

3. Kernel Density 估计

为了从数据中抽取所有重要的特征，可以选择核函数进行估计。核密度估计（Kernel Density Estimation）由 Rosenblatt（1955）和 Emanuel Parzen（1962）提出，是非参数估计方法之一，用来估计未知的密度函数。该方法既可以保留构造转移概率矩阵时所破坏的观测值的原始动态信息，又比直方图具有更强的信息抽象功能，因此常用于描述经济分布情况。核密度估计的基本原理如下：

假定 $S_1, S_2, \cdots, S_n$ 服从同一分布，其密度函数 $F(s)$ 未知，需要通过对样本数据的非参数分析去估计密度函数 $F(s)$。假设样本的经验分布函数为：

$$F(s) = \{S_1, S_2, \cdots, S_n\} / n$$

如果把分布函数用上面的经验分布函数替代，那么上式分子就是落在 $[s -$

$h_n, s+h_n$]区间点的个数。我们可以把密度估计函数$f_h(s)$的估计过程推导如下：

$$f_h(s) = [F_n(s+h_n) - F_n(s-h_n)]/2h$$

$$= \int_{x-h_n}^{x+h_n} \frac{1}{h} K\left(\frac{t-s}{h_n}\right) dF_n(t) = \frac{1}{nh_n} \sum_{i=1}^{n} K\left(\frac{s-s_i}{h_n}\right)$$

其中，K为核密度函数，h为设定的窗宽。

4. 变量设计

借鉴有关产业创新的相关研究，结合上文对战略性新兴产业创新模式的分类，基于推动战略性新兴产业发展的动力要素和机制研究，采用线性回归方法和BP神经网络对战略性新兴产业的模式进行定量分析。通过BP神经网络方法拟合自变量与因变量之间的关系，通过线性回归方法深入刻画自变量对因变量的影响程度。BP神经网络方法和线性回归方法的组合可以实现对自变量与因变量之间多角度、多尺度的科学度量。李培楠等（2014）认为政府支持、内部资金、外部技术、人力资本等要素对高新技术产业创新存在影响，且在技术开发阶段，内部资金、外部技术对产业创新具有正向影响，人力资本和政府支持具有负向影响；在成果转化阶段，人力资本对产业创新具有正向影响，外部技术对产业创新具有负向影响，内部资金对产业创新具有倒"U"型关系影响，政府支持对产业创新具有正"U"型关系影响[250]。许庆瑞等（2005）认为大学、科研机构、企业等主体要素，以及信息、人才、资金等资源要素对企业创新具有重要影响[251]。

借鉴以往研究和前文假设，政府行为、企业战略、技术创新、市场能力对战略性新兴产业创新具有推动作用，对变量的设计如表6-1所示。其中，因变量为战略性新兴产业创新绩效（IV），衡量指标为新产品销售产值；自变量包括政府支持（GI）、技术创新（IP）、市场能力（ME）、企业战略（AC），衡量指标分别为政府资本投入、发明专利申请数、销售费用和企业管理费用；调节变量分别为人力资源（HR）和资本要素（EC），衡量指标分别为研究与实验发展人员全时当量（人年）和企业法人资本金（亿元）。

表6-1 战略性新兴产业创新模型变量设计

要素类型	变量	衡量指标
创新要素	创新绩效（IV）	新产品销售产值（亿元）
动力要素	政府支持（GI）	政府资本投入（亿元）
	技术创新（IP）	发明专利申请数（件）
	市场能力（ME）	销售费用（亿元）
	企业战略（AC）	企业管理费用（亿元）

续表

要素类型	变量	衡量指标
调节要素	人力资源（HR）	研究与实验发展人员全时当量（人年）
	资本要素（EC）	企业法人资本金（亿元）

在本书的研究中，样本数据采用 2009~2015 年《中国统计年鉴》《工业企业科技活动统计资料》《中国工业统计年鉴》《中国高技术产业年鉴》中有关战略性新兴产业的相关数据，考虑政府支持、技术创新、人力资源、资本等要素反映到实际统计数据时存在时间的滞后性，在对数据进行处理时取滞后一年的数据来进行计算和分析。运用 Stata14.0 对数据进行拟合分析和检验，发现数据估计结果较好，能够实现自变量和因变量之间的解释关系。

三、实证分析

分别假设五个模型：模型Ⅰ为包含政府支持（GI）、技术创新（IP）、市场能力（ME）、企业战略（AC）、人力资源（HR）和资本要素（EC）等变量在内的回归模型；模型Ⅱ为包含 GI 自变量的回归模型；模型Ⅲ为包含 IP 自变量的回归模型；模型Ⅳ为包含 ME 自变量的回归模型；模型Ⅴ为包含 AC 自变量的回归模型。

对样本数据的分布情况进行检验。从战略性新兴产业创新绩效的数据检验情况来看，在 7.7e+0.3 的设定宽度上，变量Ⅳ的样本数据存在连续分布性，尽管核密度图不够光滑，但基本服从正态分布，经验分布函数成立，如图 6-1 所示。

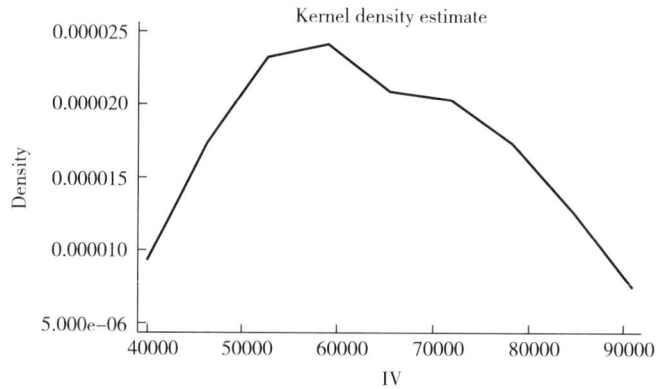

图 6-1 Ⅳ的核密度

从政府支持、企业战略变量的数据检验情况来看,在 7.4e+0.3 的宽度上,变量 GI 的样本数据存在连续分布性,在 50.2957 的宽度上,变量 AC 的样本数据也存在连续分布性,尽管两个变量的核密度图不够光滑,但均服从正态分布,且数据分布的趋势相近,各自的经验分布函数成立,如图 6-2 所示。

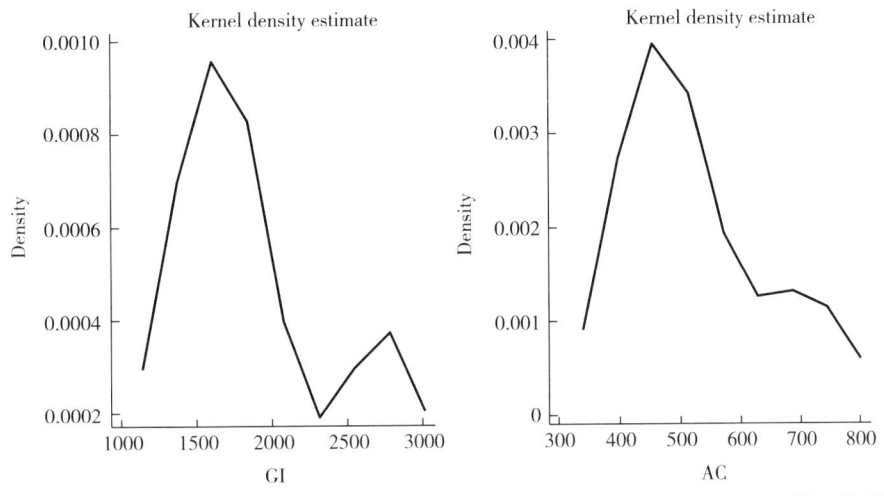

图 6-2　GI、AC 的核密度

从技术创新、市场能力变量的数据检验情况来看,在 7.4e+0.3 的宽度上,变量 IP 的样本数据存在连续分布性,在 42.3501 的宽度上,变量 SE 的样本数据也存在连续分布性,尽管两个变量的核密度图不够光滑,但均服从正态分布,且数据分布的趋势相近,各自的经验分布函数成立,如图 6-3 所示。

下面对样本数据进行变量的描述性统计分析,根据 Stata14.0 的运行结果,得出变量 IV、GI、IP、SE、AC 的均值、标准差、最小值和最大值,如表 6-2 所示。

表 6-2　样本数据的变量描述统计

Variable	Mean	Std. Err	min	max
IV	17178.17	1750.287	14562.1	19152.3
GI	785.3417	67.45348	716.34	871.22
IP	16433.17	3796.837	10300	20975
SE	165.03	17.97721	140.45	183.7
AC	359.2983	23.31558	319.93	378.52

资料来源:本书整理。

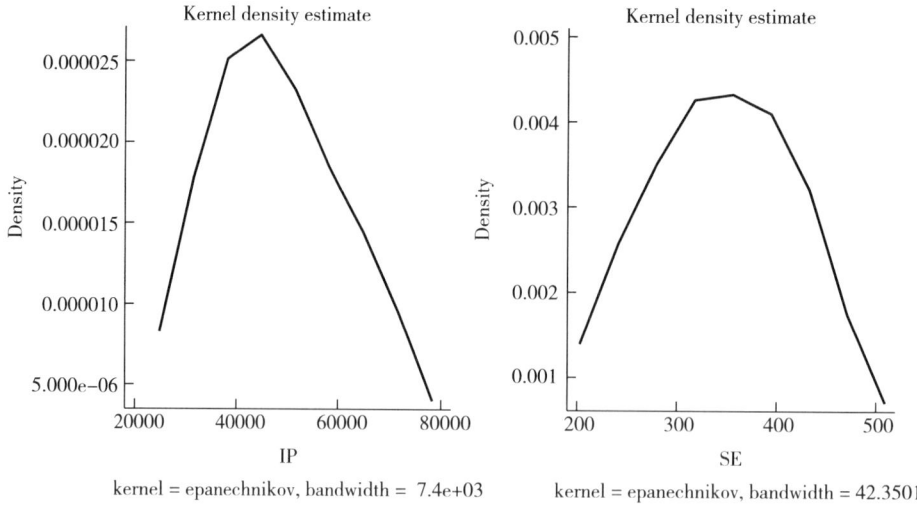

图6-3 IP、SE 的核密度

通过对样本数据的描述性统计结果,可以看出,中国战略性新兴产业的年新产品产出值均值为17178.17亿元,年均政府资本投入均值为785.34亿元,年均发明专利申请数均值为3796.837件,年均企业销售费用均值为165.033亿元,年均企业管理费用均值为359.2983亿元。进一步考虑模型的拟合情况,模型Ⅰ的R^2为0.9887,调整后的R^2为0.9548,但在5%和10%的显著性水平上均显示回归检验不显著;模型Ⅱ的R^2为0.9749,调整后的R^2为0.9666,模型Ⅲ的R^2为0.9260,调整后的R^2为0.9239,模型Ⅳ的R^2为0.8768,调整后的R^2为0.8592,模型Ⅴ的R^2为0.9738,调整后的R^2为0.9673,且四个模型在5%和10%的显著性水平双侧检验均显示回归显著,如表6-3所示。

表6-3 战略性新兴产业创新模型拟合程度描述

模型	R - squared	Adj R - squared	Prob > F
模型Ⅰ	0.9887	0.9548	0.0335
模型Ⅱ	0.9749	0.9666	0.0000
模型Ⅲ	0.9260	0.9239	0.0000
模型Ⅳ	0.8768	0.8592	0.0002
模型Ⅴ	0.9738	0.9673	0.0003

资料来源:本书整理。

四、实证结果与分析

图 6-4 直观地展示了 IV、GI、IP、SE、AC、HR 和 EC 与产业创新绩效之间的关系。当对六个变量与因变量之间进行 BP 神经网络关系模拟时,可以发现 HR 和 EC 与因变量关系是发散的。于是分别考虑其他四个模型,对政府支持、技术创新、市场能力、企业战略与产业创新绩效分别进行拟合,得出各自的关系映射。

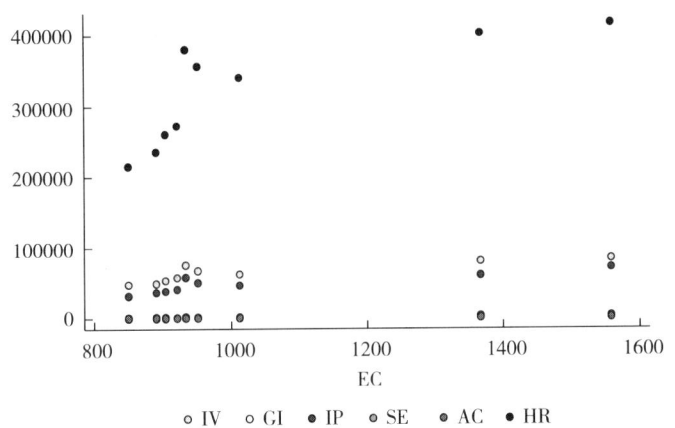

图 6-4 六要素与产业创新之间的关系散点图

图 6-5 呈现了政府支持与战略性新兴产业创新之间的模拟关系,显示了二者之间的正向线性关系。我国自 20 世纪 90 年代以来已经先后制定了科教兴国、可持续发展、自主创新、发展循环经济及建设资源节约型和环境友好型社会等战略和方针,重要产业政策的出台、政府资金的直接投入对新兴企业和新产业的出现和发展具有直接的推动作用。

图 6-6 呈现了技术创新与战略性新兴产业创新之间的模拟关系,显示了二者之间的正向线性关系。战略性新兴产业从萌芽到形成的过程是相对独立的,其生长的主要土壤为科学技术的进步。

技术创新的过程有力地催化了新兴产业的萌芽和新生。重大技术进步的出现或原有产业中新技术、新工艺、新产品的形成,能够有效推动企业发展新的工业部门和新的产业部门。增强战略性新兴产业的自主创新投入是促进产业创新发展的重要途径。通过改进企业自身产品的生产工艺,提升既有产品的生产能力和创新能力，鼓励承担重大科技开发项目和对引进技术消化吸收再创新，为研发关键技术提供支持；通过优先发展重点技术领域，突破重点技术瓶颈，破解产业链中的"木桶效应"，可以增加技术供给，提高企业再研发能力，增强创新动力，从而为战略性新兴产业创新提供持久支撑。

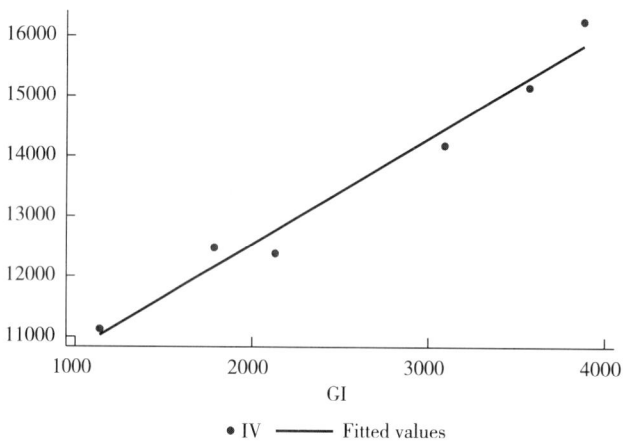

图 6-5　政府支持与产业创新之间的线性关系模拟图

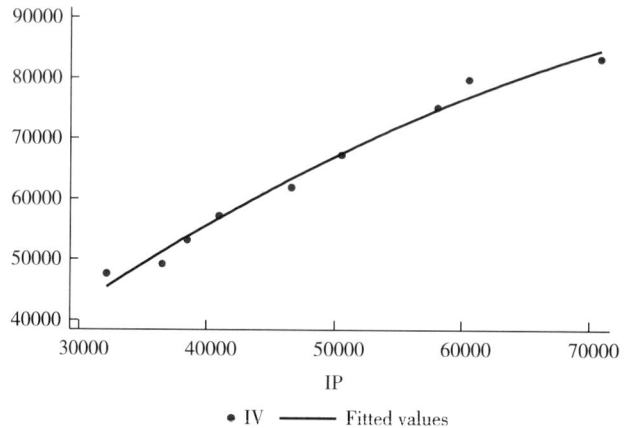

图 6-6　技术创新与产业创新之间的线性关系模拟图

图 6-7 呈现了市场能力与战略性新兴产业创新之间的模拟关系，显示了二者之间的正向线性关系。市场对资源具有配置作用，能够通过价格杠杆配置资源，市场对技术研发方向、路线选择、要素价格、各类创新要素配置具有导向作

用，对战略性新兴产业创新具有推动作用。市场环境和市场需求是一个新兴产业快速发展的必要条件，新兴产业的发展过程是一个以市场需求为导向、以技术和产业资源融合为特征的动态发展过程，对于引发新的技术革新，进而出现各种科技要素和产业要素的融合与渗透，具有不可替代的作用。优质的市场环境有利于战略性新兴产业优化科技资源配置，增强创新创业的内在动力，激励企业技术创新，促进战略性新兴企业不断发展壮大。战略性新兴产业需要具有良好的市场拓展能力来适应国内广大市场需求带来的经济优势和国外市场带来的巨大潜力，促进企业间和企业内的技术转移和技术溢出。

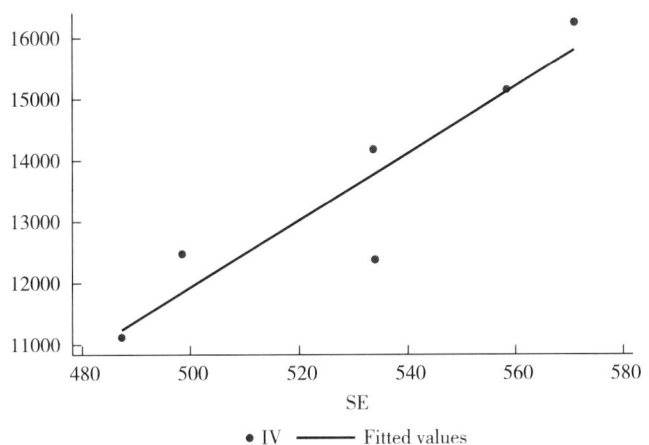

图 6-7 市场能力与产业创新之间的线性关系模拟图

图 6-8 呈现了企业战略与战略性新兴产业创新之间的模拟关系，显示了二者之间的正向线性关系。原有产业部门中优秀管理人才的产生或提拔、重要研发项目的设立和开展、新市场的开拓和影响，都离不开企业战略的正确决策。

表 6-4 为五个模型的回归结果，模型 I 的各自变量对因变量的回归系数均不显著，说明自变量对因变量的影响在 5% 和 10% 的水平上均不显著。模型 II 衡量政府支持对战略性新兴产业创新的影响，在 10% 的水平上，自变量 GI 对因变量的影响显著；模型 III 衡量技术创新对战略性新兴产业创新的影响，在 5% 的水平上，自变量 IP 对因变量的影响显著；模型 IV 衡量市场能力对战略性新兴产业创新的影响，在 5% 的水平上，自变量 SE 对因变量的影响显著；模型 V 衡量企业战略对战略性新兴产业创新的影响，在 5% 的水平上，自变量 AC 对因变量的影响显著。

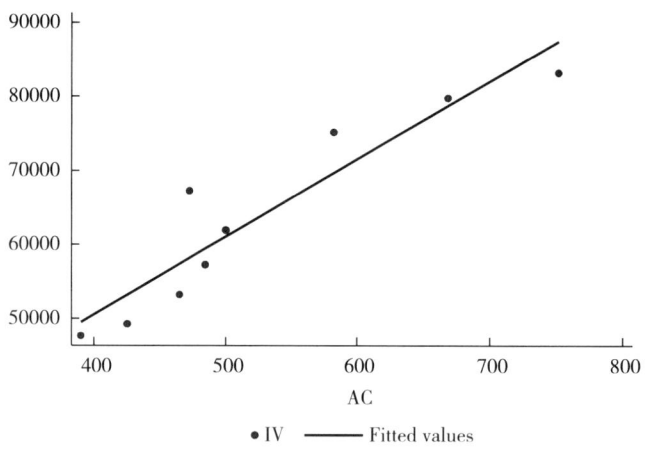

图 6-8 企业战略与产业创新之间的线性关系模拟图

表 6-4 战略性新兴产业创新模型回归结果

	模型 I	模型 II	模型 III	模型 IV	模型 V
GI	0.6542701	1.115**			
IP	0.3281737		1.0218***		
SE	-1.663896			104.955***	
AC	33.36835				0.454***
_cons	8920.327	15536.41**	14483.2**	8573.453**	9702.439***

注：**，***分别表示在5%，10%的水平上显著。
资料来源：本书整理。

第二节 战略性新兴产业创新模式分类

根据上文对战略性新兴产业创新模型的构建和分析，模型 II、模型 III、模型 IV、模型 V 的模型构建被成功验证，根据回归结果，本节提出政府支持型、技术引领型、市场推动型、企业驱动型四类战略性新兴产业创新模式。

一、政府支持型创新模式

政府支持型发展模式是指通过政府的行政手段和政策让企业按照政府制定的

计划开展创新活动。这种发展模式主要是因为有的战略性新兴产业具有高渗透性，主导产业的创新需要在政府的推动下，利用人力资源和资本要素产生规模经济效应，即随着生产规模的扩大，促进技术的扩散和产品的创新，增加企业收益，主要通过关联产业集聚和产业项目群进行技术扩散和资源集聚，并产生集聚效应，如图6-9所示。

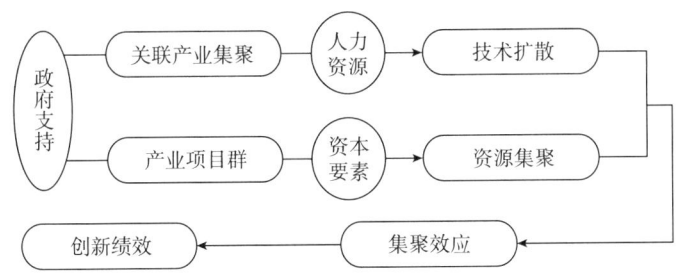

图6-9　政府支持型创新模式

1. 关联产业集聚

在这种模式中，产品本身存在着互联互动的内在要求，存在着网络外部性，产业外延广泛，由制造业外延至服务业，同时其产品也趋于多样化。因此，需要借助政府的力量促使关联产业集聚，实现关联产业间的技术渗透和技术扩散，推动产业的创新发展，如合肥高新技术产业开发区等国家级战略性新兴产业集聚区的成立与发展。

2. 产业项目群集聚

世界电子信息产业市场呈现集团化、规模化和集群化的趋势，通过产业项目群来促进产业的集群式发展，带来显著的产业集聚效应，大大提高自主创新主导产业辐射带动效应。集聚区内的技术扩散降低了创新成本的信息选择成本，在已有产业的基础上，以项目为纽带继续扩大产业集聚度，发展新型产业组织，着力推动建设以企业为主体的产业创新体系，如杭州国家高端软件及应用系统产业区域集聚发展试点等。

二、技术引领型创新模式

技术引领型创新模式一般适用于较重大的创新，通过技术的整合和创新，开发新技术、生产新产品，引起技术体系的根本变革，主要包括技术合作和项目带动两种方式，如图6-10所示。

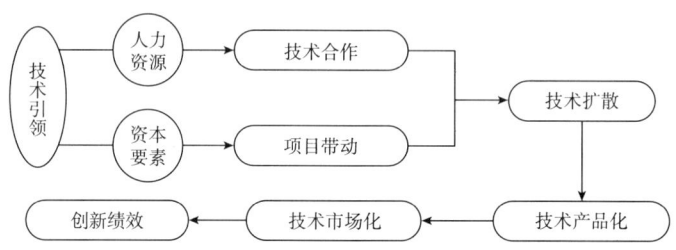

图6-10 技术引领型创新模式

1. 技术合作

技术合作指通过技术转让、产学研联盟等合作方式开发新技术。技术转让是使得企业获得创新资源的技术扩散方式，指技术成果、信息、能力在企业中的引进、交流和普及；产学研联盟是一种重要的技术合作模式，该模式充分利用高校和研究机构的优势，增强企业与研究机构之间的合作与交流，提高创新能力，如中关村国家自主创新示范区等。技术合作主要通过人力资源的智力支持实现。要加快吸收、培养和储备重点工业区建设需要的工程师和高级技工等人才队伍；要促进"产—学—研"结合，建立健全技术创新体系和激励机制，加强技术攻关，优化工艺流程，形成拥有自主知识产权的核心技术，提高竞争力；要通过企业之间、企业与科研院校之间的互相交流与学习，形成一个良性的技术创新学习循环。

2. 项目带动

在当前多变复杂的环境下，企业间合作创新在技术创新中的重要性越来越明显，知识、技术、人力资本等创新要素在企业间自由流动，以此实现组织间的技术扩散，而项目合作是企业合作创新的重要桥梁。项目合作是为了新技术或新产品的研发，组织相关联的企业合作进行技术研发，有利于互补性学习和技术扩散。如武汉东湖高新技术产业开发区。在市场压力下，技术创新是企业合作的核心动力，企业通过外部网络关系寻求外部技术，拓展企业内部技术基础，促进技术创新。企业的创新绩效不仅取决于企业积累的技术，更取决于把技术转化为产品的能力。资本要素的调节作用在项目带动模式中显得尤为重要。资本的流动有利于技术的转移和扩散,有利于人力资源的优化配置,有利于新项目的设立和开发。

三、市场推动型创新模式

很多创新活动都是在市场需求的驱动下激发企业的创新动力,在基础研究取得突破的基础上,将研究成果应用到新领域,具体过程如图6-11所示。

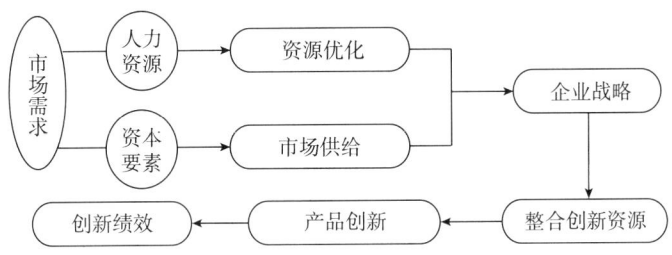

图6-11 市场推动型创新模式

市场推动型创新模式是以需求为导向,以企业为主体,以创新为动力,以整合为手段,统筹资本、人才、基地、联盟、平台和示范的布局,加强多学科交叉,积极探索市场机制下的优化组织模式。以先进的"市场导向"为理念,基于市场需求优化资源配置,通过人力资源和资本要素的调节作用,对产品的成本、质量、生产周期、环保等方面严格要求,追求产品的低成本、高可靠、快反应、无污染,积极调整企业发展战略以适应市场需求,整合创新资源,促进产品创新,拓展配套市场和海外市场,发展出口贸易。

四、企业驱动型创新模式

创新是充分利用组织外互补的资源、能力和知识的过程,在联盟关系中,企业将外部知识与内部知识进行整合对于增加企业知识和创新绩效有显著影响,如图6-12所示。企业通过研发投入、人力资源要素投入对企业创新产生影响[252],且不同程度的研发投入对企业创新绩效影响程度不同[253]。

1. 纵向产业战略联盟

通过补链的方式对产业链进行纵向构建,一方面努力提高企业的技术和能力,对技术开发和技术创新进行大力支持和投入,整合相关企业,鼓励企业间技术合作,提升我国企业创新能力;另一方面扩大产品在市场的应用范围,通过政府购买或财政支持等方式促进国内市场需求能力。

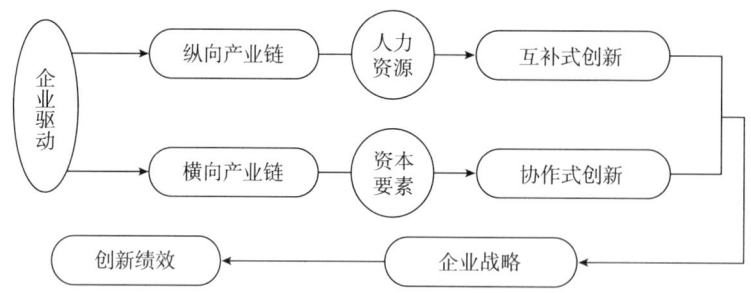

图 6-12 企业驱动型创新模式

2. 横向产业战略联盟

当多个企业组成一个联盟时,多种动态要素同时进入联盟。各个企业成员之间的独立性带来的行为复杂性会引发企业联盟在信息交流、技术合作等方面的不稳定性,因此,在组建企业联盟的同时,相应的联盟新任机制、联盟协调机制、联盟激励机制、联盟利益分配机制等要相应建立起来。企业联盟的类型可包括技术联盟、营销联盟、生产联盟等。

根据战略性新兴产业发展的动力机制将战略性新兴产业创新划分不同的模式,但这些模式间有着内在的联系和共性,其内容是相互补充的,不能完全隔离开来。政府的推动、技术的引领、市场的驱动、企业的战略导向都是创新的重要因素,因此,战略性新兴产业中各行业的创新模式是以上创新模式的综合运用。

第三节 本章小结

为分析战略性新兴产业创新模式,本章基于战略性新兴产业发展动力机制的研究结果,以政府支持、技术创新、市场能力和企业战略四类主体动力要素为自变量构建了战略性新兴产业创新模型,借助方差分析法和最小二乘法思想及线性回归方法和 BP 神经网络分析法验证了创新模型,并在此基础上提出四类战略性新兴产业创新模式,为下文开展创新模式评价提供理论基础和依据,主要结论如下:

第一,在战略性新兴产业的形成和创新过程中,重要产业政策的出台、政府资金的直接投入等政府支持对新兴企业和产业具有直接推动作用,重大技术进步的出现或原有产业中新技术、新工艺、新产品的形成有力地催化了新兴产业的萌芽和新生,优质的市场环境对技术研发方向、路线选择、要素价格、各类创新要素配置具有导向作用,正确有效的企业战略对重要技术研发的开展、新市场的开拓及人才的培养均具有重要的意义。

第二,通过对五类战略性新兴产业创新假设模型的验证,揭示了政府支持、技术创新、市场能力和企业战略四类主体动力要素对战略性新兴产业创新的影响,由此将战略性新兴产业创新模式归纳为政府支持型、技术引领型、市场推动型、企业驱动型四类。政府支持型创新模式主要通过政府的行政手段支持企业开展创新活动,通过产业关联和产业项目群产生集聚效应;技术引领型创新模式通过技术创新引发体系变革,通过技术合作和项目带动引领产业创新;市场推动型创新模式以市场需求为导向,整合资本、人才、企业、技术等资源促进产品创新;企业驱动型创新模式通过整合企业内外的互补资源构建纵向产业联盟和横向产业联盟,增加产业创新绩效。

第七章 战略性新兴产业创新特点

战略性新兴产业作为新兴技术深度融合发展的产物,要实现其发展必须把握产业创新特点,结合产业发展规律,创新发展模式,打破常规、另辟蹊径。本章以新版战略性新兴产业分类特征出发,对部分产业的创新特点进行分析。

第一节 新一代信息技术产业创新特点

一、新一代信息技术产业分类

根据中华人民共和国国家统计局发布的《战略性新兴产业分类(2018)》,新一代信息技术产业主要包括下一代信息网络产业、电子核心产业、新兴软件和新型信息技术服务、互联网与云计算和大数据服务、人工智能五类产业。在2012版基础上对部分产业进行了调整,新增了信息安全设备制造、计算机和辅助设备修理、高储能和关键电子材料制造等产业,具体如表7-1所示。

表7-1 新一代信息技术产业分类新旧对照

本分类2018版代码	本分类2018版名称	本分类2012版代码	本分类2012版名称	简要说明
1	新一代信息技术产业			
1.1	下一代信息网络产业			
1.1.1	网络设备制造			新增
1.1.2	新型计算机及信息终端设备制造	2.2.1	通信设备制造	合并
		2.2.2	高端计算机制造	

第七章 战略性新兴产业创新特点

续表

本分类2018版代码	本分类2018版名称	本分类2012版代码	本分类2012版名称	简要说明
1.1.3	信息安全设备制造			新增
1.1.4	新一代移动通信网络服务	2.1.1	新一代移动通信网络服务	
1.1.5	其他网络运营服务			新增
1.1.6	计算机和辅助设备修理			新增
1.2	电子核心产业			
1.2.1	新型电子元器件及设备制造	2.2.5	基础电子元器件及器材制造	更名
1.2.2	电子专用设备仪器制造	2.2.4	高端电子装备和仪器制造	更名
1.2.3	高储能和关键电子材料制造			新增
1.2.4	集成电路制造	2.2.6	集成电路	更名
1.3	新兴软件和新型信息技术服务			
1.3.1	新兴软件开发	2.3.1	高端软件开发	更名
1.3.2	网络与信息安全软件开发			新增
1.3.3	互联网安全服务			新增
1.3.4	新型信息技术服务	2.3.2	新型信息技术服务	
1.4	互联网与云计算、大数据服务			
1.4.1	工业互联网及支持服务	2.1.2	下一代互联网服务	分解
1.4.2	互联网平台服务（互联网＋）	2.1.2	下一代互联网服务	分解
1.4.3	云计算与大数据服务	2.1.2	下一代互联网服务	分解
1.4.4	互联网相关信息服务	2.1.2	下一代互联网服务	分解
1.5	人工智能			
1.5.1	人工智能软件开发			新增
1.5.2	智能消费相关设备制造			新增
1.5.3	人工智能系统服务			新增

资料来源：《战略性新兴产业分类》新旧对照表，国家统计局网站。

二、部分新一代信息技术产业创新特点

1. 电子核心产业

第一，扩散式创新发展：近年来国际电子制造业市场整体低迷的形式仍在持续，以平板电脑、智能手机为代表的高端消费电子产品在经历快速增长后开始逐

渐回落或稳中有缓，伴随人力资本和汇率成本的上升，国内电子制造业竞争日趋激烈。2016年1~10月，规模以上电子信息制造业的国内销售产值为48767亿元，较上年增长了1.9%，而国外销售交货值为41876亿元，较上年下降了4.8%。

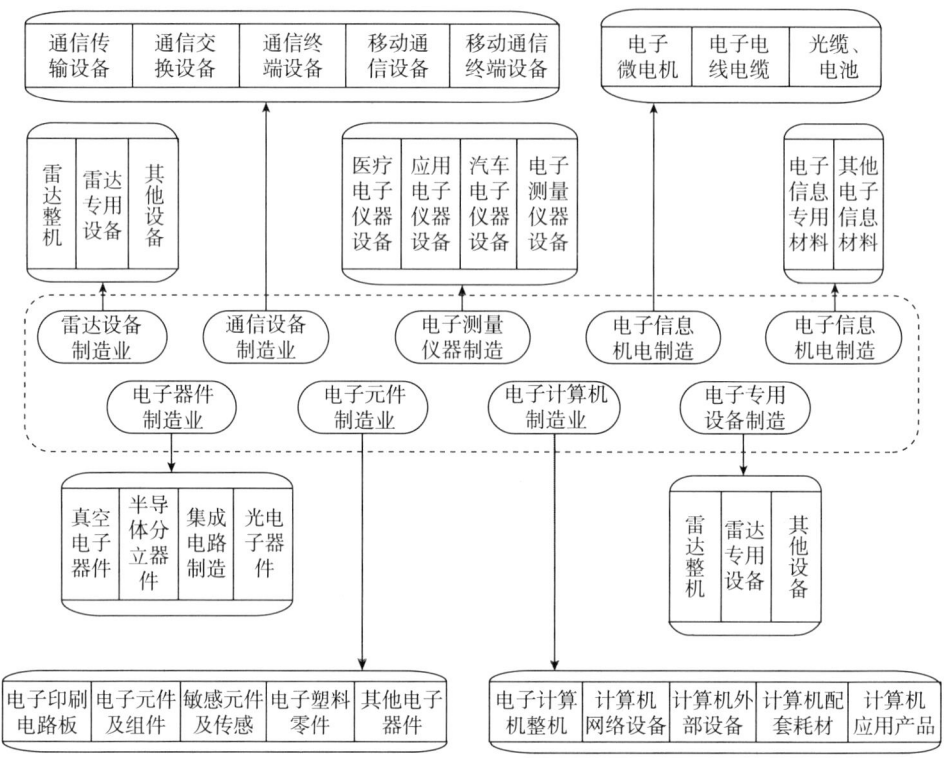

图7-1　新一代电子信息产业体系

严峻的市场形势要求我国应加强产业发展的统一规划，如通过通信设备、平板显示器件、半导体照明、安防电子、医疗电子五大产业链（群）的重点发展，通过"一带多区"的格局建设，将显示器、光机电一体化设备、各种部件和板卡、新型元器件等专用设备应用到各个行业，以及对电子设备产业进行支撑的教育、研发机构、公共设施等灵敏性产业。

这些产业作为电子设备产品的需求方，能够有效扩大电子设备制造业的规模。借助政府机构推动电子信息产品的扩散，在需求方的不断使用和反馈中，促进电子设备产品的创新，并通过扩散和渗透，实现与其他产业的融合，推动如虚

第七章 战略性新兴产业创新特点

拟商店、电子银行和电子货币等新兴的经营模式，更进一步地推动产业的创新发展。

第二，项目群式创新发展：世界电子信息产业市场呈现规模化和集群化发展趋势，2016 年，全球半导体市场的规模为 3398 亿美元，较上年同比增长 1.1%，该增长态势仍将持续。作为半导体产业核心的集成电路在我国的发展势头近年来一直居高不下，2010 年我国集成电路产业销售额占全球市场规模的比例为 8.6%，2015 年提升至 21.1%，2016 年该产业的市场规模高达 2767 亿美元，占半导体市场的 82%，预计 2020 年其销售规模将达 8982 亿美元，全行业销售收入年均增速超过 20%。在产业快速发展的时期，项目群式发展能够有效促进产业的集群化，产生显著的集聚效应，大大提高了自主创新主导产业的辐射带动能力。

重点项目围绕新型电子元器件及设备制造、新一代移动通信网络服务、计算机和辅助设备修理等，加大研发力度发展成为主要的家用视听设备、汽车电子等消费电子生产基地自主研发，具体项目如表 7-2 所示。

表 7-2 电子核心产业重点发展项目

电子信息产业	重点发展项目	原因及目的
新型电子元器件及设备制造	①线宽 0.35 微米以下超大规模集成电路、片式及厚膜混合集成电路；②芯片设计、封装及测试；③新型片式化、小型化、集成化、环保型元器件的生产制造和研发；④汽车用高性能电子元件；⑤薄膜晶体管、OLET、3D 显示等方面的电子元器件	依托我国电子元器件庞大的需求量
新一代移动通信网络服务	①光通信有源和无源器件及模块；②数字交叉连接设备、VSAT 卫星通信系统、卫星移动通信系统及地面站设备；③宽带数字同步系列光纤通信系统设备、光纤、光纤预制棒；④高速宽带数字程控交换机；⑤宽带数字同步系列微波通信系统设备；⑥新一代移动通信设备、智能信息处理、通信网络设备；⑦宽带无线接入/数字集群设备、家庭网关、智能终端、宽带多媒体网络设备和数字内容产品	弥补缺失和空白
计算机和辅助设备修理	①纳米电子技术；②微处理器体系和芯片设计；③"神威蓝光"计算机系统；④开放式、构件化、T 比特级通用核心路由器	基于我国现有基础和国际市场技术发展需求

资料来源：《战略性新兴产业分类》新旧对照表，国家统计局网站。

2. 互联网与云计算、大数据服务产业

从结构来看,互联网与云计算、大数据服务产业以物联网服务为核心,包括应用层、网络层、感知层,应用层包括绿色农业、工业监测、公共安全、城市管理、远程医疗、智能家居、智能交通、环境监测;网络层包括物联网管理中心(编码、认证、鉴权、计费)、物联网信息中心(信息库、计算能力集);物联网感知层包括条码识读器、RFID 读写器、摄像头等 M2M 终端,以及传感器网络、网关,如图 7-2 所示。

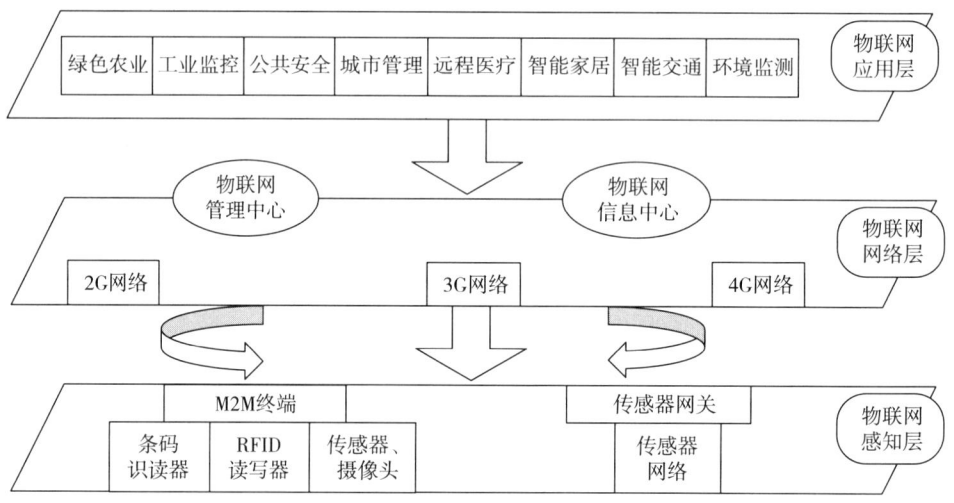

图 7-2 物联网应用、网络、感知层架构

"十二五"期间我国信息通信服务收入达到 1.7 万亿元,超额完成规划任务,但目前物联网产业发展仍面临一些有待于解决的问题:一是实现终端及网络的融合,推广传感网和通信网的无缝连接,形成统一的协议栈;二是实现网络与应用的融合,以及实现网络感知技术、信息和数据集成处理技术的融合。物联网产业发展存在多种创新模式:

第一,技术转让。国内专业的研究所、高等院校、企业自身的研发机构等也是创新的主要源泉,它们可以通过技术转让的形式进行技术扩散。这种方式有助于技术的扩散,但是需要一定的成本。

第二,产学研联盟。企业和科研机构之间通过进行产学研合作建立的长期合作关系,形成了有效的创新反馈机制,通过渗透反馈使这些机构不仅成为电子信息产品的需求方,同时也成为技术创新的扩散者及创新的源头,从而形成一个复杂的技术扩散网。如中关村在移动互联网和新一代通信产业方面集聚了关键产业链上50%的龙头企业,形成了国内产学研相对完整的集聚区和联盟。

第三,项目带动。重点发展的项目有:①传感节点技术:传感网技术、射频与基带芯片技术、SOC片上集成系统。②无线传感网、微型传感器、传感器组网、节点间信息交互与可靠性、物联网与基础网络互联等技术。③光纤传感、环境光学传感、视觉传感等光电子智能传感技术和产品,如智能家居、智能医疗、智能交通等。④融合超高频、网络化和多技术的新型有源RFID及关键部件,建成国内重要的RFID芯片、封装、工艺装备和终端设备的研发基地和生产基地。⑤微数字视频监控芯片项目、光通信及移动通信项目、爱国者移动存储设备项目、LED芯片及LED光电系列产品项目、新型元器件扩能改造项目、集成电路研发及新光源项目。⑥应用抽象及标准化平台技术:软件系统抽象、核心框架及中间件构造、应用服务及抽象与标准化额上层接口设计、应用描述及服务数据结构规范化等。⑦可编程技术,测试技术和测试平台。⑧物联网与3G的TD蜂窝系统两网融合技术的应用(目前正在开发4G相关业务),以及有国际影响力的"新一代高可信网络"标准的制定。⑨推进核心芯片设计、云储存产业、云方案、云灾备、虚拟化技术。

3. 新兴软件和新型信息技术服务产业

新兴软件和新型信息技术服务产业主要包括新兴软件开发产业、网络与信息安全软件开发产业、互联网安全服务产业和新型信息技术服务产业。该产业创新特点主要有以下几个方面:

第一,促进产业化/商品化。国家或者政府研究机构的研究成果通过产业化来实现技术的扩散,企业自主研发成果主要通过商品化过程实现技术扩散,形成规模化生产并实现市场开拓。我国应凭借自身资源优势、"一带多区"的空间产业布局及产业化基地建设,完成创新成果的产业化。

第二,推动产业集聚。引导企业聚集并形成集聚区,防范和减少了产业发展的不确定性。集聚区为技术扩散提供了良好的外部环境。同时资源的共享和人才的集中进一步为自主创新提供了动力和支撑。

第三,发展重点项目。主要发展项目包括:①手机游戏设计与制作,网络游戏产业关键资源的引进;②动画产业关键资源的引进、动漫园区的建设,数字影视网络动漫实验园和国家影视网络动漫研究院,动漫衍生品行业;③"电子书"

等移动信息平台、终端及各种应用软件的研制与开发,申请和建立国家级的数字内容出版基地;④高清数字电视项目;⑤微数字视频监控芯片的研发和制造;⑥数字内容产业示范园区项目、数字内容产业人才教育培训项目;⑦高清晰度的会话型电信业务、互动型电视业务、个人商务型联网业务等新型网络业务。

第二节 生物产业创新特点

一、生物产业分类

在《战略性新兴产业分类(2018)》中,生物产业在生物医药产业基础上新增了生物医学工程产业、生物农业及相关产业、生物质能产业等,与2012版分类的对比情况如表7-3所示。

表7-3 新一代信息技术产业分类新旧对照

本分类 2018版代码	本分类2018版名称	本分类 2012版代码	本分类 2012版名称	简要说明
4	生物产业			
4.1	生物医药产业			
4.1.1	生物药品制品制造	3.1.1	生物药品制造	更名
4.1.2	化学药品与原料药制造			新增
4.1.3	现代中药与民族药制造			新增
4.1.4	生物医药关键装备与原辅料制造			新增
4.1.5	生物医药相关服务			新增
4.2	生物医学工程产业			
4.2.1	先进医疗设备及器械制造	3.2.1	生物医疗设备制造	更名
4.2.2	植介入生物医用材料及设备制造			新增
4.2.3	其他生物医用材料及用品制造			新增
4.2.4	生物医学工程信息技术服务			新增
4.2.5	生物医学工程相关服务			新增
4.3	生物农业及相关产业			
4.3.1	生物育种			新增
4.3.2	生物农药制造			新增
4.3.3	生物肥料制造			新增

续表

本分类 2018版代码	本分类2018版名称	本分类 2012版代码	本分类 2012版名称	简要说明
4.3.4	生物饲料制造			新增
4.3.5	生物兽药、兽用生物制品及疫苗制造			新增
4.3.6	生物农业相关服务			新增
4.4	生物质能产业			
4.4.1	生物相关原料供应体系活动			新增
4.4.2	生物质燃料加工	3.1.3	生物燃油制造	更名
4.4.3	生物质能相关服务			新增
4.5	其他生物业			
4.5.1	生物基材料制造			新增
4.5.2	生物化工制品制造			新增
4.5.3	生物酶等发酵制品制造			新增
4.5.4	海洋生物制品制造			新增
4.5.5	其他生物工程相关设备制造			新增
4.5.6	其他生物业相关服务			新增

资料来源：《战略性新兴产业分类》新旧对照表，国家统计局网站。

二、部分生物产业创新特点

生物医药产业既是代表高新技术发展方向的新兴产业，也是关系国计民生的战略性产业，对于带动相关产业发展、提高人民健康水平具有无可替代的重要作用。该行业可以分为制药和医疗器械两部分（见图7-3）。

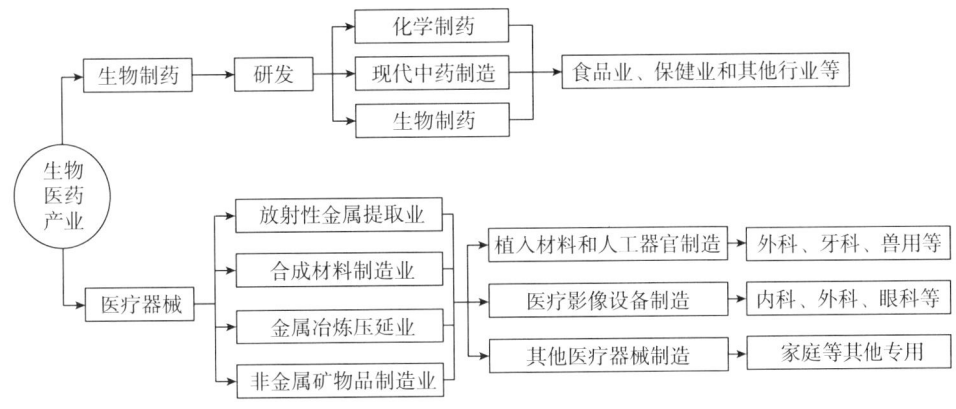

图7-3 生物医药产业体系

1. 制药产业

相对于传统医学，生物技术药物具有显著的疗效和社会效益，尤其在对于威胁人类健康和生命的遗传性疾病、癌症、糖尿病等重大疾病的临床治疗方面具有不可替代的作用。但与发达国家相比，我国的生物制药产业存在资金短缺、研发薄弱、产业化机制缺乏、科研成果转化率低等弱点，目前，我国生物制药产业创新发展具有以下特点：

第一，新型化学药物快速产业化。作为化学原料药生产大国的中国，一直将化学原料药的出口作为产业支柱，化学制剂加工能力具有国际比较优势。化学制药行业的发展关系到整个医药行业的可持续发展。随着国家医药管理体制的不断完善、药品消费市场的稳定发展、制药企业实力的逐步增强，中国化学制药行业发展面临的诸多障碍将不断减少，发展前景日益转好，推进制药行业产业化发展势在必行。重点推进化学药物新制剂和新产品的产业化，着力发展心脑血管疾病、肿瘤和糖尿病的新型治疗药物，大力发展头孢类和培南类抗生素原料药，巩固"三素一酸"优势；加快原料药和制剂一体化发展，使皮质激素、地塞米松、维生素等原料药的生产领先地位得以保持，也使抗艾滋病原料药产量在全球市场的占有比例提高到30%；大力开展对化学药物的高附加值剂型改造研究。

第二，中药产品多样化和国际化。目前，国际市场上产自我国的中成药仅占3%~5%，在销售额高达160亿美元的市场上占有率不高。长期以来，我国中药企业的整体工业水平较低，生产企业虽多，但规模小、效益低，生产工艺和设备落后，技术创新能力弱，管理不规范。因此，提高中药现代化生产水平，应从以下几个方面入手：①积极推进中药产品剂型的多样化发展，突破原有的中药材有效成分提取、分离、纯化技术，加快中药制剂技术研究和传统中药产品的二次开发。②积极推进现代化中药产业链发展，完善种植—制造—流通产业链。③积极推进心脑血管和清热解毒等现代治疗中药研发，优先扶持优质饮片发展，依托知名老中医研制药方，保持心脑血管治疗中药的领先优势。④积极推进传统优势产品参与海外市场认证，加快中药的国际化进程，利用同仁堂、乐仁堂、达仁堂、隆顺榕等品牌效应，促进抗感冒类、虚证类、头痛失眠类中成药发展，同时扩大OTC类中药的国际市场份额和速效救心丸、复方丹参滴丸、京万红烫伤膏的领先地位。

第三，新型生物药研发成果转化加速。为加快生物医药产业研发和成果转化创造良好的环境和条件，应进一步推进治疗疑难杂症的生物技术药物的产业化进程，加快新型生物药的临床试验步伐；进一步推进对血液病治疗药物的临床研究，突破干细胞培养和储存的技术瓶颈，加快基因工程多肽药物的开发及规模化生产，抢占生物制药制高点；进一步推进病毒性肝炎、肺炎等常见疫苗的产业化进程，利用生物药物的引进和技术扩散，加快对 RNA 疫苗、肿瘤疫苗、艾滋病疫苗等先进疫苗的研制；进一步推进检测产品多样化，以检测传染病、血液病、肿瘤为主的生物产品，同时扩大仪器配套使用检测产品的覆盖面。

2. 医疗器械制造产业

第一，市场机制下产学研医结合。紧密围绕医疗卫生体制改革需要和全民健康保障需求，积极推进医疗器械领域关键技术创新和核心部件、重大产品创新，缩小与日本、德国、美国等发达国家的先进水平差距；扩大家用医疗器械领域血糖仪、电子体温计、家用心脏监测设备的市场占有率，促进医疗器械产业核心竞争力的提升，为医疗卫生服务体系建设提供有效支撑。

第二，技术与产品原创化。在目前的医疗机构中，仅低端耗材和黑白 B 超等低端领域产品来自国产，CT、MI、核磁共振等高端医疗器械基本被国外产品垄断。而在约 1.5 万家医疗器械生产企业中，90% 的企业收入低于 2000 万元，企业发展动力不足。对于医疗器械行业而言，首要任务是发展原创技术与原创产品，促进产业转型升级。不仅使中高端医疗器械领域的医院使用医疗器械和高附加值医疗器械得到发展，还包括超声诊断、彩超、电刀、射频治疗仪及手术耗材、人工植入物等，而且要补齐医疗器械短板，使常规医疗设备和高附加值医用耗材生产规模得到扩大，包括输液器、注射器、骨科植入物、医用导管、体外循环设备等。

第三节 新能源汽车产业创新特点

一、新能源汽车产业分类

在《战略性新兴产业分类（2018）》中，新能源汽车产业分类较 2012 版新增了其他相关设施制造、新能源汽车充电及维修服务、新能源汽车其他相关服务等，对比情况如表 7-4 所示。

表7-4　新能源汽车产业分类新旧对照

本分类2018版代码	本分类2018版名称	本分类2012版代码	本分类2012版名称	简要说明
5	新能源汽车产业			
5.1	新能源汽车整车制造			
5.1.0	新能源汽车整车制造	7.1.0	新能源汽车整车制造	
5.2	新能源汽车装置、配件制造			
5.2.1	电机、发动机制造	7.2.1	发电机及发电机组制造	合并
		7.2.2	新能源汽车电动机制造	
5.2.2	新能源汽车储能装置制造	7.2.3	新能源汽车储能装置制造	
5.2.3	新能源汽车零部件配件制造	7.2.4	新能源汽车零部件配件制造	
5.3	新能源汽车相关设施制造			
5.3.1	供能装置制造	7.3.1	供能装置制造	
5.3.2	试验装置制造	7.3.2	试验装置制造	
5.3.3	其他相关设施制造			新增
5.4	新能源汽车相关服务			
5.4.1	新能源汽车充电及维修服务			新增
5.4.2	新能源汽车其他相关服务			新增

资料来源：《战略性新兴产业分类》新旧对照表，国家统计局网站。

二、部分新能源汽车产业创新特点

从产业链角度看，新能源汽车产业主要包括系统制造和车身制造两部分，其新能源汽车产业上游是为新能源汽车制造提供正极材料、负极材料、电解质、质子交换膜、磁性材料、逆变器、半导体材料、嵌入式软件开发、橡胶制造、金属冶炼及延压加工、非金属矿物制造、新材料的行业，中游为动力电池制造、电池管理系统、驱动电机、电转向、电制动、车身壳体、发动机等汽车制造行业，下游是为该产业提供配套充电设备、销售服务、汽车租赁、售后服务的行业，如图7-4所示。

1. 系统制造产业

第一，研发式创新发展。①积极引导锂离子电池、镍氢电池等新能源汽车配套产业的核心技术研发水平，为新能源汽车提供动力电池、电机及电控系统支持；②加快新能源汽车产业化进程，整合电动汽车领域国内外优质研发和制造资源，培育研发和制造一体化的龙头企业；③加快基础设施建设，建设电动汽车公用充电设施，完善公共场所快速充电网络。

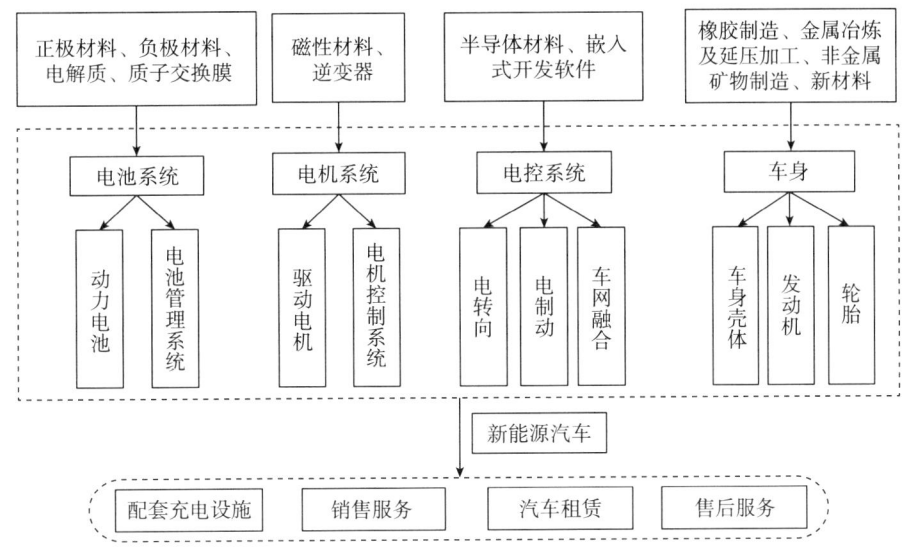

图7-4 新能源汽车产业体系

第二，规模化创新发展。①充分发挥电动车在新能源整车研发与制造领域的优势，促进新能源汽车动力电池的研发与批量化生产；②加大新能源汽车应用示范力度，建立新能源汽车示范区，吸引新能源汽车项目在园区落户，使新能源汽车园区成为整车研发、制造和产业化基地。

第三，项目群式创新发展。①设立锂离子电池扩能项目，通过新建粉浆、电极车间、卷绕车间、装配车间、组合车间、仓库、动力配套，购置关键的工艺生产设备和辅助动力设备，增添生产必需动力设施和生产辅助设施，对厂房采取净化、空调、通风、排风及防静电等措施，建设电池生产线。②通过设立锂离子电池项目，购置锂离子电池生产线，建设生产车间、检测中心、研发中心；通过设立锂离子动力电池项目，建设车用驱动电机、动力总成系统、研究设计院等；通过设立电池产业化基地项目，建设集研发、生产、上下游制造于一体的新能源产业化基地；通过设立锂离子电池负极材料生产项目，提高我国年产锂离子电池负极材料的生产能力；通过柔性非晶硅薄膜太阳能电池项目，通过引进年产25MW柔性非晶硅薄膜太阳能电池组装线，提高我国生产柔性非晶硅薄膜太阳能电池的能力；通过薄膜太阳能电池生产基地项目建设生产厂房及配套设施，购置设备，建设国内一流的薄膜太阳能电池生产基地。③设立新能源汽车动力系统基地项目,包括电池、发电机、电动机等系统,使生产电池、发电机、电动机的企业逐渐形成集群,方便新能源汽车组装的采购。

2. 车身制造产业

第一,以传统汽车产业为基础,结合开发区在新能源发展中的技术优势,大力培育和发展新能源汽车及关键零部件产业,加大产业化应用示范力度,拓展产业链,重点提升汽车服务业和新能源汽车的比重,使我国成为新能源汽车的国际领先发展地区。

第二,按照专项领导、产业联盟、整车研发壮大研究的战略思路,重点发展电动汽车整车制造技术、动力总成关键技术及油电混合汽车、轻燃料电池汽车制造技术;建立起覆盖全国完备的充电配套服务体系。

第三,新能源汽车旅游基地兴起。新能源产业结合旅游产业的创新模式,让人们可以去新能源汽车生产车间参观正在生产或已经生产的新能源汽车,提高了人们对新能源汽车性能的认识和接受能力,同时产业的创新形式有力地推动新产业的发展。

第四,重点引进并发展以先进变速器和新能源为代表的关键零部件,通过整车及零部件生产项目,建设冲压焊接、喷涂生产线及传动系统、模具及压铸件、底盘、橡胶件、座椅、内饰件、电器件和配套设施等项目,购置冲压、焊接、喷涂等设备,提高生产 C 级高档轿车的能力。

第五,建设新能源汽车外形设计项目。汽车外形设计包括汽车的整体布局、车身形状的设计、汽车外形颜色三个方面。汽车车身的设计包括发动机盖、车顶盖、行李箱盖、翼子板、前围板、车身壳体、车门、车窗、车前钣制件、车身内外装饰件等。目前新能源汽车外形设计的公司有上海同济同捷、北京简式(国际)设计公司、上海龙创、上海汉风、爱达克(上海)有限公司、上海交大神舟等。通过积极引进、支持新能源汽车外形设计公司,为新能源汽车的生产组装提供一个良好的环境。

第六,设立新能源汽车技术研发中心项目,掌握核心技术、创新技术,才能抢占新能源汽车产业制高点。鼓励国内汽车生产商建立新能源汽车技术研发中心,为新能源汽车产业快速发展提供支撑。鼓励研究所、大学、企业联合起来共同研发新能源汽车技术。

第七,设立新能源汽车中试基地项目。中试基地即进行中间性试验的专业试验基地;必要的资金、装备条件与技术支持是对科技成果进行成熟化处理和工业化考验的保障。对小试结果的继续放大就是中试,中试试验的成功就为进行大规模生产提供了基本条件。新能源汽车中试基地的建立充分发挥了中试基地在科技和生产之间的桥梁作用,加速了科技成果向生产力的转化,也促进了科技成果工程化水平的提高。

第四节 航空航天产业创新特点

一、航空航天产业分类

在《战略性新兴产业分类(2018)》中,航空装备产业和卫星及应用产业作为高端装备制造产业的一部分,部分行业被分解或更名,具体变动情况如表7-5所示。

表7-5 航空航天产业分类新旧对照

本分类 2018版代码	本分类2018版名称	本分类 2012版代码	本分类2012版名称	简要说明
2.2	航空装备产业			
2.2.1	航空器装备制造	4.1.1	航空器装备制造	
2.2.2	其他航空装备制造及相关服务	4.1.2	其他航空装备制造及修理	更名
2.3	卫星及应用产业			
2.3.1	卫星装备制造	4.2.1	卫星装备制造	分解
2.3.2	卫星应用技术设备制造	4.2.2	卫星应用技术设备	更名
2.3.3	卫星应用服务	4.2.3	卫星应用服务	
2.3.4	其他航天器及运载火箭制造	4.2.1	卫星装备制造	分解

资料来源:《战略性新兴产业分类》新旧对照表,国家统计局网站。

二、部分航空航天产业创新特点

航空产业有较高的产业关联性,既能促进电子信息行业、新材料行业、机械行业、化工行业、冶金业等上游产业的发展,又能带动航空运输业、航空物流业、航空租赁业、航空人才教育、航空改装、服务、货运等下游产业的发展，还能促使辅助产业的技术升级。航空产业链涉及整机装配设备、飞机零部件、发动机零部件、机载设备、航空维修改装及货运、物流配送、航空旅游服务及培训等。图7-5表示了航空产业与其他产业的联系。

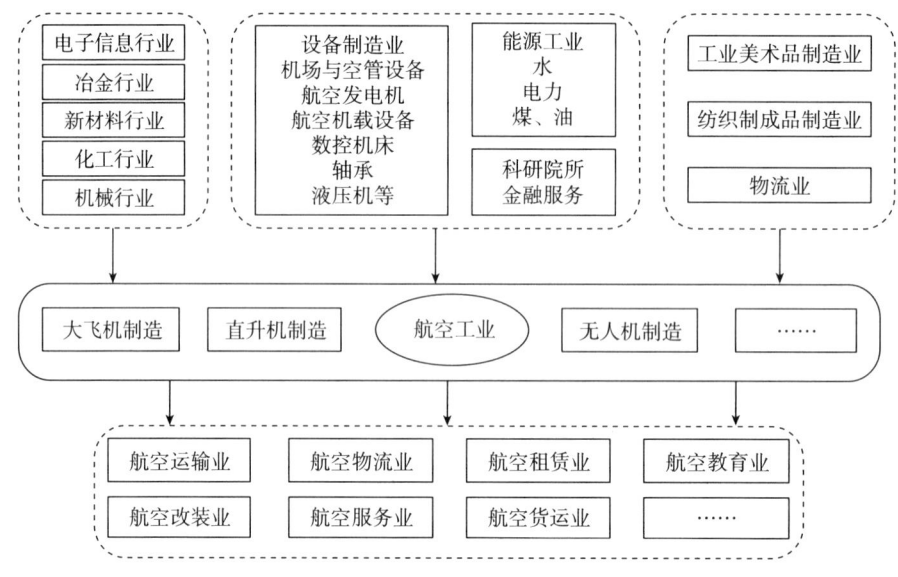

图7-5　航空产业与其他产业的关联关系

1. 大飞机制造业

第一，市场导向式创新发展。如在飞机制造理念方面，我国传统的制造理念是"技术导向"，以保证高质量和先进前沿的设计为重心，较少地计较生产成本与时间；在制造技术方面，其技术应用刚刚起步，而且我国飞机制造企业的操作人员技能水平有限和人力投入不足，造成制造速度慢、质量差，且生产效率极低。我们要通过对国外飞机制造业先进理念和技术方面的学习，在充分尊重与保护知识产权和集成创新的基础上，在引进消化吸收再创新方面取得更大的进步，达到不断提高我国飞机制造业的技术水平和核心竞争力的目的。

第二，项目式创新发展。首先，大飞机制造方面重点发展以下项目：①重点发展系列总机和机体维修、飞机客改货、大型飞机用涡扇发动机配套维修、航空电子系统、机电设备系统、生活设备系统等机载设备及配套零部件等；②在研发设计方面重点发展航空紧固件研发设计、航空电器设计、航空电缆设计、空客A320机翼设计、新舟600货舱门控制装置及娱乐系统设计、适航技术研发、广播式自动相关监视系统等；③在整机装配方面：空客A320系列飞机及后继机型、国产C919、客改货项目；④机体及零部件制造方面：空客A320和国产C919的机翼制造、飞机襟翼生产、飞机机头和登机门、飞机舱门、飞机零部件配套项目、航空复合材料及制品、飞机风挡玻璃生产基地、复合材料；⑤发动机及零部件制造方面：飞机发动机辅助动力装置项目、飞机发动机项目、发动机总装；⑥机载设备制造方面：航空仪表盘、传感器项目、配电、防火、环控、航空座椅、电子安全系统生产；⑦机场空管设备制造方面：跑道阻滞系统、旅客飞机桥、地面保障检测设备、记录仪及空管自动化系统；⑧维修方面：飞机大修、检修、发动机维修、发动机短舱维修、特殊修理、机载设备和特种设备修理；⑨重点发展超高温复合材料、空间材料科学航空材料项目；⑩机轮刹车、起落架等配套雷达生产项目，飞机廊桥项目，通信导航设备制造项目，机场特种设备制造项目，机场安检设备和防爆设备制造项目。其次，直升机制造业重点发展以下项目：①螺旋桨、起落架；②轻、中、重型直升机研发设计、航空电器设计、航空电缆设计、航空系统设计；③AC301、311总装、三吨以下直升机整机装配组装；④发动机及零部件方面：涡轮发动机；⑤航电系统、机载设备系统的引进与维修。最后，无人机制造业重点发展以下项目：①重点发展微小型近程无人机、小型中近程无人机、侦查无人机、空中巡逻无人机、靶机无人机、多用途无人机、无人机发动机、无人机自动导航仪等；②彩虹无人机研发、飞行控制系统研发、通信电台、发动机的研发设计；③彩虹系列无人机、刀锋系列无人机、无人机整机装配组装；④飞行控制仪、通信电台等机载设备制造。

2. 航天产业

航天产业的产业关联性很高，几乎涵盖日常生活中的方方面面，因此该产业的产业链长度居所有类别的首位。从新材料、能源、机械、电子、通信等行业，到航天服务业、气象局、广播局、汽车制造、石油化工等行业。航天业的发展必然会带动相关产业的发展和提升。航空航天业的学习方式和内容因其生命周期的不同而不同，产业创新特点主要包括以下几个方面：

第一，学习式创新发展。企业的工艺技术学习阶段经历了模仿创新（种子阶段、创业阶段）—干中学（发展阶段）—通过创新和研究开发来学习（成熟阶段）的过程。产品的技术学习阶段经历了模仿国外产品设计（种子阶段）—熟悉整机装配(创业阶段)—学习产品创新能力(发展阶段)—形成产品创新能力(成熟阶段)的过程。我国的航空航天产业现正处于干中学的发展阶段。学习式(或"干中学")发展路径通过引进国外先进技术,充分学习借鉴认真消化、吸收,做到再创新,这是消化吸收增强航空航天业工业自主创新能力的重要途径。

第二,集聚式创新发展。航天产业作为战略性新兴产业,应增强对先进航天技术的引进、消化、吸收和再创新,将行业集中度的提升作为首要发展目标。实现成果转化基地建设,将空间材料科学、超高温复合材料等国家重点科研成果投入到产业的实际生产发展中去。重点发展新火箭产业,按照"做大主机,完善配套,拉长产业链,壮大产业规模"的战略思路,重点发展"一箭一星一站",加速推进产业聚集,完善延伸产业链条,进一步壮大产业规模。

第三,项目式创新发展。航天产业与国民经济、社会发展和人民生活有着密不可分的联系,一般涉及航天器和运载火箭的生产、航天器的发射、卫星的制造与发射等活动。基于我国航天产业的优劣势,应主要关注新一代火箭产业。新一代火箭产业主要包括火箭总体、特种材料研究、火箭地面设备总体、高超燃料、紧固件、液体火箭发动机、航天火工品、固体火箭发动机的研发设计,新一代运载火箭整机及重型装配、贮箱环缝焊接装备、贮箱箱底焊接设备、大尺寸环框、大型复合材料结构件和缝编制品的零部件生产,液体火箭发动机、固体火箭发动机、51吨推力液氢液氧发动机、128吨推力煤油液氧发动机、液氢液氧发动机和煤油液氧发动机等研发制造,制导和导航系统、姿态控制系统、电源供配电和时序控制系统等控制系统的遥测技术开发。目前应重点发展航天器制造及其应用产业基地项目、吸气式发动机基地项目、火箭喷气式发动机基地项目、中航无人机产业基地项目、机载设备生产基地项目、航天材料项目等。

第五节　新能源产业创新特点

一、新能源产业分类

在《战略性新兴产业分类(2018)》中,新能源产业分类较2012版新增了太阳能材料制造行业,并对核燃料加工、新能源产业工程施工、风力发电机组及零部件制造等领域进行了更名、分解或合并,对比情况如表7-6所示。

第七章 战略性新兴产业创新特点

表7-6 新能源产业分类新旧对照

本分类2018版代码	本分类2018版名称	本分类2012版代码	本分类2012版名称	简要说明
6	新能源产业			
6.1	核电产业			
6.1.1	核燃料加工及设备制造	5.1.1	核燃料加工	更名
6.1.2	核电装备制造	5.1.2	核电装备制造	
6.1.3	核电运营维护	5.1.3	核电运营维护	
6.1.4	核电工程施工	5.6.1	新能源产业工程施工	分解
6.1.5	核电工程技术服务	5.6.2 5.6.3	新能源产业工程勘察设计 新能源技术与咨询服务	合并
6.2	风能产业			
6.2.1	风能发电机装备及零部件制造	5.2.1	风力发电机组及零部件制造	合并
6.2.2	风能发电其他相关装备及材料制造	5.2.1	风力发电机组及零部件制造	分解
6.2.3	风能发电运营维护	5.2.2	风能发电运营维护	
6.2.4	风能发电工程施工	5.6.1	新能源产业工程施工	分解
6.2.5	风能发电工程技术服务	5.6.2 5.6.3	新能源产业工程勘察设计 新能源技术与咨询服务	合并
6.3	太阳能产业			
6.3.1	太阳能设备和生产装备制造	5.3.1	太阳能产品和生产装备制造	更名
6.3.2	太阳能材料制造			新增
6.3.3	太阳能发电运营维护	5.3.2	太阳能发电运营维护	
6.3.4	太阳能工程施工	5.6.1	新能源产业工程施工	分解
6.3.5	太阳能工程技术服务	5.6.2 5.6.3	新能源产业工程勘察设计 新能源技术与咨询服务	合并
6.4	生物质能及其他新能源产业			
6.4.1	生物质能及其他新能源设备制造	5.4.1	生物质能及其他新能源设备制造	
6.4.2	生物质能发电	5.4.2	生物质能及其他新能源运营维护	分解
6.4.3	生物质供热	5.4.2	生物质能及其他新能源运营维护	分解
6.4.4	生物质燃气生产和供应	5.4.2	生物质能及其他新能源运营维护	分解
6.4.5	生物质能工程施工	5.6.1	新能源产业工程施工	分解
6.4.6	生物质能工程技术服务	5.6.2 5.6.3	新能源产业工程勘察设计 新能源技术与咨询服务	合并

续表

本分类2018版代码	本分类2018版名称	本分类2012版代码	本分类2012版名称	简要说明
6.4.7	其他新能源运营服务	5.4.2	生物质能及其他新能源运营维护	分解
6.5	智能电网产业			
6.5.1	智能电力控制设备及电缆制造	5.5.1	智能变压器、整流器和电感器制造	分解
6.5.2	电力电子基础元器件制造	5.5.2	电力电子基础产业	更名
6.5.3	智能电网输送与配电	5.5.1	智能变压器、整流器和电感器制造	分解

资料来源：《战略性新兴产业分类》新旧对照表，国家统计局网站。

二、部分新能源产业创新特点

近几年来，我国新能源产业发展迅速，已经开始在我国的能源供给中发挥作用，大力发展新能源已经成为我国能源战略的重要任务。新能源的概念范围比较广，主要包括：高效利用能源；能源综合利用；可再生能源；代替能源（如氢、核聚变能）；节能（如余热利用、建筑节能等）和无污染的清洁能源（如绿色能源电池等）。新能源产业主要包括太阳能光伏产业、绿色电池产业、生物质能产业、风能产业、核能产业五大类。此外，新能源汽车在新能源产业中也占有很大部分比重。本节以太阳能产业、风能产业、绿色电池产业为代表进行分析。

1. 太阳能光伏产业

光伏产业包括硅料、硅锭、硅片、光伏电池、电池组件、光伏系统应用六个环节。太阳能级多晶硅原料生产和硅棒、硅片的生产环节为光伏电池和光伏组件生产发展提供上游原材料供应，下游主要为光伏系统应用环节。晶体硅原料生产过程为硅矿→冶金级工业硅→太阳能级多晶硅材料，硅片生产过程为单晶硅棒→单晶硅片和多晶硅锭→多晶硅片，光伏电池生产环节主要指单晶硅电池和多晶硅电池的生产，光伏系统应用环节主要包括光伏发电系统的应用和光伏应用产品的应用，如图7-6所示。

过去深度全球化、抢占制高点的光伏产业发展模式，在打造技术平台、培育产业链和产业集群方面充分发挥了中央和地方政府的共同作用，但受政策影响大、依赖国际市场、面临过度竞争的挑战，预示了光伏产业发展必须依靠新思维、新模式快速推进[259]。产业链的发展与产业前景关系密切，基于我国目前太阳能光伏产业体系的发展现状，推动国内光伏产业健康发展的创新模式主要包括纵向和横向两方面。

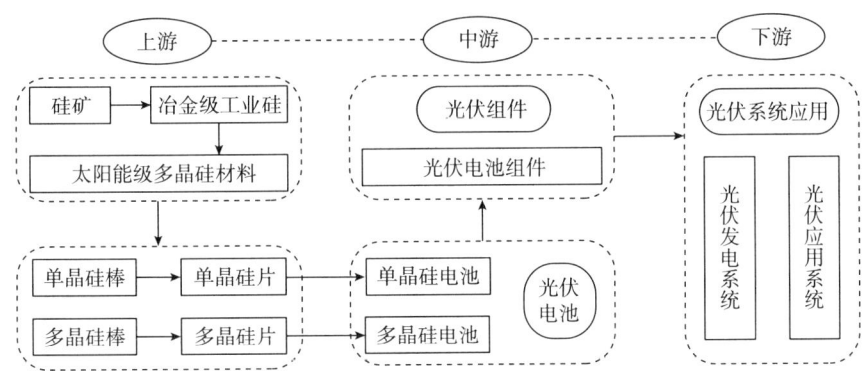

图 7-6 太阳能光伏产业体系

第一，产业体系纵向创新：国内光伏产业创新的关键问题是原料制造核心技术的缺失，而且处于国际产业链的利润低端，利润高端的产业链上、下游分别在国外形成。光伏产业纵向构建体系创新一方面有利于产业内企业的外延发展，另一方面有利于企业间的资源互补和技术协作。该发展方式可削弱供应商和需求方对国内企业的牵制，使得国内光伏产业在提高国际竞争力的同时，具备一定的独立性和抗国际风险能力。

第二，产业体系横向创新：随着能源危机日益加剧，全球太阳能光伏市场发展较快。光伏产业装机份额中，欧洲地区及美、日等国家装机量占了世界总装机量的91%。需求也主要集中在欧洲地区及美、日等国家。面对国外市场的激烈竞争，国内企业可通过横向整合产业链的路径提高太阳能产业的竞争力。在国外，企业横向联盟战略被广泛应用于半导体、软件、生物医药、航空航天等高技术产业，光伏产业具有该类产业投资大、风险高、技术更新快等特点，通过企业横向联盟的方式可以提升产业竞争力。

2. 风能产业

风能产业通常包括风机零部件制造、风机制造及风电场的运营三大环节。风电价值链、企业链、供需链和空间链这四个维度在相互对接的均衡过程中形成了产业体系。产业体系上游为钢材、铜材、玻璃纤维、碳纤维、有色金属、环氧树脂等原材料生产，中游为叶片、齿轮箱、主轴、变桨轴承、电缆、轮毂等零部件生产和风力发电机组制造,下游为各级风力发电企业和投资商、建设商、运营商和检修商,如图7-7所示。

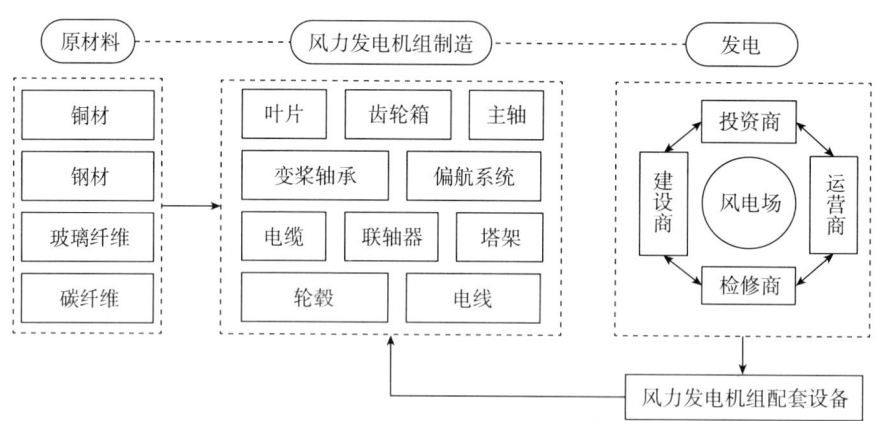

图7-7 风能产业体系

风能产业创新特点包括:

第一,配套产业发展创新。组织一批风电重大攻关项目,为风电产品提供良好的发展空间;着重提高发电机、叶片、塔筒、大功率风电齿轮箱等关键零部件技术水平和制造能力;重点发展塔筒、法兰、轮毂、底盘、主轴和变浆系统等关键配套件。

第二,产学研合作形式创新。重点支持自主研发,尤其核心技术的自主研发能力,注重多种形式的技术引进—消化吸收—创新,缩短大型机组与国际先进技术的差距,从"中国制造"向"中国创造"努力。

第三,产业基地创新。努力形成中国风电产业聚集地,成为世界风电设备制造中心;中国风电装备技术创新与产业化基地;国际风电产品进出口基地;国内外知名的风电产品交易中心。

第四,去产能创新。应主要解决以下两方面问题:一是通过政策调整解决电网建设大大落后于风电开发进程的规划问题;二是通过扩大风力资源的配置范围,合理规划电源结构建设和具有调峰能力的电站建设,解决风电并网难的问题。

3. 绿色电池产业

绿色电池产业核心产业主要是指锂离子电池产业。经过近20年的发展,锂离子电池产业已经发展成为高度专业化且分工明晰的体系,为锂离子电芯厂商提供正负极材料、电极基材、电解液和隔膜等材料的厂商构成产业链上游原材料领域;利用上游材料生产不同规格、不同容量锂离子电芯产品和锂离子电池模组的厂商构成产业链中游制造领域,并为下游客户提供锂离子电池芯片封装、充放电测试、电极板制作、安全性能测试的管理系统方案和配套设备;交通运输行业、电信电力行业、航天航海行业、自然能源行业、计算机系统行业等构成该产业的下游应用领域,如图7-8所示。

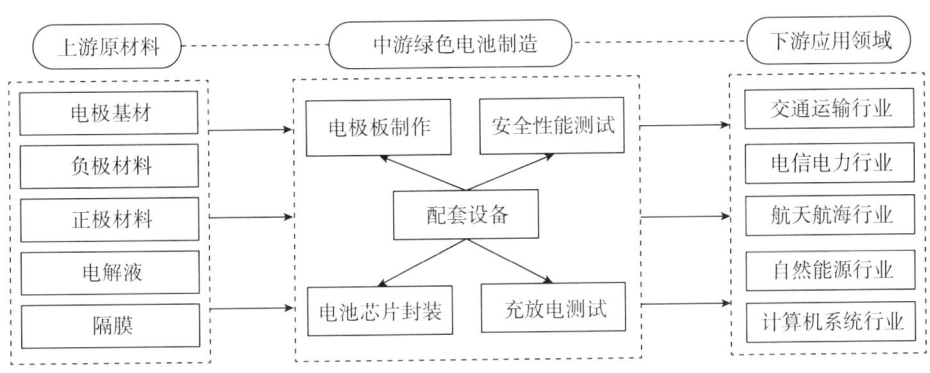

图7-8 绿色电池产业体系

绿色电池产业创新的具体特点包括:

第一,产业布局创新。国际产业转移和新能源汽车发展的重要机遇,是以动力电池和多种能源综合利用的重要突破口,充分发挥我国现有电池领域的科技与人才优势,继续聚集国内外产业发展高端要素,整合相关资源,加强储能电池在其他新能源领域的应用,增强自主创新能力,完善产业链相关环节,促进产业的合理布局。

第二,产业规模化创新。重点发展的锂离子电池、超级电容器、镍氢电池等以动力电池和储能电池为代表的关键产品和技术,以及高性能电池正负极材料、电解液、隔膜等高性能电池的关键材料,为新能源汽车提供动力电池及电池材料支持,并积极开发氢源、甲醇、乙醇等燃料电池新品种,鼓励开展动力电池回收利用相关技术研究。

第六节 新材料产业创新特点

一、新材料产业分类

在《战略性新兴产业分类（2018）》中，新材料产业分类较 2012 版新增了高性能轴承用钢加工、能源用钢加工、新型铝合金制造等行业，对智能材料制造、纳米材料制造等行业进行了分解，变动情况如表 7-7 所示。

表 7-7 新材料产业分类新旧对照

本分类 2018 版代码	本分类 2018 版名称	本分类 2012 版代码	本分类 2012 版名称	简要说明
3	新材料产业			
3.1	先进钢铁材料			
3.1.1	先进制造基础零部件用钢制造			
3.1.1.1	高性能轴承用钢加工			新增
3.1.1.2	高性能齿轮用钢加工			新增
3.1.1.3	高应力弹簧钢加工			新增
3.1.1.4	高强度紧固件用钢加工			新增
3.1.1.5	高性能工具模具钢加工			新增
3.1.1.6	机床专用钢加工			新增
3.1.1.7	线材制品用钢加工			新增
3.1.2	高技术船舶及海洋工程用钢加工			
3.1.2.1	高技术船舶用钢加工			新增
3.1.2.2	海洋工程用钢加工			新增
3.1.3	先进轨道交通用钢加工			
3.1.3.1	车轮用钢加工			新增
3.1.3.2	钢轨用钢加工			新增
3.1.3.3	车轴用钢加工			新增
3.1.3.4	转向架用钢加工			新增

续表

本分类2018版代码	本分类2018版名称	本分类2012版代码	本分类2012版名称	简要说明
3.1.3.5	车体用钢加工			新增
3.1.4	新型高强塑汽车钢加工			
3.1.4.1	高强度汽车用冷轧板加工			新增
3.1.4.2	先进超高强度板及其镀层板加工			新增
3.1.5	能源用钢加工			
3.1.5.1	核电用钢加工			新增
3.1.5.2	超超临界火电用钢加工			新增
3.1.5.3	高性能电工钢加工			新增
3.1.5.4	电池壳用钢加工			新增
3.1.6	能源油气钻采集储用钢加工			
3.1.6.1	高性能油气钻采用钢加工			新增
3.1.6.2	高性能油气输送用钢加工			新增
3.1.7	石化压力容器用钢加工			
3.1.7.1	高温压力容器用钢加工			新增
3.1.7.2	低温压力容器用钢加工			新增
3.1.8	新一代功能复合化建筑用钢加工			
3.1.8.1	高强耐火耐候房屋建筑钢加工			新增
3.1.8.2	桥梁用钢加工			新增
3.1.8.3	沿海建筑用钢加工			新增
3.1.9	高性能工程、矿山及农业机械用钢加工			
3.1.9.1	高强钢加工			新增
3.1.9.2	高耐磨钢加工			新增
3.1.10	高品质不锈钢及耐蚀合金加工			
3.1.10.1	高品质不锈钢加工			新增
3.1.10.2	耐蚀合金加工			新增
3.1.11	其他先进钢铁材料制造			
3.1.11.1	高温合金制造			新增
3.1.11.2	超高强度钢加工			新增
3.1.12	先进钢铁材料制品制造			
3.1.12.1	先进钢铁材料铸件制造			新增

续表

本分类2018版代码	本分类2018版名称	本分类2012版代码	本分类2012版名称	简要说明
3.1.12.2	先进钢铁材料锻件制造			新增
3.1.12.3	优质焊接材料制造			新增
3.1.12.4	高性能丝绳制品制造			新增
3.1.12.5	高性能金属密封材料制造			新增
3.1.12.6	高品质不锈钢制品制造			新增
3.2	先进有色金属材料			
3.2.1	铝及铝合金制造			
3.2.1.1	新型铝合金制造			新增
3.2.1.2	高品质铝铸件制造			新增
3.2.1.3	高品质铝材制造			新增
3.2.1.4	高品质铝锻件制造			新增
3.2.2	铜及铜合金制造			
3.2.2.1	新型铜及铜合金制造			新增
3.2.2.2	高品质铜铸件制造			新增
3.2.2.3	高品质铜材制造			新增
3.2.2.4	铜合金锻件产品制造			新增
3.2.3	钛及钛合金制造			
3.2.3.1	高品质钛铸件制造			新增
3.2.3.2	高品质钛材制造			新增
3.2.3.3	高品质钛锻件制造			新增
3.2.4	镁及镁合金制造			
3.2.4.1	高品质镁铸件制造			新增
3.2.4.2	高品质镁材制造			新增
3.2.4.3	镁合金锻件产品制造			新增
3.2.5	稀有金属材料制造			
3.2.5.1	钨钼材料制造			新增
3.2.5.2	钽铌材料制造			新增
3.2.5.3	锆铪材料制造			新增
3.2.5.4	其他稀有金属材料制造			新增
3.2.6	贵金属材料制造			

续表

本分类 2018 版代码	本分类 2018 版名称	本分类 2012 版代码	本分类 2012 版名称	简要说明
3.2.6.1	贵金属催化材料制造			新增
3.2.6.2	新型电接触贵金属材料制造			新增
3.2.6.3	电子浆料制造			新增
3.2.6.4	高品质贵金属加工材料制造			新增
3.2.7	稀土新材料制造			
3.2.7.1	稀土磁性材料制造			新增
3.2.7.2	稀土光功能材料制造			新增
3.2.7.3	稀土催化材料制造			新增
3.2.7.4	稀土储氢材料制造			新增
3.2.7.5	稀土抛光材料制造			新增
3.2.7.6	稀土陶瓷材料制造			新增
3.2.7.7	稀土特种合金制造			新增
3.2.7.8	特殊物性稀土化合物制造			新增
3.2.7.9	高纯稀土化合物制造			新增
3.2.7.10	高纯稀土金属及制品制造			新增
3.2.7.11	稀土助剂制造			新增
3.2.8	硬质合金及制品制造			
3.2.8.1	超细晶硬质合金切削刀片类制造			新增
3.2.8.2	超大晶粒硬质合金矿用合金制造			新增
3.2.8.3	耐磨零件制造			新增
3.2.8.4	硬质合金棒材制造			新增
3.2.8.5	硬面合金与陶瓷粉料与丝材制造			新增
3.2.8.6	其他硬质合金制造			新增
3.2.9	其他有色金属材料制造			
3.2.9.1	高纯金属制造			新增
3.2.9.2	高性能靶材制造			新增
3.2.9.3	粉末、泡沫及多孔材料制造			新增
3.2.9.4	稀有金属涂层材料制造			新增
3.2.9.5	锑系催化、阻燃材料制造			新增
3.2.9.6	锡材料制造			新增

续表

本分类2018版代码	本分类2018版名称	本分类2012版代码	本分类2012版名称	简要说明
3.2.9.7	锌及锌合金材料制造			新增
3.2.9.8	薄膜材料（金属薄膜）制造			新增
3.3	先进石化化工新材料			
3.3.1	高性能塑料及树脂制造			
3.3.1.1	工程塑料制造			新增
3.3.1.2	高端聚烯烃塑料制造			新增
3.3.1.3	其他高性能树脂制造			新增
3.3.1.4	高分子光、电、磁材料制造			新增
3.3.2	聚氨酯材料及原料制造			
3.3.2.0	聚氨酯材料及原料制造			新增
3.3.3	氟硅合成材料制造			
3.3.3.1	合成氟树脂制造			新增
3.3.3.2	氟制冷剂制造			新增
3.3.3.3	其他含氟烷烃制造			新增
3.3.3.4	有机硅环体制造			新增
3.3.3.5	合成硅材料制造			新增
3.3.4	高性能橡胶及弹性体制造			
3.3.4.1	特种橡胶制造			新增
3.3.4.2	氟硅合成橡胶制造			新增
3.3.4.3	弹性体制造			新增
3.3.5	高性能膜材料制造			
3.3.5.1	水处理用膜制造	6.1.2	新型膜材料制造	分解
3.3.5.2	离子交换膜产品制造	6.1.2	新型膜材料制造	分解
3.3.5.3	特种分离膜制造	6.1.2	新型膜材料制造	分解
3.3.5.4	电池膜制造	6.1.2	新型膜材料制造	分解
3.3.5.5	光学膜制造	6.1.2	新型膜材料制造	分解
3.3.5.6	光伏用膜制造	6.1.2	新型膜材料制造	分解
3.3.5.7	其他新型膜材料制造	6.1.2	新型膜材料制造	分解
3.3.6	专用化学品及材料制造			
3.3.6.0	专用化学品及材料制造			新增

续表

本分类2018版代码	本分类2018版名称	本分类2012版代码	本分类2012版名称	简要说明
3.3.7	新型功能涂层材料制造			
3.3.7.1	涂料制造	6.1.1	新型功能涂层材料制造	分解
3.3.7.2	油墨制造	6.1.1	新型功能涂层材料制造	分解
3.3.7.3	颜料制造	6.1.1	新型功能涂层材料制造	分解
3.3.7.4	染料制造	6.1.1	新型功能涂层材料制造	分解
3.3.8	生物基合成材料制造			
3.3.8.1	生物基原料制造			新增
3.3.8.2	生物基聚合物制造			新增
3.3.9	生命基高分子材料及功能化合物制造			
3.3.9.1	单体材料制造			新增
3.3.9.2	聚合物制造			新增
3.3.10	其他化工新材料制造			
3.3.10.1	二次电池材料制造			新增
3.3.10.2	高性能有机密封材料制造			新增
3.3.10.3	新型催化材料及助剂制造			新增
3.4	先进无机非金属材料			
3.4.1	特种玻璃制造			
3.4.1.1	特种玻璃制品制造	6.1.3	特种玻璃制造	分解
3.4.1.2	技术玻璃制品制造	6.1.3	特种玻璃制造	分解
3.4.2	特种陶瓷制造			
3.4.2.1	结构陶瓷制造			新增
3.4.2.2	功能陶瓷制造	6.1.4	功能陶瓷制造	
3.4.3	人工晶体制造			
3.4.3.1	半导体晶体制造			新增
3.4.3.2	其他人工晶体制造			新增
3.4.4	新型建筑材料制造			
3.4.4.1	水泥基材料制造			新增
3.4.4.2	新型墙体材料制造			新增
3.4.4.3	新型建筑防水材料制造			新增
3.4.4.4	隔热隔音材料制造			新增

续表

本分类2018版代码	本分类2018版名称	本分类2012版代码	本分类2012版名称	简要说明
3.4.4.5	轻质建筑材料制造			新增
3.4.5	矿物功能材料制造			
3.4.5.1	环境处置功能材料制造			新增
3.4.5.2	节能、密封、保温材料制造			新增
3.4.5.3	新能源材料制造			新增
3.4.5.4	功能性填料制造			新增
3.4.5.5	其他矿物功能材料制造			新增
3.4.5.6	新型耐火材料制造			新增
3.5	高性能纤维及制品和复合材料			
3.5.1	高性能纤维及制品制造			
3.5.1.1	玻璃纤维及制品制造			新增
3.5.1.2	高性能碳纤维及制品制造			新增
3.5.1.3	石墨纤维制造			新增
3.5.1.4	陶瓷纤维及制品制造			新增
3.5.1.5	有机纤维制造			新增
3.5.1.6	生物基化学纤维制造			新增
3.5.2	高性能纤维复合材料制造			
3.5.2.1	高性能热固性树脂基复合材料制造	6.3.1	高性能纤维复合材料制造	分解
3.5.2.2	高性能热塑性树脂基复合材料制造	6.3.1	高性能纤维复合材料制造	分解
3.5.3	其他高性能复合材料制造			
3.5.3.1	金属基复合材料制造	6.3.2	其他高性能复合材料制造	分解
3.5.3.2	陶瓷基复合材料制造	6.3.2	其他高性能复合材料制造	分解
3.5.3.3	碳碳复合材料制造	6.3.2	其他高性能复合材料制造	分解
3.5.3.4	其他结构复合材料制造	6.3.2	其他高性能复合材料制造	分解
3.6	前沿新材料			
3.6.1	3D打印用材料制造			
3.6.1.1	金属增材制造专用材料制造			新增
3.6.1.2	非金属增材制造专用材料制造			新增
3.6.1.3	医用增材制造专用材料制造			新增
3.6.2	超导材料制造			

续表

本分类 2018 版代码	本分类 2018 版名称	本分类 2012 版代码	本分类 2012 版名称	简要说明
3.6.2.1	高场超导磁体用材料制造	6.4.4	超导材料制造	分解
3.6.2.2	超导电力用材料制造	6.4.4	超导材料制造	分解
3.6.2.3	超导电力及磁体材料制造	6.4.4	超导材料制造	分解
3.6.3	智能、仿生与超材料制造			
3.6.3.1	智能响应材料制造	6.4.3	智能材料制造	分解
3.6.3.2	仿生材料制造	6.4.3	智能材料制造	分解
3.6.3.3	超材料制造	6.4.3	智能材料制造	分解
3.6.4	纳米材料制造			
3.6.4.1	碳基纳米材料制造	6.4.1	纳米材料制造	分解
3.6.4.2	无机纳米材料制造	6.4.1	纳米材料制造	分解
3.6.4.3	金属纳米材料制造	6.4.1	纳米材料制造	分解
3.6.4.4	高分子纳米复合材料制造	6.4.1	纳米材料制造	分解
3.6.4.5	纳米催化剂材料制造	6.4.1	纳米材料制造	分解
3.6.5	生物医用材料制造			
3.6.5.0	生物医用材料制造			新增
3.6.6	液态金属制造			
3.6.6.0	液态金属制造			新增
3.7	新材料相关服务			
3.7.1	新材料研发与设计服务			
3.7.1.0	研发与设计服务			新增
3.7.2	质检技术服务			
3.7.2.0	质检技术服务			新增
3.7.3	科技推广和应用服务			
3.7.3.0	科技推广和应用服务			新增

资料来源：《战略性新兴产业分类》新旧对照表，国家统计局网站。

二、部分新材料产业创新特点

作为高新技术的先导和基础，新材料与信息技术、生物技术被称为21世纪最具发展潜力的技术领域。与传统材料相比，新材料产业的技术密集度更高，技术研发投入更高,产品附加值更高,市场国际性更强。一般新材料包括特种金属功能新材料、高端金属结构新材料、高性能复合材料、先进高分子材料、新型无机非金属材料、前沿新材料、其他新材料。其上游产业一般包括冶金、建材、化工行业;下游产业包括新一代信息技术、新能源、新能源汽车、高端装备制造、生物、节能环保等行业。

1. 金属新材料产业创新特点

金属新材料产业体系如图7-9所示,主要包括矿石原材料的采、选、冶以及金属初级产品的加工和制造,如铜、金、镍钴等金属制品的生产和应用。

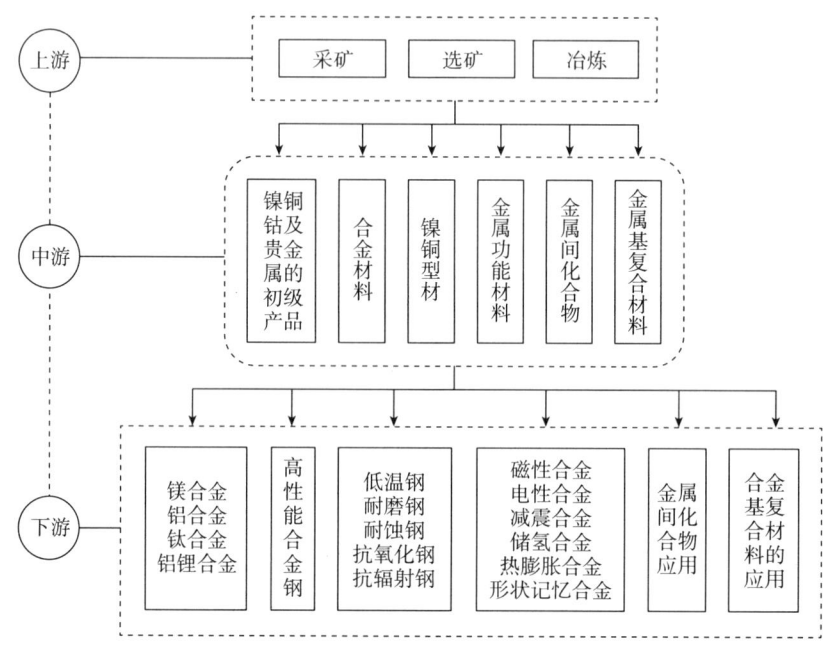

图7-9 金属新材料产业体系

伴随我国高速铁路建设规模的快速发展和城市轨道交通建设的加速,铝合金材料和金属基复合材料将在轨道交通应用领域得到高速增长,预计年增长率将达到25%~30%。金属基复合材料将保持年均30%以上的增速。基于此,我国金属新材料产业的创新特点包括:

第一,高性能轻型合金材料创新。高性能轻型合金材料主要包括钛合金、镁合金和铝合金。根据全球金属材料发展的历程,我国金属材料产业发展水平与

20世纪中后期的欧美等发达国家水平相当，处于航空航天材料和现代轨道交通材料发展的黄金时期。因此，尽管目前钛、镁合金的生产规模较小，但伴随航空航天和现代轨道交通需求的增长，发展潜力将快速提升。

第二，高性能结构材料创新。在已有冶金、合金等金属新材料产业的基础上，发展高端金属新材料产业，优化产业结构，提升产能。重点发展各种新型高强高韧、高强耐蚀、耐热、耐蚀、可焊的高性能结构材料，如铝合金、镁合金、铬钼钢、钛合金、粉末冶金等；在金属定向凝固技术、超细粉末制造技术、热等静压技术、精密锻压技术方面得以突破。

2. 化工新材料产业创新特点

化工新材料主要包括高性能工程塑料、合成树脂、合成纤维、工业橡胶、涂料、油漆、新型催化剂、加工助剂、黏合剂等，产业链如图7-10所示。

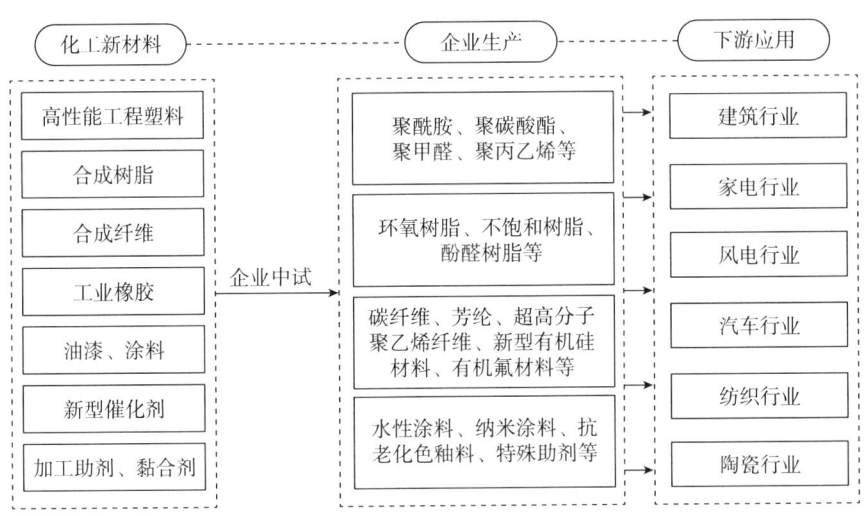

图7-10 化工新材料产业体系

随着国内本土企业规模的逐渐扩张、技术能力的不断提高，结合我国化工新材料产业发展实际，具体创新特点包括以下几方面：

第一，大规模集约型创新。通过技术资源与产业发展需求的对接，形成上下游一体化、优势互补的产业群，加快推进产业链整合布局和优化资源配置，推进产业结构调整，努力实现产业由低端向高端迈进，实现分散型向集约型发展，拉动我国产业结构快速实现整体升级。

第二，产业竞争体系创新。依托已有的产业基础，我国化工新材料初步形成了包括研发、设计、生产和应用各门类较为齐全的产业体系，部分关键技术取得突破，如有机硅和有机氟、工程塑料、特种橡胶等，并形成了较大规模的市场，包括新能源、汽车、高端装备制造、节能环保领域等。重点发展基础性、资源优势性国家战略需要和尖端科技事业用新材料，大力发展技术有所突破和市场需求量大的新材料，是我国化工新材料产业发展的必由之路，优秀企业在资金和技术实力上得到大幅提高后将逐步改变行业竞争格局。

第三，支柱性产业资源优势创新。当今世界化工新材料产业的发展，主要呈现出以下特点：增速快，产业规模大；行业集中度高；美国、欧洲和日本大公司竞相制定扩产计划，重点向需求增长最快的亚太地区扩张。知名企业有美国的杜邦、3M、道康宁、迈图等；欧洲的苏威、瓦克等；日本的三井化学、信越、大金、旭硝子、东丽、帝人、三菱丽阳等。我国具有发展化工新材料的资源优势，例如氟化工材料的基础萤石资源较为丰富，年产量占全球总产量的50%；有机硅生产所需的工业硅产量也约为世界总量的一半。目前，我国化工新材料产业主要为其他产业的发展提供关键性配套材料，自身的产业规模优势尚未突出，但从长远来看，化工新材料会逐步发展成为未来的传统材料和大宗材料，化工新材料产业会成为石化行业未来的支柱性产业。

3. 先进复合材料产业创新特点

先进复合材料是指用碳纤维等高性能增强体增强的复合材料，包括三部分核心产业：一是纤维和基体材料的生产；二是树脂、陶瓷等复合材料的生产；三是在航空、国防、建筑等领域的应用，如图7-11所示。

我国先进复合材料产业的创新特点包括：

第一，市场需求式产业创新。推动高分子复合材料增长的主要行业有建筑、汽车、航空和风能利用。在汽车制造业中，高分子复合材料正成为取代传统材料的首选材料。2014年，北美地区高分子复合材料市值达15.81亿美元，年复合增长率为4%。2009~2014年，欧洲汽车产量将继续快速增长，受此推动，复合材料市场需求以6.87%的年均速度增长，2014年达到18.249亿美元。未来印度和中国将在全球价值190亿美元高分子复合材料市场中发挥更大的作用。

第二，基础材料支撑式创新。大力发展复合材料的基础材料，提高先进复合材料的发展水平，为航空航天、轨道交通、造修船等领域提供支撑。围绕航空航天、轨道交通、造修船等领域，大力发展碳纤维、玻璃纤维等复合材料，突破高

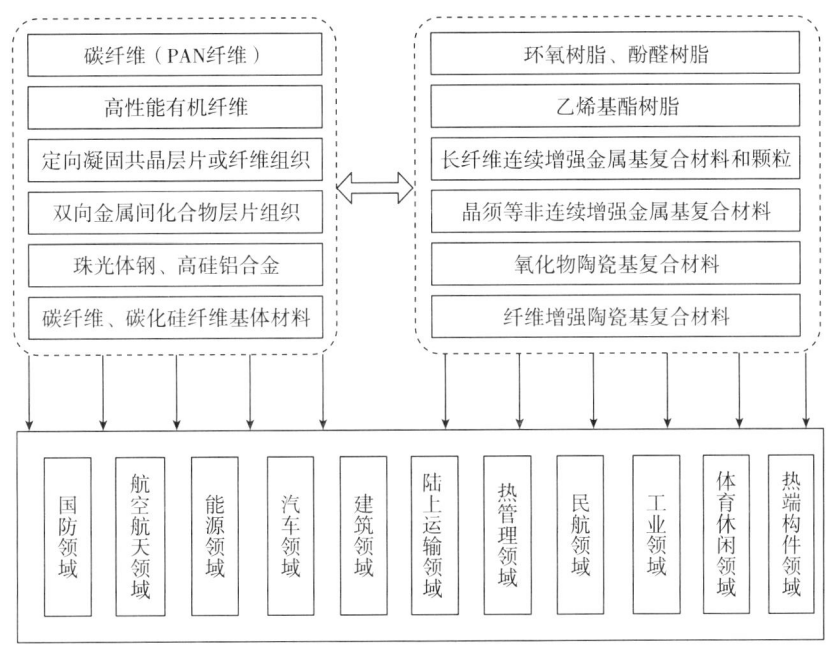

图 7-11 先进复合材料产业体系

性能碳/碳复合材料、高性能纤维/聚合物复合材料；大力发展耐老化、耐腐蚀的环氧树脂基复合材料、金属基复合材料、陶瓷隔热瓦、高性能碳纳米纤维、超耐高温陶瓷及陶瓷基复合材料、多功能纤维等新型复合材料。

4. 新型功能材料产业创新特点

新型功能材料产业包括以下四个核心部分：一是元素及高分子材料的生产制造；二是智能材料的生产应用；三是限流器、压电材料的生产制造；四是航空航天等领域的应用，如图 7-12 所示。作为高技术重要组成部分的新型功能材料已进入一个快速发展的新阶段，创新特点包括以下三个方面：

第一，新型智能材料创新。发展高温超导材料、微电子材料、智能凝胶、智能纤维和智能黏合剂等智能材料等。开发化学表面活性剂、特种涂料、特种橡胶、环境友好型材料等新型功能材料。开发金属陶瓷、稀土钕铁硼永磁体材料、铁铬钴可加工永磁材料、喷涂铝箔及彩印复合包装材料等新型功能材料。

第二，成果产业化创新。依托现有产业，高校新材料实验室，鼓励跨学科、跨领域、跨部门发展，促进新材料技术与纳米技术、生物技术、信息技术的深度

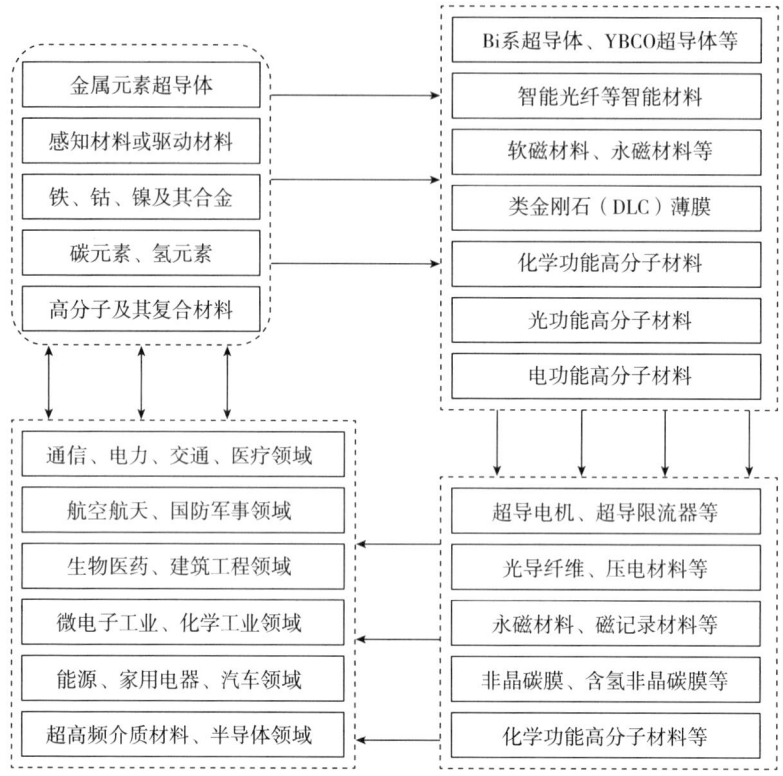

图 7-12 新型功能材料产业体系

融合,促进新材料产业与信息、能源、医疗、交通等产业的密切结合,注重新材料的回收再利用技术及先进数字化制造技术的发展。重点实施新一代永磁材料制备、铁铬钴可加工永磁材料升级改造及产业化、功能陶瓷材料生产等项目。

第三,企业并购创新。中科三环对天津奥纳科技有限公司的横向并购、正海磁材对上海大郡动力控制技术有限公司的纵向一体化并购、江粉磁材对江门电机的纵向一体化并购、江粉磁材对帝晶光电的混合并购,突破单一业务,寻求更大的成长空间,通过并购可以强化自身的核心技术,实现竞争能力的多元化,并达到事半功倍的效果。

5. 生物医学材料产业创新特点

生物医学材料是一种为研制人工器官及一些医疗器具提供物质基础的特殊功能材料,是与人类生命和健康密切相关的新型材料[260]。伴随着临床的成功应用,生物医学材料及制品产业已经成为整个医疗器械产业的基础和世界经济中最有活力的朝阳产业[261]，具体创新特点包括以下两个方面：

第一，高端材料制备技术创新。生物医学材料是人体组织和器官修复和替换必不可少的材料，是解决人体组织器官修复材料的主要途径。发展人工器官基质高分子材料、仿生材料、生物功能活性材料、可降解和吸收生物材料以及组织和器官修复与替代、高档医疗器械、功能因子靶向和控释体等生物医学材料，掌握一批高端材料制备关键技术。

第二，高层次人才向前沿产业领域聚集。通过建设生物医学材料等专业孵化器，激励广大科技人员创业，引导和支持高层次人才等资源向生物医学新材料等前沿产业领域聚集，培育一大批以先进技术为支撑、资本与技术紧密结合，具有高速成长能力和鲜明专业特色的"小巨人"企业。

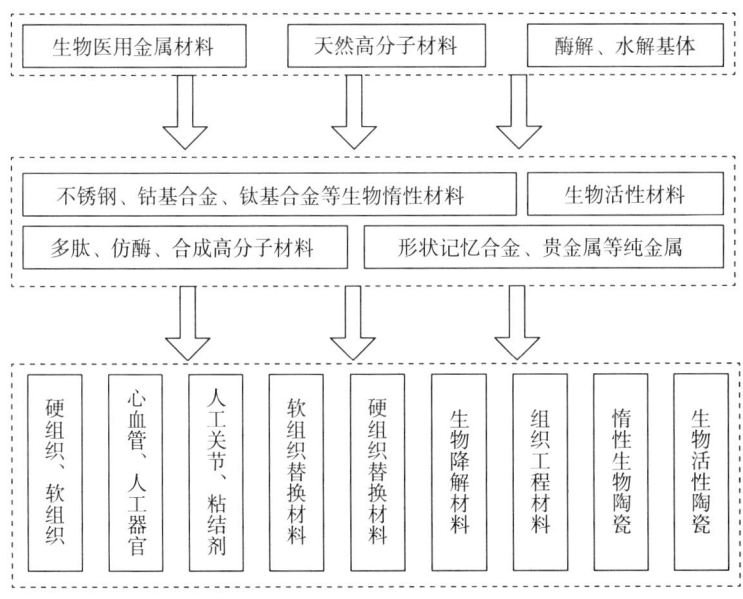

图 7-13　生物医学材料产业体系

6. 纳米材料产业创新特点

全球经济及技术的迅速发展对纳米材料的需求不断增加，促进纳米材料产业体系的创新特点主要包括两个方面：一是基础性材料，如纳米材料、磁性材料等的生产；二是新型能源材料的应用、纳米材料设备的创新，如图 7-14 所示。

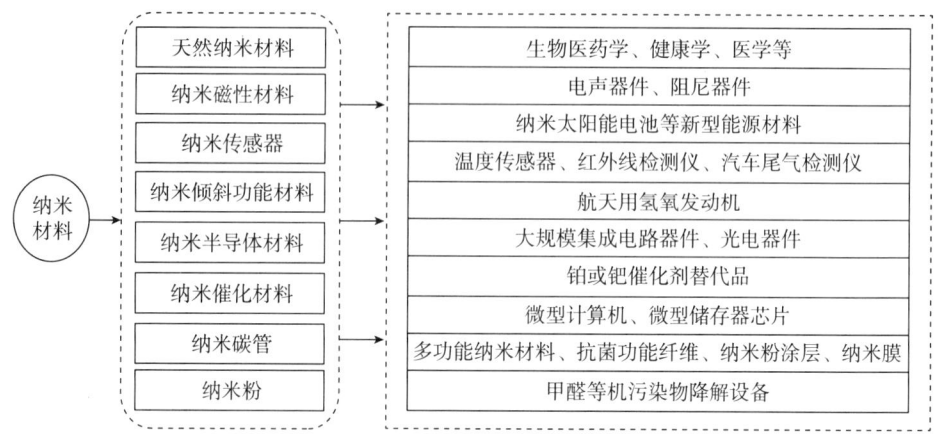

图 7-14 纳米材料产业体系

第一，创建国际合作研发转化基地。能源储存和能源生成市场及建筑市场对纳米材料的需求增长最快。以现有产业为基础，科技创新为支撑，发展纳米材料和技术，通过建设国家纳米技术与工程研究院纳米检测研发的公共服务平台，区域共建纳米产业化基地，创建国家纳米技术国际合作研发转化基地，筹建全国纳米技术与材料产业创新战略联盟，研究纳米技术，研发纳米材料及产品，推动纳米材料发展。

第二，新材料延伸应用创新。重点发展高性能纳米纤维、纳米颗粒和纳米碳管、纳米磁性液体材料、纳米半导体、纳米隐身材料、纳米复合高分子材料、纳米界面材料、纳米功能涂层等材料，研究纳米技术与仿生、人工智能等集成技术，掌握纳米材料的制备技术，推进纳米碳功能材料在催化剂、涂料、填料、封装材料及医疗保健品等产品中的延伸应用。

第七节　高端装备制造业创新特点

一、高端装备制造业分类

在《战略性新兴产业分类（2018）》中，除航空航天产业外，高端装备制造业分类较 2012 版新增了机器人与增材设备制造、其他智能设备制造、智能制造相关服务等行业,对轨道交通其他装备制造等行业进行了更名,还对海洋工程装备产业等行业进行了分解,变动情况如表7-8所示。

表7-8 高端装备制造业分类新旧对照

本分类2018版代码	本分类2018版名称	本分类2012版代码	本分类2012版名称	简要说明
2	高端装备制造产业			
2.1	智能制造装备产业			
2.1.1	机器人与增材设备制造			新增
2.1.2	重大成套设备制造	4.5.2	重大成套设备制造	
2.1.3	智能测控装备制造	4.5.1	智能测控装备制造	
2.1.4	其他智能设备制造			新增
2.1.5	智能关键基础零部件制造	4.5.3	智能关键基础零部件制造	
2.1.6	智能制造相关服务			新增
2.4	轨道交通装备产业			
2.4.1	铁路高端装备制造	4.3.1	铁路高端装备制造	
2.4.2	城市轨道装备制造	4.3.2	城市轨道装备制造	
2.4.3	其他轨道交通装备制造	4.3.3	轨道交通其他装备制造	更名
2.4.4	轨道交通相关服务			新增
2.5	海洋工程装备产业			
2.5.1	海洋工程装备制造	4.4.0	海洋工程装备产业	分解
2.5.2	深海石油钻探设备制造	4.4.0	海洋工程装备产业	分解
2.5.3	其他海洋相关设备与产品制造	4.4.0	海洋工程装备产业	分解
2.5.4	海洋环境监测与探测装备制造	4.4.0	海洋工程装备产业	分解
2.5.5	海洋工程建筑及相关服务	4.4.0	海洋工程装备产业	分解

资料来源:《战略性新兴产业分类》新旧对照表,国家统计局网站。

二、部分高端装备制造产业创新特点

1. 智能装备产业

智能装备产业体系主要包括以下三部分核心内容:应用与服务、知识库提取和核心技术研发,如图7-15所示。一是高档数控机床与基础制造装备、智能仪器仪表与控制系统、关键零部件、智能专用设备在智能移动、智能车载、智能电视等方面的应用与服务。二是通过智能仪器仪表与控制系统、智能设备、高档装备知识库的开发和应用,为开发商提供创新数据与内容。三是利用智能仪器仪表与控制系统、智能专用设备、高档数控机床与基础制造装备的核心技术开发,为基础平台或人工智能机器人厂商提供关键技术。

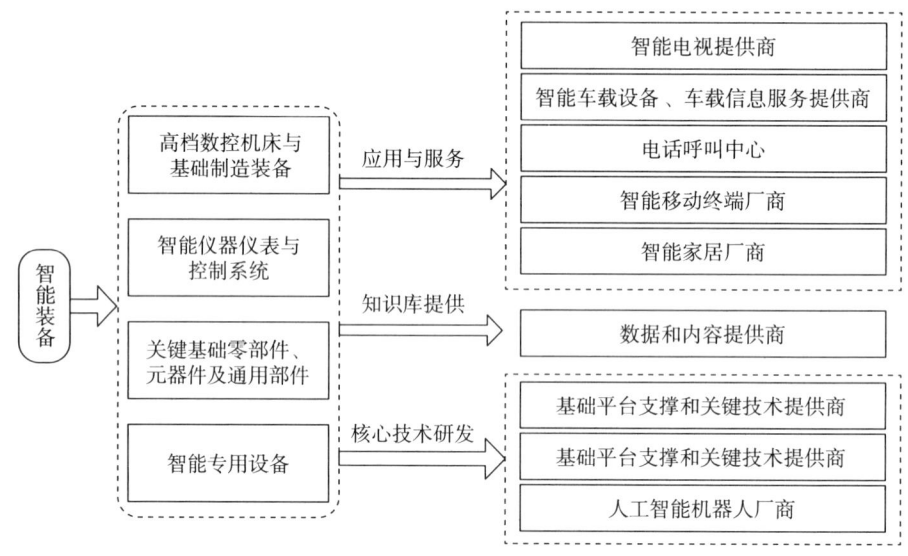

图7-15 智能装备产业体系

中国智能制造的三大推动因素已经不同程度地开始发挥作用,但其力度和相互融合仍显乏力。政府有明确意愿支持与推动中国智能制造和应用的发展,但是政策导向与执行落实之间尚存在落差,企业期待更多更契合其需求的政策出台,目前高端装备制造产业的创新特点如下:

第一,推动"中国制造"向"中国智造"的转型。产业的转型升级往往离不开三方面的推动因素,即技术、政策支持以及相关金融服务,智能制造也不例外。高技术含量的产品和服务,有利于培育市场和提升产业配套能力的公共政策法规,以及相关金融服务将从各方面支持中国制造业转型,从而提高产品智能化水平、推动企业关键环节的智能化应用。国内的智能制造装备主要分布在工业基础发达的东北和长三角地区。以数控机床为核心的智能制造装备产业的研发和生产企业主要分布在北京、辽宁、江苏、山东、浙江、上海、云南和陕西等地区。近年来,辽宁与陕西的发展令人瞩目。同时,工业机器人将是未来智能制造装备发展的一个新热点，北京、上海、广东、江苏将是国内工业机器人应用的主要市场。此外，关键基础零部件及通用部件、智能专用装备产业在河南、湖北、广东等地区也都呈现较快的发展态势。目前，部分中国企业已受益于智能制造带来的效益提升，但在转型过程中仍面临着各种挑战。政府、企业和金融机构各方需要进一步协同，推动"中国制造"向"中国智造"的转型。

第二，建立完善的智能制造装备产业体系。到2020年，国家规划建立完善的智能制造装备产业体系，产业销售收入超过30000亿元，形成完整的智能制造装备产业体系，总体技术水平迈入国际先进行列，部分产品取得原始创新突破，基本满足国民经济重点领域和国防建设的需求。面向传统产业改造提升需求，集成和融合先进制造技术、信息技术和智能技术，大力发展具有感知、分析、决策、控制、执行功能的自动化成套装备和专用装备。积极推动和吸引一批智能数控研发成果转化及产业化，优先发展智能化工业控制部件和执行机构、工艺过程分析模拟和优化软件、智能化自动测量仪器、新型工业机器人、自动化生产线成套装备、工业过程控制传感器、大型六轴数控机床等一批光机电一体化产品。

2. 工程机械产业

工程机械产业主要包括两部分核心内容：发动机产业链和"四轮一带"产业链，如图7-16所示。

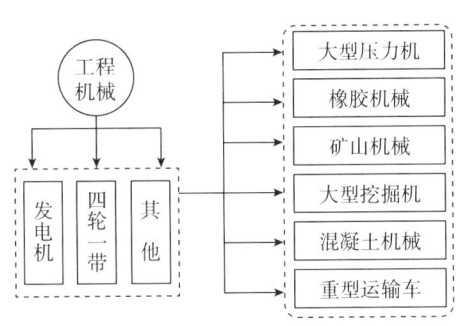

图7-16 工程机械产业体系

工程机械产业创新特点包括：

第一，产业核心技术推动技术创新。通过对工程机械故障诊断技术的开发与应用，对人工智能、网络通信等科技技术应用，对工程机械智能管理系统和机群控制智能机系统的开发，对数字化技术、智能技术、网络技术等技术的协调设置，以改变传统工程机械的应用模式及范围，使工程机械向综合方向发展。控制系统与集成系统技术的双向控制，有利于智能化核心技术的形成，也有利于提高工程机械的性能系统和智能化控制与操作的形成。增强科研水平和创新能力企业的科研水平和能力的提升，有利于产业链的完善与配套，原因在于中小企业技术水平的提高使其有能力生产与核心企业配套的产品，甚至是核心零部件。

第二，供应链融资。通过审查供应链真实贸易背景和核心企业的信用水平的方式来对上下游配套企业授信，上游供应商可通过应收账款质押获得信贷资金，下游经销商可以预付账款的方式获得资金。对于商业银行来说：首先，以融资风险衡量核心企业。由于供应链融资将中小企业风险转移到核心企业风险，因此在发展供应链融资业务时应严格以信用状况好、经营能力强的企业为核心；设置核心企业准入机制，掌握核心企业经营动态，选取行业内排名靠前的企业。其次，供应链融资推动复合型人才建设。供应链融资作为银行新型业务，是以供应链上客户需求为落脚点提出来的，需要行业专业知识，应对银行授信人员进行行业知识培训，从而全面把握授信机遇与行业风险；同时深化供应链融资产品创新，积极为企业提供融资、理财等金融服务，满足企业信贷需求。最后，供应链风险控制能力得到提高。授信时应严格审查购销交易的真实性，选择成熟的供应链体系；选择核心物流公司并加强合作，建立信息互享机制，对用于存货质押的货物定期反馈，防范存货价格波动的市场风险；准确把握行业动态，避免受宏观经济环境和行业不景气引起的呆账坏账。

第三，产业集群式发展。以城市群产业基地为生产配套链条，进一步构建工业园区，促进产业集群发展，推动工业园区成为交通运输设备零部件、电子部件、化工的加工生产基地和供应链基地。以园区产业、重大项目、主导企业为主线，建立产业专门配套服务机构，建立不同类型的专业工业园区。以产业链紧密联系的企业，汇聚工业园区，以便于统一生产调度，质量监控，规模集约化生产，共享市场信息，减少采购运输成本。制定扶持中小企业配套的优惠政策，设立中小企业配套基金，统一全省产业配套服务和中小企业配套群及其投资专项规划。

3. 轨道交通产业

轨道交通产业体系主要包括三部分：工程机械产业体系、电力电气系统和通信信息系统，如图7-17所示：

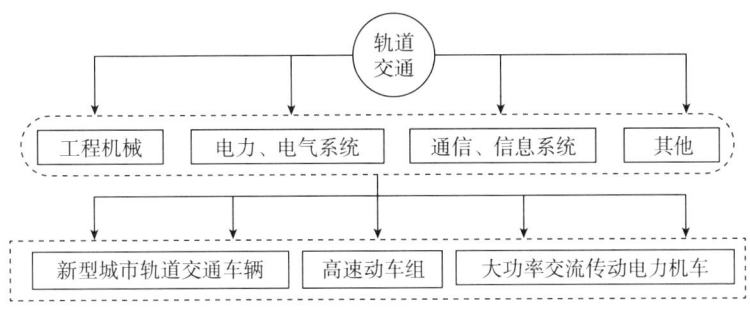

图 7-17 轨道交通产业体系

大力发展"技术先进、安全可靠、经济适用、节能环保"的轨道交通装备及其关键系统,建立健全研发设计、生产制造、试验验证平台和产品标准、认证认可、知识产权保护体系,需要从以下两方面实现:

第一,工业园集聚带动。充分发挥南车工业园和北车工业园的集聚带动作用,延伸上下游产业链,提高产业发展水平。北车着力发展"动车城轨配套、内燃产品船柴配套、工程机械配套、钢材加工构件制造、高端弹簧及设备制造、冶金轧制工具"六大业务板块;实现由传统产品向高端产业提升、轨道交通向相关多元拓展、机械产品向机电产品延伸、部套加工向系统集成发展、粗放型增长方式向科技型转变。

第二,关键系统及装备研制。主要发展方向是动车组及客运列车、城市轨道交通装备和关键核心零部件。全面掌握动车组及客运列车技术,提高客运轨道交通装备的可靠性、舒适性、可维护性。形成城际轨道交通装备产品技术平台与产业化体系,满足城际轨道交通需要。进一步加强城轨车辆系统集成技术研发,完善城轨车辆产品技术平台,形成适应各个国家不同技术标准要求的、满足全球市场不同性价比、文化、环境等需要的多系列城轨车辆产品谱系,保持多样性发展。同时,发展低噪声、低振动、节能产品,加强关键核心零部件,如牵引系统、制动系统、转向架、运控系统等,以及车辆车站机电设备、灭火系统、列车自动防护系统、列车自动驾驶系统等的技术研发与产业化。重点开展为高速铁路客车、重载铁路货车、新型城市轨道交通装备等配套的轮轴轴承、传动齿轮箱、发动机、转向架、钩缓、减振装置、牵引变流器、绝缘栅双极型晶体管(IGBT)器件、大功率制动装置、供电高速开关等关键零部件的研发和制造,提高产品质量水平,满足整机配套需求。

第八节 本章小结

战略性新兴产业创新特点各异,但均与政府支持、技术创新、市场能力和企业战略密切相关。其中,新一代信息技术产业在发展中呈现如下创新特点:扩散式创新、项目群式创新、技术转让、产学研联盟、项目带动及促进商品产业化等;生物医药产业创新特点包括:新型化学药物快速产业化、中药产品的多样化和国际化、市场机制下产学研医结合、技术与产品原创化;新能源汽车产业创新特点包括:研发式创新、规模化创新、项目式创新、产业链创新、战略思路创新、结合旅游产业创新、基地创新;航空航天产业创新特点包括:市场导向式创新、项目式创新、学习式创新、集聚式创新、项目式创新;新能源产业创新特点包括:产业体系纵向创新和横向创新、配套产业创新、产学研合作形式创新、产业基地创新、去产能创新、产业规模化创新、产业布局创新;新材料产业创新特点包括:高性能材料创新、集约型创新、产业竞争体系创新、资源优势创新、市场需求式创新、基础材料支撑式创新、企业并购创新等;高端装备制造业创新特点包括:核心技术推动式创新、供应链融资方式创新、产业集群式创新等。

第八章 新一代信息技术产业创新模式评价

目前有关产业创新模式的研究,主要包括案例分析法和博弈论分析法。有关案例分析的研究有:董洁林等(2014)基于小米案例的互联网生态创新模式研究,黄速建等(2010)以天士力集团为例的开放式系统创新模式研究,张玉明等(2015)基于华为公司案例的云创新模式研究等[254][255];有关博弈论分析法的研究包括:韦铁等(2011)基于IBM案例对多主体参与的开放式创新模式的研究[256],于斌斌等(2015)有关集群企业创新模式的选择研究[257],游达明等(2015)采用演化博弈方法对多主体参与下企业技术创新模式动态选择的研究等[258],周大铭等(2017)基于企业竞合关系视角对信息产业创新能力和网络多层次竞合模型进行研究[259]。结合已有文献研究和前文提出的四类战略性新兴产业创新模式,文章运用熵值/TOPSIS法对战略性新兴产业创新模式进行评价研究。本章在前文对战略性新兴产业创新模式进行分类的基础上,结合已有相关研究,一方面继续深化对战略性新兴产业创新特点的分析,另一方面以新一代信息技术产业为例开展产业创新模式评价研究,为从地域和时空角度掌握战略性新兴产业创新发展规律提供理论依据。

第一节 基于熵权/TOPSIS法的评价指标体系构建

新一代信息技术产业主要包括电子设备制造业、物联网产业、数字内容产业。2016年发布的中国电子信息企业百强企业结果显示,2015年百强电子信息企业总资产达3.4万亿元,实现主营业务收入2.96万亿元。从产品种类上看,百强电子信息企业共生产计算机 3160 万台,彩电 11530 万台、手机 3.7 亿部、集成电路 430 亿块,占全行业比重分别为 10.1%、71.1%、20.3%、39.6%;从地域上看,广东、北京、上海、山东拥有的百强电子信息企业数量在全国处于领先地位,所占比重分别为 28%、18%、10% 和 10%,如图 8-1 所示。

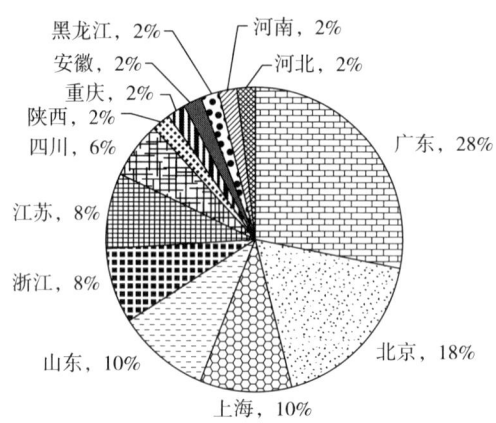

图 8-1　中国百强新兴电子信息企业空间分布现状

资料来源:电子信息产业网。

电子信息产业的发展现状体现了较强的空间性和区域性特点,为采用空间计量研究方法提供了思路。本节将以电子信息产业相对密集的京津冀地区和长三角地区为例来展开分析。

一、熵权/TOPSIS 法

近年来,有关模式选择的研究日益增多,且主要以区域为研究对象。如曹贤忠、曾刚(2014)运用熵权/TOPSIS 法对芜湖经济技术开发区产业转型升级模式进行研究[262],查建平等(2015)以数据包络分析法对旅游产业发展模式进行研究[263],程钰等(2012)运用熵权 TOPSIS 法对山东省 17 地市发展模式进行实证分析[264],王肇英(2012)运用 AHP 与模糊综合评判法对企业转型升级模式进行研究[265]。基于以往相关研究,本节对战略性新兴产业创新模式选择进行分析,选取的方法为熵权/TOPSIS 法。在考察某个地区特定经济活动在全部经济活动的相对表现时,区位商是一个重要的衡量指标。其计算公式为:$LQ_{ij} = \dfrac{x_{ij}}{x_j} \Big/ \dfrac{x_i}{x}$。其中,$LQ_{ij}$ 是某一衡量指标的区位商;x_{ij} 是地区 j 行业 i 的产值或就业人数;x_j 是衡

量地区 j 的工业总产值或就业人数；x_i 是行业 i 的产值或就业人数；x 是研究区域的全部工业总产值或就业人数。区位商的临界值为 1，可用于衡量某一地区在经济总量中所处的地位。而作为一种理论数学方法，熵值法可作为度量特定经济研究中各项指标权重的算法。

1. 指标权重测量方法——熵值法

熵的概念源于热力学，是对系统状态不确定性的一种度量。在信息论中，信息是系统有序程度的一种度量，而熵是系统无序程度的一种度量，可以通过各项指标观测值所提供的信息量大小来确定指标权重，信息熵越小，信息的无序度越低，其包含的信息效用值越大，指标的权重也越大。如果用 P_j 表示 j 个信息的不确定度，则整个信息(假设有 n 个)的不确定度量可以用 $S = -K \sum_{j=1}^{n} P_j \ln(P_j)$ 表示。其中，K 为大于 0 的系数，$0 < P_j < 1$ 且 $\sum_{j=1}^{n} P_j = 1$，当 $P_j = 1/n$ 时，表示各个信息发生的概率相等，此时 S 取值最大，熵也最大。在区域发展能力评价指标体系中，指标的值之间的差异越大，得到的指标信息熵就越小，其效用值越大，指标权重就越大。反之，指标的权重就越小。

2. 多目标决策方法——TOPSIS 法

对研究方案进行决策的方法目前有两种，一是运用锡尔系数法进行数据之间的差异分析[266]，二是采用 TOPSIS 法对经济方案进行测度和评价[267]。锡尔系数法最早由 Theil 提出，是分析区域总体差异、区际差异和区内差异的一种分析方法，也被称为锡尔熵法。TOPSIS 法由 Wang 和 Yoon 提出，是一种对理想目标进行优选决策的技术方法，此方法被应用于经济规划、经济评价和城乡差异测度等研究领域[268][269]。在对地区战略性新兴产业创新能力评价过程中，采用熵值法和 TOPSIS 组合运算的理念。

3. 熵值/TOPSIS 法

在对区域产业创新模式评价及选择的过程中，采用熵值法和 TOPSIS 组合运算的理念。具体计算过程如下：

（1）构建原始指标数据矩阵：假设对 m 个地区的评价指标有 n 个，则原始指标数据表示为 $X = \{x_{ij}\}_{mn}$，其中，$0 \leq i \leq m$，$0 \leq j \leq n$，x_{ij} 为第 i 个区域的第 j 个指标值。则多属性决策矩阵表示如下：

$$M = \begin{matrix} A_1 \\ A_2 \\ \vdots \\ A_m \end{matrix} \begin{bmatrix} x_{11} & x_{12} & \cdots & x_{1n} \\ x_{21} & x_{22} & \cdots & x_{2n} \\ \vdots & \vdots & \ddots & \vdots \\ x_{m1} & x_{m2} & \cdots & x_{mn} \end{bmatrix}$$

（2）对数据标准化处理，计算第 j 项指标下的第 i 个区域的指标值比重，即第 j 个属性下第 i 个方案 A_i 的贡献度 P_{ij}：$P_{ij} = x_{ij} \Big/ \sum_{i=1}^{m} x_{ij}$。

（3）计算第 j 项指标的熵值 E_j：$E_j = -K \sum_{j=1}^{n} P_j \ln(P_j)$，其中，$K = 1/\ln(m)$。

（4）计算评价指标 j 的差异性系数 g_j：$g_j = 1 - E_j$。

（5）计算评价指标 j 的权重 w_j：$w_j = g_j / \sum g_j$。由此得出各项指标值的熵权。

（6）计算各要素层的综合权重：$S = \sum_{j=1}^{n} W_j P_{ij}, i = 1, 2, \cdots, m$。

（7）构建加权规范化矩阵 Y_{ij}：$Y_{ij} = w_j \times P_{ij}$。

（8）确定第 j 个指标的理想解 Q_j^+ 和负理想解 Q_j^-：

当 j 为正向型指标时，$Q_j^+ = \max_i Y_{ij}$；

当 j 为负向型指标时，$Q_j^+ = \min_i Y_{ij}$；

当 j 为负向型指标时，$Q_j^- = \max_i Y_{ij}$；

当 j 为正向型指标时，$Q_j^- = \min_i Y_{ij}$。

（9）确定各项目理想解和负理想解的距离：

到理想解的距离为：$D_i^+ = \sqrt{\sum_{j=1}^{n} (Y_{ij} - Q_j^+)^2}$，$i = 1, 2, \cdots, m$；

到负理想解的距离为：$D_i^- = \sqrt{\sum_{j=1}^{n} (Y_{ij} - Q_j^-)^2}$，$i = 1, 2, \cdots, m$。

（10）计算各项目与理想解的相对接近度：

$C_i = D_i^+ / (D_i^+ + D_i^-)$，其中，$i = 1, 2, \cdots, m$，$C_i \in [0, 1]$，$C_i$ 越大，项目越好，优先级越高。

二、指标体系构建与数据来源

1. 指标体系构建

政府对战略性新兴产业的支持主要通过为产业或企业，尤其是为国有制企业

第八章　新一代信息技术产业创新模式评价

提供资金资助实现对创新的影响[270]，或通过采取税收政策等鼓励措施实现对产业或企业的激励[271]。技术的进步可以提升新产品开发的速度、降低产品的开发成本，并能显著提高新产品的销售收入，从而提高企业的创新绩效[272]。新产品的销售收入和产品的出口情况是战略性新兴产业创新能力的直接体现，其效益直接影响企业或产业在创新方面的投入[273]。高技术企业数和企业用于内部研发活动的投资是企业自主创新的源泉，是提升企业创新能力最直接有效的途径[274]。

基于以往学者的研究，结合本节的研究目的和数据的可获取性，根据指标选择的科学性、简明性、系统性、可操作性原则，构建有关战略性新兴产业创新模式评价与选择的指标体系，如表8-1所示。其中，战略性新兴产业创新模式评判指标体系包括政府支持能力、技术创新能力、市场拓展能力、企业战略能力四个模式层，也包括政府投资、研发投入、产品销售、企业发展四个表达层，以及国有企业投资额（亿元）、国有企业新增固定资产（亿元）、R&D人员折合全时当量（人年）、专利申请数（件）、出口交货值（亿元）、新产品销售收入（万元）、高技术企业数（个）、R&D经费内部支出（万元）八个变量层。

表8-1　战略性新兴产业创新模式评判指标体系

模式层	表达层	变量层	单位
政府支持能力	政府投资	国有企业投资额	亿元
		国有企业新增固定资产	亿元
技术创新能力	研发投入	R&D人员折合全时当量	人年
		专利申请数	件
市场拓展能力	产品销售	出口交货值	亿元
		新产品销售收入	万元
企业战略能力	企业发展	高技术企业数	个
		R&D经费内部支出	万元

2. 数据来源

本节以2010年和2015年京津冀地区与长三角地区计算机及办公设备制造业和电子及通信设备制造业相关数据为样本，参照《中国高技术产业年鉴》《中国统计年鉴》《中国工业统计年鉴》，对北京、天津、河北、江苏、浙江、上海、安徽七省市的新一代信息技术情况进行评价和分析。

第二节 新一代信息技术产业创新模式评价分析

根据熵权/TOPSIS法进行计算，可以得出各指标（变量）层的权重 w_j 及各要素（模式）层的权重 S，进而计算出2010年与2015年的京津冀地区与长三角地区七省市的各项指标评价指数。

一、评价结果

表8-2给出了样本数据2010年和2015年的指标层权重，从七省市新一代信息技术产业的总体情况来看，权重上升的指标有国有新增固定资产和新产品销售收入，权重维持不变的指标为出口交货值，权重下降的指标有国有企业投资额、R&D人员折合全时当量、专利申请数、高技术企业数和R&D经费内部支出。

表8-2 各指标层的权重

指标层	2010年权重	2015年权重
国有企业投资额	0.1267	0.1264
国有企业新增固定资产	0.1222	0.1256
R&D人员折合全时当量	0.1342	0.1337
专利申请数	0.1301	0.1276
出口交货值	0.1102	0.1102
新产品销售收入	0.1268	0.1308
高技术企业数	0.1199	0.1184
R&D经费内部支出	0.1297	0.1274

资料来源：本书整理。

表8-3给出了2010年和2015年新一代信息技术产业创新过程中的政府支持能力、技术创新能力、市场拓展能力和企业战略能力的综合评价情况。从新一代信息技术产业总体发展的情况来看，四类动力要素对产业创新均有积极的促进作用。从表中可以看出，随着时间的推移和产业的发展，各类要素在产业创新中的作用均不断提高。

第八章 新一代信息技术产业创新模式评价

表8-3 2010年和2015年各要素层的综合评价

年份	政府支持能力	技术创新能力	市场拓展能力	企业战略能力
2010	0.0251	0.0473	0.0329	0.0339
2015	0.0627	0.0764	0.0428	0.0561

资料来源：本书整理。

根据熵值法确定的8个指标权重，用TOPSIS法计算出2010年、2015年七省市新一代信息技术产业的创新能力评价指数，如表8-4所示。

表8-4 2010年和2015年七省市新一代信息技术产业创新能力评价指数

地区	政府支持能力		技术创新能力		市场拓展能力		企业战略能力	
	2010年	2015年	2010年	2015年	2010年	2015年	2010年	2015年
北京	0.0251	0.0627	0.0266	0.0877	0.0473	0.0764	0.0393	0.0513
天津	0.0352	0.0174	0.0258	0.0251	0.0328	0.0261	0.0316	0.0224
河北	0.0272	0.0220	0.0329	0.0258	0.0174	0.0135	0.0031	0.0034
上海	0.0401	0.0258	0.0389	0.0306	0.0567	0.0524	0.0479	0.0468
江苏	0.1007	0.0584	0.0836	0.0513	0.0473	0.0517	0.0881	0.0896
浙江	0.0048	0.0091	0.0226	0.0171	0.0271	0.0166	0.0125	0.0076
安徽	0.0158	0.0566	0.0261	0.0216	0.0359	0.0247	0.0179	0.0167

资料来源：本书整理。

二、评价分析

结合前文对京津冀和长三角七省市地区新一代信息技术产业创新模式的评价与分析，下面对各地区新一代信息技术产业的创新情况进行深入比较研究。

从2010年和2015年七省市政府支持能力的情况来看，2015年北京、浙江和安徽新一代信息技术产业的政府支持对产业创新的作用较2010年有所提升，且北京、安徽的政府支持作用提升显著；2015年天津、河北、上海、江苏的政府支持对产业创新的作用较2010年有所下降，且江苏省的下降程度最为显著，如图8-2所示。

表8-5进一步给出了2010年和2015年的政府支持能力中两个指标层在七省市新一代信息技术产业创新中的表现。从表中数据可以看出，与2010年相比，

2015年北京电子信息产业的国有企业投资能力在政府支持中的作用较2010年有所下降,由0.0156下降为0.0072,而国有新增固定资产能力的作用相对提升,由0.0095上升至0.0555;2015年天津的国有企业投资能力和国有新增固定资产能力在政府支持中的作用均有所下降,分别由0.0195和0.0157下降至0.0059和0.0115,且国有企业投资能力下降能力相对较大;2015年河北的国有企业投资能力和国有新增固定资产能力在政府支持中的作用均有所下降,分别由0.0092和0.0180下降至0.0066和0.0154;2015年上海的国有企业投资能力和国有新增

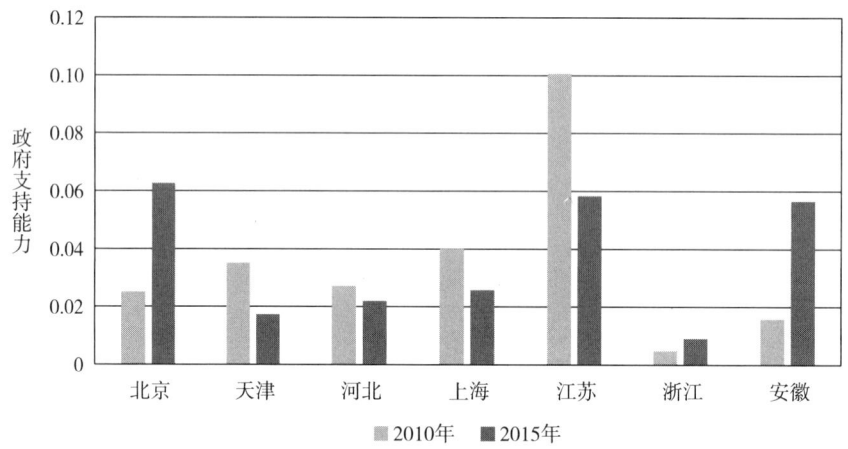

图8-2 2010年和2015年七省市政府支持能力情况比较

资料来源:本书整理。

表8-5 2010年和2015年七省市新一代信息技术产业政府支持能力评价矩阵

地区	2010年		2015年	
	国有企业投资额	国有新增固定资产	国有企业投资额	国有新增固定资产
北京	0.0156	0.0095	0.0072	0.0555
天津	0.0195	0.0157	0.0059	0.0115
河北	0.0092	0.0180	0.0066	0.0154
上海	0.0307	0.0094	0.0207	0.0051
江苏	0.0418	0.0589	0.0370	0.0214
浙江	0.0020	0.0028	0.0058	0.0033
安徽	0.0078	0.0080	0.0432	0.0135

资料来源:本书整理。

固定资产能力在政府支持中的作用均有所下降,分别由 0.0307 和 0.0094 下降至 0.0207 和 0.0051,且国有企业投资能力下降能力相对较大。

2015 年江苏的国有企业投资能力和国有新增固定资产能力在政府支持中的作用均有所下降,分别由 0.0418 和 0.0589 下降至 0.0370 和 0.0214,且国有新增固定资产能力相对较大;2015 年浙江的国有企业投资能力和国有新增固定资产能力在政府支持中的作用均有所上升,分别由 0.0020 和 0.0028 上升至 0.0058 和 0.0033,且国有企业投资能力的上升幅度稍大;2015 年安徽的国有企业投资能力和国有新增固定资产能力在政府支持中的作用均有大幅提升,分别由 0.0078 和 0.0080 上升至 0.0432 和 0.0135。

从 2010 年和 2015 年七省市技术创新能力的情况来看,2015 年北京和江苏新一代信息技术产业的技术创新能力在产业创新中的作用较 2010 年有所提升,且北京的技术创新能力作用提升显著;2015 年天津、河北、上海、浙江、安徽的新一代信息技术产业技术创新能力对产业创新的作用较 2010 年有所下降,且浙江和安徽的下降程度较为显著,如图 8-3 所示。

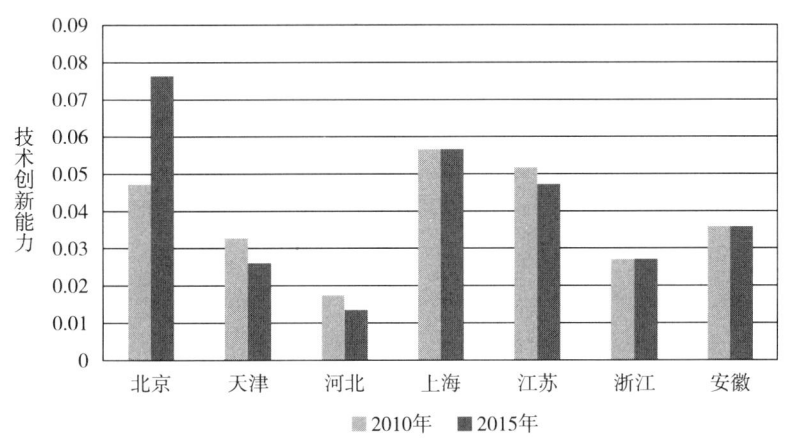

图 8-3 2010 年和 2015 年七省市技术创新能力情况比较

资料来源:本书整理。

表 8-6 进一步给出了 2010 年和 2015 年技术创新能力中两个指标层在七省市新一代信息技术产业创新中的表现。从表中数据可以看出,与 2010 年相比,2015 年北京 R&D 人员折合全时当量和专利申请数在技术创新中的作用均有所上升,分别由 0.0171 和 0.0301 上升至 0.0321 和 0.0442;2015 年天津 R&D 人员折

合全时当量在技术创新中的作用有所上升，由2010年的0.0101上升至0.0137，而专利申请数在技术创新中的作用有所下降，由0.0227下降至0.0124；2015年河北R&D人员折合全时当量在技术创新中的作用有所下降，由2010年的0.0149下降至0.0104，而专利申请数在技术创新中的作用有所上升，由2010年的0.0025上升至0.0031；2015年上海R&D人员折合全时当量和专利申请数在技术创新中的作用均有轻微下降，分别由2010年的0.0294和0.0272下降至0.0256和0.0268；2015年江苏R&D人员折合全时当量在技术创新中的作用有所上升，由2010年的0.0247上升至0.0299，而专利申请数在技术创新中的作用有所下降，由0.0225下降至0.0218；2015年浙江R&D人员折合全时当量和专利申请数在技术创新中的作用均有所下降，分别由2010年的0.0198和0.0073下降至0.0138和0.0027；2015年安徽R&D人员折合全时当量和专利申请数在技术创新中的作用均有所下降，分别由2010年的0.0181和0.0178下降至0.0082和0.0165，R&D人员折合全时当量的下降幅度稍大。

表8-6　2010年和2015年七省市新一代信息技术产业技术创新能力评价矩阵

地区	2010年		2015年	
	R&D人员折合全时当量	专利申请数	R&D人员折合全时当量	专利申请数
北京	0.0171	0.0301	0.0321	0.0442
天津	0.0101	0.0227	0.0137	0.0124
河北	0.0149	0.0025	0.0104	0.0031
上海	0.0294	0.0272	0.0256	0.0268
江苏	0.0247	0.0225	0.0299	0.0218
浙江	0.0198	0.0073	0.0138	0.0027
安徽	0.0181	0.0178	0.0082	0.0165

资料来源：本书整理。

从2010年和2015年七省市市场拓展能力的情况来看，2015年北京、天津、江苏和安徽新一代信息技术产业的市场拓展能力对产业创新的作用较2010年有所提升，且安徽的技术创新能力作用提升显著，北京次之；2015年河北、浙江的新一代信息技术产业市场拓展能力对产业创新的作用较2010年基本持平；而2015年上海的新一代信息技术产业市场拓展能力对产业创新的作用较2010年有显著下降，如图8-4所示。

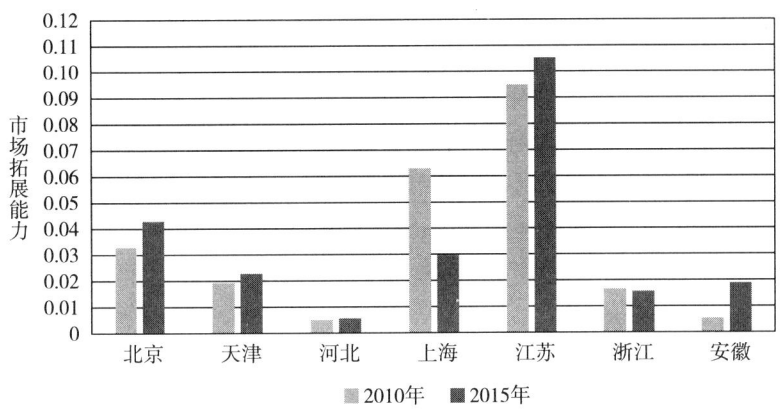

图8-4 2010年和2015年七省市市场拓展能力情况比较

资料来源：本书整理。

表8-7进一步给出了2010年和2015年市场拓展能力中两个指标层在七省市新一代信息技术产业创新中的表现。从表中数据可以看出，与2010年相比，2015年北京的电子信息产业出口交货值在市场拓展中的作用有所下降，由2010年的0.0092下降至0.0071，而新产品销售收入在市场拓展中的作用有所上升，由0.0237上升至0.0357，新产品销售收入的作用上升幅度大于出口交货值的下降幅度；2015年天津的电子信息产业出口交货值和新产品销售收入在市场拓展中的作用均有所上升，分别由2010年的0.0089和0.0103上升至0.0099和0.0129，新产品销售收入的作用上升幅度稍大；2015年河北的电子信息产业出口交货值在市场拓展中的作用有所下降，由2010年的0.0006下降至0.0004，而新产品销售收入在市场拓展中的作用有所上升，由0.0044上升至0.0053，新产品销售收入的作用上升幅度大于出口交货值的下降幅度；2015年上海的电子信息产业出口交货值和新产品销售收入在市场拓展中的作用均有所下降，分别由2010年的0.0206和0.0424下降至0.0200和0.0097，新产品销售收入的作用下降幅度显著高于出口交货值；2015年江苏电子信息产业出口交货值和新产品销售收入在市场拓展中的作用均有所上升，分别由2010年的0.0656和0.0294上升至0.0678和0.0376，新产品销售收入的作用上升幅度更为显著；2015年浙江电子信息产业出口交货值和新产品销售收入在市场拓展中的作用均有小幅度下降，分别由2010年的0.0053和0.0114下降至0.0049和0.0108；2015年安徽电子信息产业出口交货值和新产品销售收入在市场拓展中的作用均有大幅度上升，分别由2010年的9.19E-05和0.0052上升至0.0002和0.0187。

表8-7 2010年和2015年七省市战略性新兴产业市场拓展能力评价矩阵

地区	2010年		2015年	
	出口交货值	新产品销售收入	出口交货值	新产品销售收入
北京	0.0092	0.0237	0.0071	0.0357
天津	0.0089	0.0103	0.0099	0.0129
河北	0.0006	0.0044	0.0004	0.0053
上海	0.0206	0.0424	0.0200	0.0097
江苏	0.0656	0.0294	0.0678	0.0376
浙江	0.0053	0.0114	0.0049	0.0108
安徽	9.19E-05	0.0052	0.0002	0.0187

资料来源：本书整理。

图8-5给出了2010年和2015年七省市企业战略能力比较情况。从2010年和2015年七省市企业发展能力的情况来看，2015年北京和江苏新一代信息技术产业的企业战略能力对产业创新的作用较2010年有所提升，且北京的企业战略能力作用提升更为显著。2015年天津和河北新一代信息技术产业的企业战略能力对产业创新的作用较2010年基本持平；2015年上海、浙江和安徽的新一代信息技术产业企业战略能力对产业创新的作用较2010年有所下降，且上海的下降幅度更为明显。

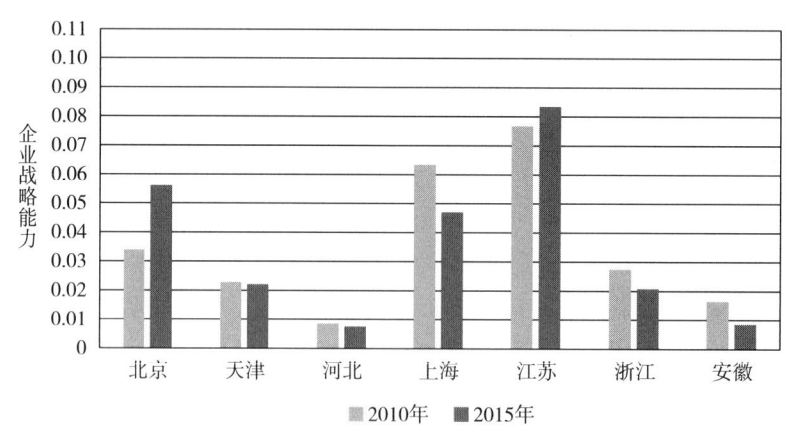

图8-5 2010年和2015年七省市企业战略能力情况比较

资料来源：本书整理。

表8-8进一步给出了2010年和2015年企业战略能力中两个指标层在七省市新一代信息技术产业创新中的表现。从表中数据可以看出，与2010年相比，2015年北京的电子信息产业高技术企业数在企业战略中的作用有所下降，由0.0078下降至0.0061，而R&D经费内部支出在企业战略中的作用有所上升，由0.0261上升至0.0501，R&D经费内部支出的作用上升幅度大于高技术企业数的作用下降幅度；2015年天津的电子信息产业高技术企业数在企业战略中的作用有所下降，由2010年的0.0154下降至0.0127，而R&D经费内部支出在企业战略中的作用有所上升，由2010年的0.0075上升至0.0095，两指标作用上升与下降的幅度基本相当；2015年河北的电子信息产业高技术企业数和R&D经费内部支出在企业战略中的作用较2010年均有轻微下降，分别由0.0018和0.0068下降至0.0016和0.0059；2015年上海的电子信息产业高技术企业数和R&D经费内部支出在企业战略中的作用较2010年均有所下降，分别由0.0216和0.0418下降至0.0209和0.0262，R&D经费内部支出的作用下降幅度更为显著；2015年江苏电子信息产业高技术企业数和R&D经费内部支出在企业战略中的作用较2010年均有所上升，分别由0.0568和0.0199上升至0.0623和0.0211，高技术企业数的作用上升幅度更为显著；2015年浙江电子信息产业高技术企业数和R&D经费内部支出在企业战略中的作用较2010年均有所下降，分别由0.0145和0.0129下降至0.0131和0.0077，R&D经费内部支出的作用下降幅度更为显著；2015年安徽电子信息产业高技术企业数和R&D经费内部支出在企业战略中的作

表8-8 2010年和2015年七省市战略性新兴产业企业战略能力评价矩阵

地区	2010年		2015年	
	高技术企业数	R&D经费内部支出	高技术企业数	R&D经费内部支出
北京	0.0078	0.0261	0.0061	0.0501
天津	0.0154	0.0075	0.0127	0.0095
河北	0.0018	0.0068	0.0016	0.0059
上海	0.0216	0.0418	0.0209	0.0262
江苏	0.0568	0.0199	0.0623	0.0211
浙江	0.0145	0.0129	0.0131	0.0077
安徽	0.0020	0.0146	0.0017	0.0068

资料来源：本书整理。

用较 2010 年均有所下降，分别由 0.0020 和 0.0146 下降至 0.0017 和 0.0068，R&D 经费内部支出的作用下降幅度较为显著。

在已得出的各项指标数据基础上，对七省市四类模式的能力变动进行比较，当 2015 年较 2010 年该项能力对产业创新的作用上升幅度大于或等于 0.02 时，以"＋＋"表示；当 2015 年较 2010 年该项能力对产业创新的作用上升幅度小于 0.2 时，以"＋"表示；当 2015 年较 2010 年该项能力对产业创新的作用下降幅度大于或等于 0.02 时，以"－－"表示；当 2015 年较 2010 年该项能力对产业创新的作用下降幅度小于 0.02 时，以"－"表示，如表 8－9 所示。

表 8－9　基于 2010 年和 2015 年新一代信息技术产业创新能力的区域比较

地区	政府支持能力	技术创新能力	市场拓展能力	企业战略能力
北京	＋＋	＋＋	＋	＋＋
天津	－	－	＋	－
河北	－	－	＋	－
上海				
江苏	－－	＋	＋	＋
浙江	＋	－	－	－
安徽	＋＋			＋

资料来源：本书整理。

从北京新一代信息技术产业的创新驱动力来看，2010 年北京市电子信息产业创新的驱动力顺序为：技术创新—企业战略—市场拓展—政府支持，而 2015 年驱动力顺序变为：技术创新—政府支持—企业战略—市场拓展，如图 8－6 所示。由此可见，北京电子信息产业创新模式由 2010 年的"技术引领＋企业驱动"型转变为 2015 年的"技术引领＋政府支持"型，在技术创新的基础上，政府的宏观调控作用不断增强，引导产业发展。

从天津新一代信息技术产业的创新驱动力来看，2010 年天津市电子信息产业创新的驱动力顺序为：政府支持—技术创新—企业战略—市场拓展，而 2015 年该驱动力顺序变为：技术创新—市场拓展—企业战略—政府支持，如图 8－7 所示。由此可见，天津电子信息产业创新模式由 2010 年的"政府支持＋技术引领"型转变为 2015 年的"技术引领＋市场推动"型，政府的支持作用不断减弱，正在形成以市场为导向的产业发展态势。

第八章 新一代信息技术产业创新模式评价

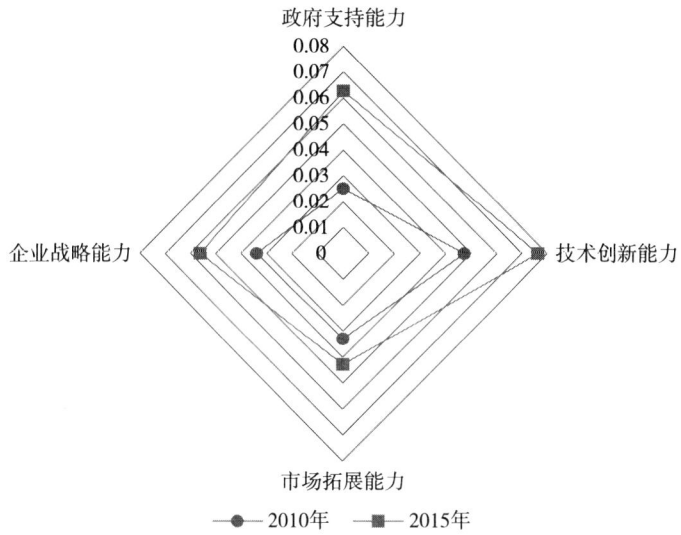

图8-6　北京新一代信息技术产业创新驱动力变动情况

资料来源：本书整理。

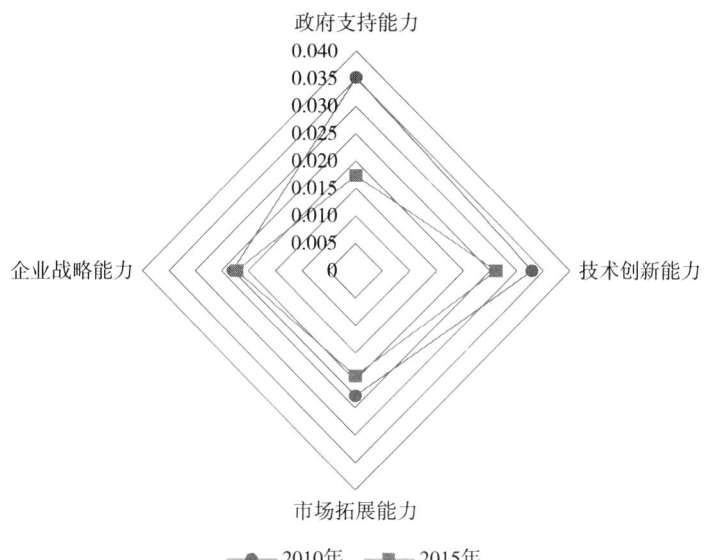

图8-7　天津新一代信息技术产业创新驱动力变动情况

资料来源：本书整理。

从河北新一代信息技术产业的创新驱动力来看，2010年河北省的电子信息产业创新驱动力顺序为：政府支持—技术创新—企业战略—市场拓展，而2015年该驱动力顺序仍为：政府支持—技术创新—企业战略—市场拓展，如图8-8所示。由此可见，近年来河北省电子信息产业创新模式一直为"政府支持+技术引领"型，政府对产业的扶持作用始终未减弱，产业发展仍需要进一步与市场接轨，接受市场考验。

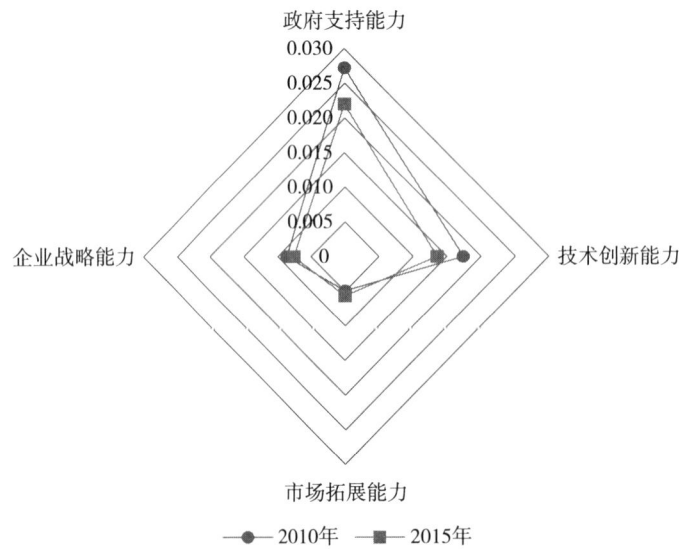

图8-8 河北新一代信息技术产业创新驱动力变动情况

资料来源：本书整理。

从上海新一代信息技术产业的创新驱动力来看，2010年上海市电子信息产业创新的驱动力顺序为：企业战略—市场拓展—技术创新—政府支持，而2015年该驱动力顺序变为：技术创新—企业战略—市场拓展—政府支持，如图8-9所示。由此可见，上海市电子信息产业创新模式由2010年的"企业驱动+市场推动"型转变为2015年的"技术引领+企业驱动"型，在近年来的产业创新过程中，政府的支持作用始终在最后，以企业战略和市场导向或以技术创新和企业战略为产业创新主要驱动力的产业发展模式反映了该地区较为健全的市场机制和健康的产业发展态势。

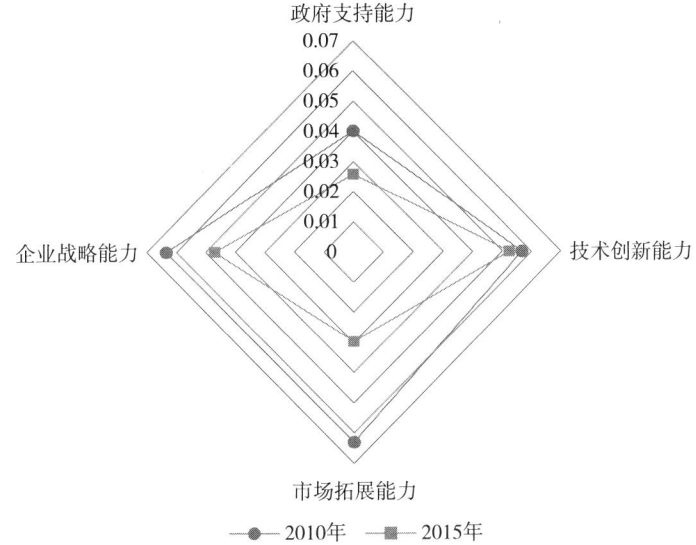

图8-9 上海新一代信息技术产业创新驱动力变动情况

资料来源:本书整理。

从江苏新一代信息技术产业的创新驱动力来看,2010年江苏电子信息产业创新的驱动力顺序为:政府支持—市场拓展—企业战略—技术创新,而2015年该驱动力顺序变为:市场拓展—企业战略—政府支持—技术创新,如图8-10所示。由此可见,江苏电子信息产业创新模式由2010年的"政府支持+市场推动"型转变为2015年的"市场驱动+企业驱动"型,当产业发展到一定程度时,政府的作用不断被弱化,而市场的基础性作用更加显著,企业的战略在产业创新中的作用日益提升。

从浙江新一代信息技术产业的创新驱动力来看,2010年浙江电子信息产业创新的驱动力顺序为:企业战略—技术创新—市场拓展—政府支持,而2015年该驱动力顺序没有变化,如图8-11所示。由此可见,近年来浙江电子信息产业创新模式均为"市场驱动+技术引领"型,反映了企业战略在该地区电子信息产业发展和创新中的重要作用,技术创新能力也是产业创新的重要源泉。

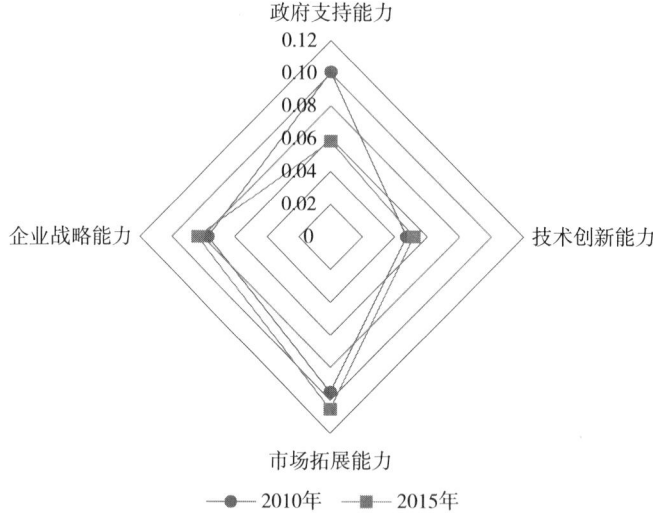

图 8-10　江苏新一代信息技术产业创新驱动力变动情况

资料来源：本书整理。

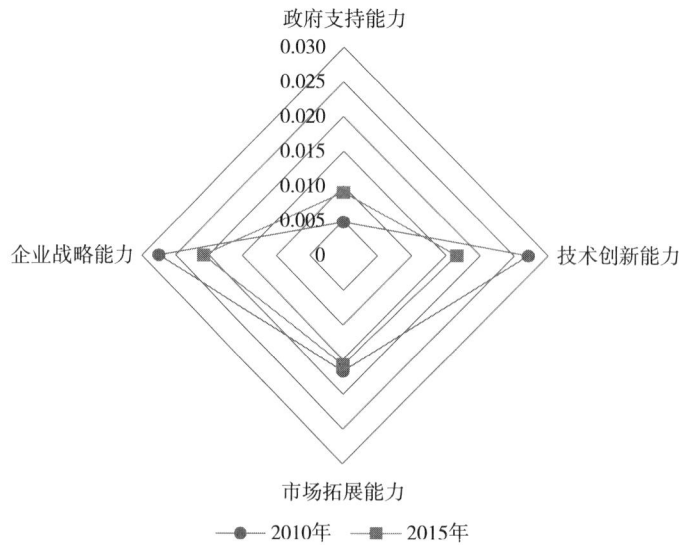

图 8-11　浙江新一代信息技术产业创新驱动力变动情况

资料来源：本书整理。

从安徽新一代信息技术产业的创新驱动力来看，2010 年安徽电子信息产业创新的驱动力顺序为：技术创新—企业战略—政府支持—市场拓展，而 2015 年该驱动力顺序变为：政府支持—技术创新—市场拓展—企业战略，如图 8-12 所示。由此可见，安徽电子信息产业创新模式由 2010 年的"技术引领+企业驱动"型转变为 2015 年的"政府支持+技术引领"型，反映了在该地区电子信息产业发展和创新过程中，政府宏观调控作用的不断增强，且市场拓展能力作用的提升，也是该地区尊重市场基础性资源配置作用的表现。

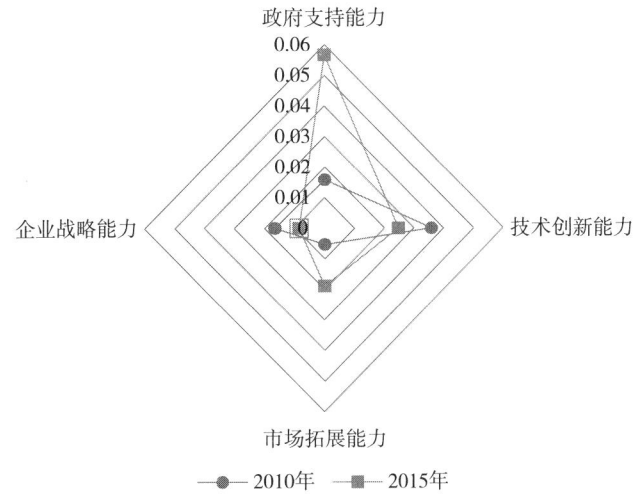

图 8-12　安徽新一代信息技术产业创新驱动力变动情况

资料来源：本书整理。

第三节　本章小结

本章首先对战略性新兴产业的创新特点进行分析，其次以新一代信息技术产业为例，采用熵权/TOPSIS 评价分析法，聚焦京津冀地区和长三角地区展开深入研究。主要结论如下：

第一，七省市战略性新兴产业创新动力存在差异。通过构建战略性新兴产业创新模式评判指标体系，对七省市的新一代信息技术产业指标层和模式层分布进行评价分析，得出七省市 2010 年和 2015 年在政府支持能力、技术创新能力、市场拓展能力和企业战略能力方面存在差异。从政府支持能力看,2015年北京、浙江和安徽新一代信息技术产业的政府支持对产业创新的作用较2010年有所提升,天津、河北、上海、江苏有所下降;从技术创新能力的情况来看,2015年北京和江苏新一代信息技术产业的技术创新能力在产业创新中的作用较2010年有所提升,天津、河北、上海、浙江、安徽有所下降;从市场拓展能力看,2015年北京、天津、江苏和安徽新一代信息技术产业的市场拓展能力对产业创新的作用较2010年有所提升,河北、浙江基本不变,上海有所下降;从企业战略能力看,2015年北京和江苏新一代信息技术产业的企业战略能力对产业创新的作用较2010年有所提升,天津和河北基本不变;上海、浙江和安徽有所下降。

第二,七省市战略性新兴产业创新模式存在时空差异。通过分析2010年和2015年四类驱动力在新一代信息技术产业创新中的作用和变化趋势,得出七省市在同一产业创新和发展中的模式各不相同,具有各自的时空特点和变化特征,其中,北京电子信息产业创新模式由"技术引领+企业驱动"型转变为"技术引领+政府支持"型,天津电子信息产业创新模式由"政府支持+技术引领"型转变为"技术引领+市场推动"型,河北省电子信息产业创新模式一直为"政府支持+技术引领"型,上海市电子信息产业创新模式由"企业驱动+市场推动"型转变为"技术引领+企业驱动"型,江苏电子信息产业创新模式由"政府支持+市场推动"型转变为"市场驱动+企业驱动"型,安徽电子信息产业创新模式由"技术引领+企业驱动"型转变为"政府支持+技术引领"型。

附 录

战略性新兴产业发展模式调查问卷

尊敬的先生/女士：

您好！首先感谢您在百忙之中抽时间填写这份问卷。本次调查采用匿名形式，目的只为开展学术研究，不作任何商业或其他用途，我们保证您的资料和信息完全保密，请放心作答。问卷分为两部分，请根据您的真实情况填写本问卷，完成需要大概8～10分钟。衷心感谢您的参与！

一、基本信息

1. 您所在地区：［单选题］［必答题］

   A. 北京　　　　　B. 天津　　　　　C. 河北　　　　　D. 江苏

   E. 山东　　　　　F. 其他

2. 您的学历：［单选题］［必答题］

   A. 专科及以下　　B. 本科　　　　　C. 硕士　　　　　D. 博士

3. 贵单位的性质：［单选题］［必答题］

   A. 企业　　　　　B. 高校　　　　　C. 科研院所　　　D. 政府

   E. 其他

4. 您的工作或研究领域所涉及的行业类型：［单选题］［必答题］

   A. 节能环保　　　　　　　　　　　B. 新一代信息技术

   C. 生物与新医药　　　　　　　　　D. 高端装备制造

E. 新能源　　　　F. 新材料　　　　G. 新能源汽车　　　H. 其他

5. 贵单位的成立年限：［单选题］［必答题］

A. 3 年以下　　　B. 3～5 年　　　C. 6～10 年　　　D. 10 年以上

6. 贵单位的员工总人数：［单选题］［必答题］

A. 50 人以下　　B. 50～100 人　　C. 101～300 人　　D. 301～500 人

E. 501～1000 人　F. 1000 人以上

7. 您的职位：［单选题］［必答题］

A. 普通员工　　　B. 技术人员　　　C. 科研人员　　　D. 基层管理人员

E. 中层管理人员　　　　　　　　　F. 高层管理人员

8. 贵单位最近一年是否与其他单位进行过合作或交流：［单选题］［必答题］

A. 是（请跳至第 9 题）　　　　　B. 否（请跳至第 10 题）

9. 贵单位的合作或交流对象为：［单选题］［必答题］

A. 企业　　　　　B. 高校　　　　　C. 科研院所　　　D. 政府

E. 其他

10. 您从事本行业的工作年限：［单选题］［必答题］

A. 0～1 年　　　　B. 1～3 年　　　　C. 4～5 年　　　　D. 6～10 年

E. 10 年以上

二、下列因素对战略性新兴产业发展的影响程度

1. 政府支持

政府行为	影响非常大	影响较大	影响一般	影响不大	没有影响
A. 投入财政资金					
B. 制定合理的政策					
C. 直接购买产品					
D. 支持产学研合作					
E. 派送科技人才					
F. 拓展上下游产业链					
G. 培育产品的市场需求					

2. 技术引领

技术来源	影响非常大	影响较大	影响一般	影响不大	没有影响
A. 企业自有技术					
B. 拥有自己的研发团队					
C. 向其他单位购买专利					
D. 引进国内外先进技术并消化创新					
E. 与高校、科研院所合作					
F. 与相关企业开展技术合作					

3. 市场推动

市场范围	影响非常大	影响较大	影响一般	影响不大	没有影响
A. 国内市场					
B. 亚洲市场					
C. 欧洲市场					
D. 北美市场					
E. 拉丁美洲市场					
F. 非洲市场					

4. 企业战略

企业发展策略	影响非常大	影响较大	影响一般	影响不大	没有影响
A. 开发新产品或新工艺					
B. 对原有产品或工艺改进					
C. 开拓新市场					
D. 将新材料应用到本领域					
E. 拓宽融资渠道					
F. 吸引优秀人才					
G. 构建社会网络					
企业发展模式	影响非常大	影响较大	影响一般	影响不大	没有影响
A. 推动企业产品制造与服务配套相结合					
B. 推动企业开展产业间合作					
C. 推动产业与金融服务的联合发展					
D. 推动政府引导与市场调控相结合					
E. 推动科技创新与市场创新的共同进步					

5. 资本要素

融资渠道	影响非常大	影响较大	影响一般	影响不大	没有影响
A. 自有资金					
B. 商业银行等金融机构信贷					
C. 政策性信贷					
D. 民间资本融资					
E. 上市融资					
F. 政府财政直接支持					
G. 其他机构融资					

6. 人力资源

人才来源	影响非常大	影响较大	影响一般	影响不大	没有影响
A. 招聘国内高校的毕业生					
B. 招聘国外留学生（含外籍人十）					
C. 与国内外高校联合培养技术人才					
D. 引进国内外研究机构的科研人员					
E. 引进国内外企业的科研人员					

7. 存在问题

融资渠道	影响非常大	影响较大	影响一般	影响不大	没有影响
A. 技术能力缺乏					
B. 销售渠道不畅					
C. 市场需求不足					
D. 融资渠道不畅					
E. 高科技人才匮乏					
F. 政府支持力度不够					
G. 社会关系单一					

参考文献

[1] Rostow W W. The stages of economic growth [J]. The Economic History Review, 1959, 12 (1): 1 – 16.

[2] Rostow W W. The stages of economic growth: A non – communist manifesto [M]. Cambridge: Cambridge University Press, 1960: 51 – 54.

[3] Hirschman A O. The strategy of economic development [M]. New Haven: Yale University Press, 1958: 1331 – 1424.

[4] Kremer M. Population growth and technological change: One million B. C. to 1990 [J]. Quarterly Journal of Economics, 1993: 681 – 716.

[5] Keizer J A, Halman J I M, Song M. From experience: Applying the risk diagnosing methodology [J]. Journal of Product Innovation Management, 2002, 19 (3): 213 – 232.

[6] Utterback J M. Mastering the dynamics of innovation: How companies can seize opportunities in the face of technological change [M]. Boston: Harvard Business School Press, 1994.

[7] Porter M E. Competitive Strategy: Techniques for analyzing industries and competitors [M]. New York: Free Press, 1980.

[8] Perez C. The double bubble at the turn of the century: Technological roots and structural implications [J]. Financial Market Research, 2013, 33 (4): 779 – 805.

[9] Kesting S, Pringle J K. Identifying emerging industries [M]. Auckland: Gender and Diversity Research Group, 2010.

[10] Blank S C. Insider's views on business models used by small agricultural biotechnology firms: Economic implications for the emerging global industry [J]. Ar-

BioForum, 2008, 11 (2): 71-81.

[11] Carter D A, D'Souza F, Simkins B J, et al. The gender and ethnic diversity of US boards and board committees and firm financial performance [J]. Corporate Governance An International Review, 2010, 18 (5): 396-414.

[12] Hirschman A O. Investment criteria and capital intensity once again [J]. Quarterly Journal of Economics, 1958, 72 (3): 469-471.

[13] Krugman P R. Technology, trade and factor prices [J]. Journal of International Economics, 1995, 50 (1): 51-71.

[14] Teece D J. Support policies for strategic industries: Impact on home economies [J]. Strategic Industries in A Global Economy: Policy Issues for the 1990s, 1991 (2): 35-50.

[15] Porter M E. What is strategy? [J]. Publisher, 1996 (7): 40-50.

[16] Hall L A, Bagchi-Sen S. A study of R&D, innovation, and business performance in the Canadian biotechnology industry [J]. Technovation, 2002, 22 (4): 231-244.

[17] Peixoto Rosário F J, Luciana P S R, Paula P D A. Technology, relationship and support institutions on sectoral systems of innovation and production in Brazil's northwest bio ethanol and sugar agro-industry [J]. Journal of Technology Management & Innovation, 2013 (8): 54.

[18] Terziovski M, Morgan J P. Management practices and strategies to accelerate the innovation cycle in the biotechnology industry [J]. Technovation, 2006, 26 (5-6): 545-552.

[19] Kruss G, Mcgrath S, Petersen I H, et al. Higher education and economic development: The importance of building technological capabilities [J]. International Journal of Educational Development, 2015 (43): 22-31.

[20] Alcacer J, Gittelman M. Patent citations as a measure of knowledge flows: the influence of examiner citations [J]. Review of Economics and Statistics, 2006, 88 (4): 774-779.

[21] 张治河, 潘晶晶, 李鹏. 战略性新兴产业创新能力评价、演化及规律探索[J]. 科研管理, 2015 (3): 1-12.

[22] Santosa B, Surjono, Rachmansyah A, et al. Strategy Development of western east java, industrial area [J]. American Journal of Sociological Research, 2014, 4

(2): 42-52.

[23] Levie R B J. Managing new industry creation: Global knowledge formation and entrepreneurship in high technology [J]. Journal of International Business Studies, 2003, 34 (4): 407-408.

[24] Short J C, Jr D J K, Palmer T B, et al. Firm, strategic group, and industry influences on performance [J]. Strategic Management Journal, 2010, 28 (2): 147-167.

[25] Stüer C, Hüsig S, Biala S. Integrating art as a trans-boundary element in a radical innovation framework [J]. R & D Management, 2010, 40 (1): 10-18.

[26] Ozman, Muge. Modularity, industry life cycle and open innovation [J]. Journal of Technology Management & Innovation, 2011, 6 (1): 26-37.

[27] Spencer J W, Murtha T P, Lenway S A. How governments matter to new industry creation [J]. Academy of Management Review, 2005, 30 (2): 321-337.

[28] 杨青, 宓众, 梁新. 高技术产业与传统产业协调发展模式与机制研究 [J]. 科技进步与对策, 2004 (3): 83-85.

[29] 姜大鹏, 顾新. 我国战略性新兴产业的现状分析 [J]. 科技进步与对策, 2010 (17): 65-70.

[30] 张晴. 战略性新兴产业集聚对区域经济竞争力的空间溢出效应——基于安徽省地市空间面板模型 [J]. 华东经济管理, 2016 (12): 30-34.

[31] 黄海霞, 张治河. 基于DEA模型的我国战略性新兴产业科技资源配置效率研究 [J]. 中国软科学, 2015 (1): 150-159.

[32] 董树功. 协同与融合: 战略性新兴产业与传统产业互动发展的有效路径 [J]. 现代经济探讨, 2013 (2): 71-75.

[33] Fragerstrom B, Olsson L E. Knowledge management in collaborative product development [J]. Systems Engineering, 2002, 5 (4): 274-283.

[34] 亚当·斯密. 国富论 [M]. 北京: 华夏出版社, 2005.

[35] 大卫·李嘉图. 政治经济学及赋税原理 [M]. 北京: 华夏出版社, 2005.

[36] Garcia-Salazar J A, Skaggs R K, Crawford T L. Analysis of strategic industry planning and organizational opportunities for mexican cantaloupe producers [J]. Hortscience, 2011, 46 (46): 439-444.

[37] Porter M E. The competitive advantage of nations [M]. New York: Free

Press, 1980.

[38] Usher A P, Rostow W W. The process of economic growth [J]. Economic Development & Cultural Change, 1953.

[39] Cumming D, Fleming G. Suchuard Jo – Ann. Venture capitalist value – added activities, fundraising and drawdowns [J]. Journal of Banking & Finance, 2005 (29): 295 – 331.

[40] Acquaah, Moses, Amoako – Gyampah, Kwasi, Jayaram, Jayanth. Resilience in family and non – familiy firms: An examination of the relationships between manufacturing strategy, competitive strategy and firm performance [J]. International Journal of Production Research, 2011, 49 (18): 5527 – 5544.

[41] Claessens S, Laeven L. Financial development, property rights, and growth [J]. Journal of Finance, 2003, 58 (6): 2401 – 2436.

[42] Hirschman C. A question of strategy [EB/OL]. Telephony, 2001 – 2 – 19/ 2015 – 11 – 18.

[43] 筱原三代平. 产业结构论 [M]. 北京：中国人民大学出版社，1990.

[44] Perez C. The double bubble at the turn of the century: Technological roots and structural implications [J]. Financial Market Research, 2013, 33 (4): 779 – 805.

[45] Utterback J M. Mastering the dynamics of innovation [M]. Boston MA: Harvard Business School Press, 1996.

[46] Gompers P, Lerner J. The venture capital revolution [J]. Journal of Economic Perspectives, 2001, 15 (2): 145 – 168.

[47] Cecchetti S, Kharoubi E. Reassessing the impact of finance on growth [R]. BIS Working Paper. No. 381, 2012.

[48] Brown J R, Fazzari S M, Petersen B C. Financing innovation and growth: Cash flow, external equity and the 1990s R & D boom [J]. Journal of Finance, 2009, 64 (1): 151 – 185.

[49] 柳卸林. 中国科技发展研究报告（2011）：全球视野中的战略性新兴产业发展 [M]. 北京：科学出版社，2012.

[50] Marshall A. The principles of economics [J]. Political Science Quarterly, 2004, 77 (2): 519 – 524.

[51] 齐玮娜，张耀辉. 领先还是模仿：基于商业知识溢出的创业决策机制研究[J]. 科学学与科学技术管理，2014，35（7）：128 – 137.

[52] Porter M E. Competitive advantage: Creating and sustaining superior performance [M]. London: The Free Press, 1985.

[53] Capaldo A. Network structure and innovation: The leveraging of a dual network as a distinctive relational capability [J]. Strategic Management Journal, 2007, 28 (6): 585 – 608.

[54] 王俊豪. 现代产业经济学 [M]. 杭州: 浙江人民出版社, 2003.

[55] Hicks J. A theory of economic history [M]. Oxford: Clarendon Press, 1969.

[56] Leontief W W. Input – output economics [J]. Operational Research Quarterly (1950 – 1952), 1952, 3 (2): 30 – 31.

[57] Porter M E. Clusters and new economics of competition [M]. Harvard Business Review, 1998.

[58] Jap S D. Pie sharing in complex collaboration contexts [J]. Journal of Marketing Research, 2001 (2): 86 – 99.

[59] Hall B H, Oriani R. Does the market value R&D investment by European firms? Evidence from a panel of manufacturing firms in France, Germany, and Italy [J]. International Journal of Industrial Organization, 2006, 24 (5): 971 – 993.

[60] Vernon R. The product cycle hypothesis in a new international environment [J]. Oxford Bulletin of Economics and Statistics, 1979, 41 (4): 255 – 267.

[61] Doeringer P B, Terkla D G. Business strategy and cross – industry clusters [J]. Economic Development Quarterly, 1995, 9 (3): 225 – 237.

[62] Gort M, Klepper S. Time paths in the diffusion of product innovations [J]. The Economic Journal, 1982, 92 (367): 630 – 653.

[63] Klepper S. Firm survival and the evolution of oligopoly [J]. Rand Journal of Economics, 2002, 33 (1): 37 – 61.

[64] Agarwal R, Gort M. The evolution of markets and entry, exit and survival of firms [J]. Review of Economics & Statistics, 1996, 78 (3): 489 – 498.

[65] 青木昌彦, 安藤晴彦. 模块时代: 新产业结构的本质 [M]. 上海: 上海远东出版社, 2003.

[66] 约瑟夫·熊彼特. 经济发展理论 [M]. 北京: 商务印书馆, 1997.

[67] Keuschnigg C, Nielsen S B. Start – ups, venture capitalists, and the capital gains tax [J]. Journal of Public Economics, 2002, 88 (5): 1011 – 1042.

[68] 刘洪昌. 中国战略性新兴产业的选择原则及培养政策取向研究[J]. 科学学与科学技术管理, 2011 (3): 87-92.

[69] Miotti L, Sachwald F. Co-operative R&D: Why and with whom? —An integrated framework of analysis [J]. Research Policy, 2004, 32 (8): 1481-1499.

[70] Klette T J, Moen J, Griliches Z. Do subsidies to commercial R & D reduce market failure? Micro econometric evaluation studies [J]. Research Policy, 2000 (29): 471-495.

[71] Sen T K, Ghandforoush P. Radical and incremental innovation preferences in information technology: An empirical study in an emerging economy [J]. Journal of Technology Management & Innovation, 2011, 6 (4): 33-44.

[72] Mcevily B, Marcus A. Embedded ties and the acquisition of competitive capabilities [J]. Strategic Management Journal, 2005, 26 (11): 1033-1055.

[73] 彭升庭, 姜晓川. 战略性新兴产业发展规律研究[J]. 财经研究, 2010, (1): 47-53.

[74] 朱瑞博. 中国战略性新兴产业培育及其政策取向[J]. 改革, 2010, (3): 19-28.

[75] 蒋珩. 基于自组织理论的战略性新兴产业系统演化: 不确定性和跃迁[J]. 科学学与科学技术管理, 2014 (1): 126-131.

[76] 王新新. 战略性新兴产业的培育和发展策略选择[J]. 前沿, 2011 (7): 20-23.

[77] 邓江年. 探索战略性新兴产业的"广东路径"[N]. 南方日报, 2010-05-31.

[78] 杨以文, 郑江淮, 黄永春. 传统产业升级与战略新兴产业发展——基于昆山制造企业的经验数据分析[J]. 财经科学, 2012 (2): 71-77.

[79] 李江, 和金生. 区域产业结构优化与战略性产业选择的新方法[J]. 现代财经, 2008 (8): 70-73.

[80] Robert J. Kauffman, Thomas A. Weber, D. J. Wu. Special section: Information and competitive strategy in a networked economy [J]. Journal of Management Information Systems, 2012, 29 (2): 7-10.

[81] Memić D. Banking competition and efficiency: Empirical analysis on the Bosnia and Herzegovina using panzar-rosse model [J]. Business Systems Research Journal, 2015, 6 (1): 72-92.

[82] Beck T, Levine R, Loayza N. Finance and the sources of growth [J]. Journal of Financial Economics, 2000, 58 (1-2): 261-300.

[83] 程郁, 王胜光. 培育战略性新兴产业的政策选择——风能产业国际政策经验的比较与借鉴[J]. 中国科技论坛, 2011 (3): 146-152.

[84] Spencer J W, Murtha T P, Lenway S A. How governments matter to new industry creation [J]. Academy of Management Review, 2005, 30 (2): 321-337.

[85] Eliasson G. Industrial policy, competence blocs and the role of science in economic development [J]. Journal of Evolutionary Economics, 2000, 10 (1-2): 217-241.

[86] Schoonhoven C B, Romanelli E. Emergent themes and the next wave of entrepreneurship research [J]. The Entrepreneurship Dynamic: Origins of Entrepreneurship and the Evolution of Industries, 2001: 383-408.

[87] 贺正楚, 吴艳. 战略性新兴产业的评价与选择[J]. 科学学研究, 2011 (5): 678-683.

[88] 张贵, 王树强, 刘沙, 贾尚健. 基于产业对接与转移的京津冀协同发展研究[J]. 经济与管理, 2014, 4 (28): 14-20.

[89] 刘刚. 需求导向的制造业物流服务创新研究 [D]. 天津: 天津财经大学, 2012.

[90] 林平凡, 刘城. 广东省战略性新兴产业的成长条件和培育政策[J]. 科技管理研究, 2010 (20): 67-70.

[91] 吴俊, 张家峰, 黄东梅. 产学研合作对战略性新兴产业创新绩效影响研究——来自江苏省企业层面的证据[J]. 当代财经, 2016 (9): 99-109.

[92] 黄先海. 浙江发展战略性新兴产业的基本思路和对策建议[J]. 浙江社会科学, 2010 (2): 14-16.

[93] 牛立超. 战略性新兴产业发展与演进研究 [D]. 北京: 首都经济贸易大学, 2011.

[94] 国务院. 国务院关于加快培育和发展战略性新兴产业的决定 [EB/OL]. 中华人民共和国中央人民政府网, http://www.gov.cn/zwgk/2010-10/18/content_1724848.htm. 2010-10-18/2015-12-24.

[95] 孙洪波. 新兴产业的辨识与选择方法研究 [D]. 长春: 吉林大学, 2006~2007.

[96] Perez C. The double bubble at the turn of the century: Technological roots

and structural implications [J]. Cambridge Journal of Economics, 2009, 33 (4): 779 - 805.

[97] Forbes D P, Kirsch D A. The study of emerging industries: Recognizing and responding to some central problems [J]. Journal of Business Venturing, 2011, 26 (5): 589 - 602.

[98] 刘洪昌. 战略性新兴产业发展的金融支持及其政策取向[J]. 现代经济探讨, 2013 (1): 60 - 64.

[99] 迈克尔·波特. 竞争优势 [M]. 北京: 华夏出版社, 2001.

[100] Hung S C, Chu Y Y. Stimulating new industries from emerging technologies: Challenges for the public sector [J]. Technovation, 2006, 26 (1): 104 - 110.

[101] 欧阳晓, 生延超. 战略性新兴产业研究述评[J]. 湖南社会科学, 2010 (5): 111 - 115.

[102] 刘铁. 区域战略性新兴产业的选择与培育研究 [D]. 哈尔滨: 哈尔滨工业大学, 2014.

[103] 余东华, 吕逸楠. 政府不当干预与战略性新兴产业产能过剩——以中国光伏产业为例[J]. 中国工业经济, 2015 (10): 53 - 68.

[104] Russo M V. The emergence of sustainable industries: Building on natural capital [J]. Strategic Management Journal, 2003, 24 (4): 317 - 331.

[105] 国家发展改革委高新技术司. 战略性新兴产业: 中国经济发展的新引擎 [N]. 中国经济导报, 2011 - 07 - 28.

[106] Tsai Y, Lin J Y, Kurekova L. Innovative R&D and optimal investment under uncertainty in high - tech industries: An implication for emerging economies [J]. Research Policy, 2009, 38 (8): 1388 - 1395.

[107] 钟清流. 推动经济发展方式转变的动力机制分析[J]. 理论导刊, 2010 (4): 24 - 28.

[108] 郑雄伟. 2010 世界新兴产业发展报告 [R]. 2010 - 11 - 12/2014 - 9 - 8.

[109] 马艳华. 自主创新、战略性新兴产业与产业升级协同发展的研究综述 [J]. 山西财经大学学报, 2014 (1): 51 - 53.

[110] 董树功. 战略新兴产业的形成与培育研究[D]. 天津: 南开大学, 2012.

[111] 李悦. 产业经济学 [M]. 北京: 中国人民大学出版社, 1998.

[112] Weck M. Knowledge creation and exploitation in collaborative R&D pro-

jects: Lessons learned on success factors [J]. Knowledge and Process Management, 2006, 13 (4): 252-263.

[113] Porter M E. The competitive advantage of nation [M]. New York: The Free Press, 1990.

[114] 贺正楚,吴艳,蒋佳林,陈一鸣.生产服务业与战略性新兴产业互动与融合关系的推演、评价及测度[J].中国软科学,2013 (5): 129-134.

[115] Pohl N. Industrial revitalization in Japan: The role of the government vs the Market [J]. Asian Business & Management, 2005, 4 (1): 45-65.

[116] 熊勇清,李鑫,黄健柏,贺正楚.战略性新兴产业市场需求的培育方向:国际市场抑或国内市场——基于"现实环境"与"实际贡献"双视角分析[J].中国软科学,2015 (5): 129-138.

[117] 钟清流.战略性新兴产业培育进程中的政府与市场关系[J].经济研究导刊,2012 (20): 50-51.

[118] 鞠晓峰,叶元煦.通信卫星应用产业的动力机理分析[J].数量经济技术经济研究,2003,20 (1): 80-84.

[119] 桂黄宝.战略性新兴产业成长动力机制分析——以我国新能源汽车为例[J].科学管理研究,2012 (3): 48-51.

[120] 吴宇晖,付淳宇.中国战略性新兴产业发展问题研究[J].学术交流,2014 (6): 93-97.

[121] 张少春.中国战略性新兴产业发展与财政政策 [M].北京:经济科学出版社,2010.

[122] 剧锦文.战略性新兴产业的发展"变量":政府与市场分工[J].改革,2011 (3): 31-37.

[123] 熊勇清.战略性新兴产业与传统产业互动耦合发展研究 [M].北京:经济科学出版社,2013.

[124] 黄海霞,张治河.基于DEA模型的我国战略性新兴产业科技资源配置效率研究[J].中国软科学,2015 (1): 150-159.

[125] 张晴.战略性新兴产业集聚对区域经济竞争力的空间溢出效应——基于安徽省地市空间面板模型[J].华东经济管理,2016 (12): 30-34.

[126] 陆立军,于彬彬.传统产业与战略性新兴产业的融合演化及政府行为:理论与实证[J].中国软科学,2012 (5): 28-39.

[127] Beaver G. The strategy payoff for smaller enterprises [J]. Journal of Busi-

ness Strategy,2007,28(1):11-17.

[128] 万钢.把握全球产业调整机遇培育和发展战略性新兴产业[J].求是,2010(1):28-31.

[129] Chandler G N, Lyon D W. Issues of research design and construct measurement in entrepreneurship research: The past decade [J]. Entrepreneurship Theory & Practice,2001,25(4):101-113.

[130] Davidsson P, Wiklund J. Level of analysis in entrepreneurship research: Current research practice and suggestions for the future [J]. Entrepreneurship Theory and Practice,2001(25):81-100.

[131] Macmillan I C, Katz J A. Idiosyncratic milieus of entrepreneurial research: The need for comprehensive theories [J]. Social Science Electronic Publishing,2009,7(92):1-8.

[132] Lampel J, Shapira Z. Progress and its Discontents: Data scarcity and the limits of falsification in strategic management [J]. Advances in Strategic Management,2011(12A):113-150.

[133] Forbes D P, Kirsch D A. The study of emerging industries: Recognizing and responding to some central problems [J]. Journal of Business Venturing,2011,26(5):589-602.

[134] 肖兴志,韩超等.发展战略、产业升级与战略性新兴产业的选择[J].财经问题研究,2010(8):40-47.

[135] 丁明磊,陈志.美国建设国家制造业创新网络的启示及建议[J].科学管理研究,2014,5(32):113-116.

[136] 朱美光.高新技术产业开发区创新发展内涵挖掘[J].科技进步与对策,2014,31(20):47-52.

[137] 王德禄.国家高新区:战略性新兴产业的摇篮 [N].中国高新技术产业导报,2010-01-04(2).

[138] Stüer C, Hüsig S, Biala S. Integrating art as a trans-boundary element in a radical innovation framework [J]. R&D Management,2010,40(1):10-18.

[139] 艾伯特·赫希曼.经济发展战略 [M].北京:经济科学出版社,1991.

[140] 保罗·克鲁格曼.战略性贸易政策与新国际经济学 [M].北京:中国人民大学出版社,2000.

[141] 冯赫.关于战略性新兴产业发展的若干思考[J].经济研究参考,2010(43):63.

[142] 抓住机遇培育和发展战略性新兴产业——访科技部部长万钢[N].科技日报,2009-11-27(5).

[143] Leontief W. Domestic production and foreign trade: The american capital position re-examined [J]. Proceedings of the American Philosophical Society, 1953, 97(4):332-349.

[144] Vanek J. The factor proportions theory: The N-Factor Case [J]. Kyklos, 1968(21):118-123.

[145] Leamer E E. The Leontief paradox, reconsidered [J]. Journal of Political Economy, 1980, 88(3):495-503.

[146] Trefler D. The case of the missing trade and other mysteries [J]. American Economic Review, 1995, 85(5):1029-1046.

[147] Arestis P, Demetriades P. Financial development and economic growth: Assessing the evidence [J]. Economic Journal, 1997, 107(442):783-799.

[148] Greenwood J, Jovanovic B. Financial development, growth, and the distribution of income [J]. Journal of Political Economy, 1990, 98(5):1076-1107.

[149] Bronwyn H. Hall, Francesca Lotti, Jacques Mairesse. Evidence on the impact of R&D and ICT investments on innovation and productivity in Italian firms [J]. Economics of Innovation & New Technology, 2013, 22(3):300-328.

[150] 李海波,肖文东.金融如何支持战略性新兴产业发展[N].人民日报,2011-03-31(4).

[151] 熊广勤.战略性新兴产业发展的金融支持国际比较研究[J].现代管理科学,2012(1):89-91.

[152] 顾海峰.我国战略性新兴产业的业态演进与金融支持[J].证券市场导报,2011(4):57-61.

[153] 王健,张卓.战略性新兴产业发展效率测度与金融支持[J].中南财经政法大学学报,2014(1):76-81.

[154] 孙早,肖利平.融资结构与企业自主创新——来自中国战略性新兴产业A股上市公司的经验证据[J].经济理论与经济管理,2016(3):45-58.

[155] 李京文,王宇纯,杨正东.战略性新兴产业上市公司融资效率研究——以北京市为例[J].经济与管理研究,2014(6):74-82.

[156] 凌江怀, 胡雯蓉. 企业规模、融资结构与经营绩效——基于战略性新兴产业和传统产业对比的研究[J]. 财贸经济, 2012 (12): 71-77.

[157] 张崛喆, 王俊沣. 培育战略性新兴产业的政策述评[J]. 科学管理研究, 2011 (2): 1-6.

[158] 马军伟. 金融支持战略性新兴产业发展的障碍与对策[J]. 经济纵横, 2013 (1): 94-97.

[159] 胡迟. "十二五"时期战略性新兴产业发展中的金融支持[J]. 经济纵横, 2014 (8): 17-20.

[160] 何小三. 资本市场促进战略性新兴产业成长研究[D]. 北京: 中国社会科学院, 2013.

[161] 刘志阳, 程海狮. 战略性新兴产业集群培育与网络特征[J]. 改革, 2010 (5): 36-42.

[162] Nelson R R, Phelps E S. Investment in humans, technological diffusion, and economic growth [J]. The American Economic Review, 1996, 56 (1-2): 69-75.

[163] Hurwitz J, Lines S, Montgomery B, et al. The linkage between management practices, intangibles performance and stock returns [J]. Journal of Intellectual Capital, 1930, 3 (1): 51-61.

[164] Yu S C, Ming J J L, Ching H C. The influence of intellectual capital on new product development performance—the manufacturing companies of Taiwan as an example [J]. Total Qual. Manag. Bus. Excell, 2006, 17 (10): 1323-1339.

[165] 邹艳, 张雪花. 企业智力资本与技术创新关系的实证研究——以吸引能力为调节变量[J]. 软科学, 2009, 23 (3): 71-76.

[166] 张炜. 智力资本与组织创新能力关系实证研究——以浙江中小技术企业为样本[J]. 科学学研究, 2007, 25 (5): 1010-1013.

[167] 张望军, 彭剑峰. 中国企业知识员工激励机制实证分析[J]. 科研管理, 2001 (6): 91-97.

[168] 文魁, 吴冬梅. 异质人才的异常激励——北京市高科技企业人才激励机制调研报告[J]. 管理世界, 2004 (10): 68-70.

[169] 陈云娟, 张小林, 张良珍. 民营科技型企业知识员工激励机制因素实证分析[J]. 河南大学学报, 2005 (2): 122-126.

[170] 张军政, 王伟强. 农业高新技术企业知识员工激励因素实证研究及激

励策略[J]. 北京理工大学学报（社会科学版），2007（6）：67-72.

[171] 郭丹. 战略性新兴产业人力资本产权激励实现路径探析——基于全国56家企业调研数据的实证分析[J]. 经济问题探索，2013（1）：77-83.

[172] Benhabib J, Spiegel M M. The role of human capital in economic development evidence from aggregate cross-country data [J]. Journal of Monetary Economics, 2004, 34 (2): 143-173.

[173] Nazrul I. Growth empirics: A panel data approach [J]. Quarterly Journal of Economics, 1995, 110 (4): 1127-1170.

[174] 冯文娜. 高新技术企业研发投入与创新产出的关系研究——基于山东省高新技术企业的实证[J]. 经济问题，2010（9）：74-78.

[175] 曹勇, 苏凤娇, 赵莉. 技术创新资源投入与产出绩效的关联性研究——基于电子与通讯设备制造行业的面板数据分析[J]. 科学学与科学技术管理，2010，31（12）：29-35.

[176] 国务院. 中国国民经济和社会发展第十三个五年规划纲要（全文）[EB/OL]. 新华网，http://www.xinhuanet.com/politics/2016lh/2016-03/17/c_1118366322.htm. 2016-3-17/2016-8-4.

[177] 中华人民共和国国务院新闻办公室. 国务院关于印发"十三五"国家科技创新规划的通知 [EB/OL]. http://www.gov.cn/zhengce/content/2016-08/08/content_5098072.htm. 2016-7-28/2016-9-2.

[178] 潘霞, 鞠晓峰, 陈军. 基于因子分析的我国29个地区高新技术产业竞争力评价研究[J]. 经济问题探索，2013（4）：65-69.

[179] 张贵等. 创新驱动与高新技术产业发展 [M]. 北京：社会科学文献出版社，2014.

[180] 黄炜. 应用"扎根理论"构建顾客忠诚的动态转化模型[J]. 华东经济管理，2010，24（3）：149-152.

[181] 罗晓梅, 黄鲁成, 王凯. 基于CiteSpace的战略性新兴产业研究[J]. 统计与决策，2015（6）：142-145.

[182] 肖兴志, 姜晓婧. 战略性新兴产业政府创新基金投向：传统转型企业还是新生企业[J]. 中国工业经济，2013，1（1）：128-139.

[183] 申俊喜. 创新产学研合作视角下我国战略性新兴产业发展对策研究[J]. 科学学与科学技术管理，2012，33（2）：37-43.

[184] 张治河, 黄海霞, 谢忠泉, 孙丽杰. 战略性新兴产业集群的形成机制

研究[J].科学学研究,2014,32(1):24-28.

[185] 汪海粟,胡立君,石军伟,王玉燕.我国战略性新兴产业发展研究——中国工业经济学会2011年年会学术观点综述[J].中国工业经济,2012(4):31-36.

[186] 于新东,牛少凤,于洋.培育发展战略性新兴产业的背景分析、国际比较与对策研究[J].经济研究参考,2011(16):2-39.

[187] 汪秋明,韩庆潇,杨晨.战略性新兴产业中的政府补贴与企业行为[J].财经研究,2014,7(40):43-53.

[188] 郭晓丹,何文韬,肖兴志.战略性新兴产业的政府补贴、额外行为与研发活动变动[J].宏观经济研究,2011(11):63-69.

[189] 李朝晖.建立国家级战略性新兴产业创业投资引导基金的对策建议[J].现代经济探讨,2011(10):39-43.

[190] 马顺.促进战略性新兴产业发展的财政政策研究[D].青岛:中国海洋大学,2012.

[191] Hitaj C. Wind power development in the United States [J]. Journal of Environmental Economics and Management, 2013, 65 (3): 394-410.

[192] 刘澄,顾强,董瑞青.产业政策在战略性新兴产业发展中的作用[J].经济社会体制比较,2011(1):196-203.

[193] 牛桂敏.我国节能环保产业发展探析[J].理论学刊,2014(5):43-47.

[194] 王海霞.低碳经济发展模式下新兴产业发展问题研究[J].生产力研究,2010(3):14-16.

[195] 张杰,张少军,刘东.我国地方产业集群内创新动力的生成与衍化机制:产业技术轨道视角[J].当代财经,2007(1):69-76.

[196] Chiesa V, Manzini R, Pizzurno E. The externalisation of R&D activities and the growing market of product development services [J]. R&D Management, 2004, 34 (1): 65-75.

[197] Berchicci L. Towards an open R&D system: Internal R&D investment, external knowledge acquisition and innovative performance [J]. Research Policy, 2013, 42 (1): 117-127.

[198] Zahra S A, Nielsen A P. Sources of capabilities, integration and technology commercialization [J]. Strategic Management Journal, 2002, 23 (5): 377-398.

[199] Needham D. Market structure and firms: R&D behavior [J]. Journal of In-

dustrial Economics, 1975, 23 (4): 241 – 255.

[200] 熊彼特. 资本主义、社会主义和民主主义 [M]. 北京: 商务印书馆, 1999.

[201] Arrow K. Economic welfare and the allocation of resources for invention [J]. Social Science Electronic Publishing, 1962: 609 – 626.

[202] Kamien M I, Schwartz N I. Market structure and innovation: A survey [J]. Journal of Economic Literature, 1975, 13 (1): 1 – 37.

[203] 冯锋, 马雷, 张雷勇. 外部技术来源视角下我国高技术产业创新绩效研究[J]. 中国科技论坛, 2011 (10): 42 – 48.

[204] 李奎, 陈丽佳. 基于创新双螺旋模型的战略性新兴产业促进政策体系研究[J]. 中国软科学, 2012 (12): 179 – 186.

[205] Murphy J V. Strategic alliance: Business model for global success [J]. Academy of Management Review, 1998 (23): 242 – 266.

[206] Scherer F M. Size of firm, oligopoly, and research: A comment [J]. Canadian Journal of Economics and Publical Science, 1965, 31 (2): 256 – 266.

[207] 杜传忠, 郭树龙. 经济转轨期中国企业成长的影响因素及其机理分析 [J]. 中国工业经济, 2012 (11): 97 – 109.

[208] Orser B, Hogarth – Scott S. Opting for Growth: Gender dimensions of choosing enterprise development [J]. Canadian Journal of Administrative Sciences, 2002, 19 (3): 284 – 300.

[209] 孙维峰, 黄祖辉. 广告支出、研发支出与企业绩效[J]. 科研管理, 2013, 34 (2): 44 – 51.

[210] 孙晓华, 辛梦依. R&D 投资越多越好吗？——基于中国工业部门面板数据的门限回归分析[J]. 科学学研究, 2013, 31 (3): 377 – 385.

[211] Hall B H, Lotti F, Mairesse J. Evidence on the impact of R&D and ICT investments on innovation and productivity in Italian firms [J]. Economics of Innovation and New Technology, 2013, 22 (3): 300 – 328.

[212] 张治河, 潘晶晶, 李鹏. 战略性新兴产业创新能力评价、演化及规律探索[J]. 科研管理, 2015 (3): 1 – 12.

[213] Anita V G. Management and governance in Dutch SMEs [J]. European Management Journal, 2005, 23 (5): 583 – 589.

[214] 陆国庆, 王舟, 张春宇. 中国战略性新兴产业政府创新补贴的绩效研

究[J]. 经济研究, 2014 (7): 44 - 55.

[215] Ya H H, Wen C F. Intellectual capital and new product development performance: The mediating role of organizational learning capability [J]. Technological Forecasting and Social Change, 2009, 76 (5): 664 - 677.

[216] 柳卸林, 孙海鹰, 马雪梅. 基于创新生态观的科技管理模式[J]. 科学学与科学技术管理, 2015 (1): 18 - 27.

[217] 熊勇清, 李世才. 战略性新兴产业与传统产业的良性互动发展——基于我国产业发展现状的分析与思考[J]. 科技进步与对策, 2011, 28 (5): 54 - 58.

[218] 张玉明, 刘德胜. 企业文化、人力资源与中小型科技企业成长关系研究[J]. 科技进步与对策, 2010 (10): 82 - 89.

[219] Nelson R R, Phelps E S. Investment in humans, technological diffusion, and economic growth [J]. Studies in Macroeconomic Theory, 1980, 56 (1 - 2): 133 - 139.

[220] 武建龙, 王宏起. 战略性新兴产业突破性技术创新路径研究——基于模块化视角[J]. 科学学研究, 2014, 32 (4): 508 - 517.

[221] 欧阳峣, 易先忠, 生延超. 技术差距、资源分配与后发大国经济增长方式转换[J]. 中国工业经济, 2012 (6): 18 - 29.

[222] 李进兵, 邓金堂. 论后发大国战略性新兴产业内生增长因子累积演进[J]. 科技进步与对策, 2014, 31 (6): 51 - 56.

[223] 陈劲, 梁靓, 吴航. 开放式创新背景下产业集聚与创新绩效关系研究——以中国高技术产业为例[J]. 科学学研究, 2013, 31 (4): 623 - 626.

[224] 李海波, 肖文东. 金融如何支持战略性新兴产业发展 [N]. 人民日报, 2011 - 03 - 31 (3).

[225] 韩超. 战略性新兴产业政策依赖性探析[J]. 经济理论与经济管理, 2014 (11): 57 - 71.

[226] 吕铁, 余剑. 金融支持战略性新兴产业发展的实践创新、存在问题及政策建议[J]. 宏观经济研究, 2012 (5): 18 - 26.

[227] Cotti C, Skidmore M. The impact of state government subsidies and tax credits in an emerging industry: Ethanol production 1980 - 2007 [J]. Southern Economic Journal, 2010, 76 (4): 1076 - 1093.

[228] 陈劲. 突破带动型高新技术产业的经济联动性及形成过程研究[J]. 浙江大学学报（人文社会科学版）, 2011 (4): 174 - 183.

[229] Reise C, Musshoff O, Granoszewski K, et al. Which factors influence the expansion of bioenergy? An empirical study of the investment behaviors of German farmers [J]. Ecological Economics, 2012, 73 (15): 133-141.

[230] Wright P M, Snell S A. Toward a unifying framework for exploring fit and flexibility in strategic human resource management [J]. Academy of Management Review, 1998, 23 (4): 756-772.

[231] Wright P M, Dunford B B, Snell S A. Human resources and the resource based view of the firm [J]. Journal of Management, 2001, 27 (6): 701-721.

[232] 蒋建武, 赵曙明. 战略人力资源管理与组织绩效关系研究的新框架: 理论整合的视角[J]. 管理学报, 2007, 4 (6): 779-782.

[233] Hayton J C. Strategic human resource management in SMEs: An empirical study of entrepreneurial performance [J]. Human Resource Management, 2003, 42 (4): 375-391.

[234] Wright P M, Boswell W R. Desegregating HRM: A review and synthesis of micro and macro human resource management research [J]. Journal of Management, 2002, 28 (3): 247-276.

[235] 霍影. 战略性新兴产业发展潜力评价方法研究——以东北3省为例 [J]. 科学管理研究, 2012, 30 (1): 5-9.

[236] 张良桥, 贺正楚, 吴艳. 基于灰色关联分析的战略性新兴产业评价: 以生物医药为例[J]. 经济数学, 2010, 27 (3): 71-77.

[237] 吴明隆. 结构方程模型——AMOS的操作与应用 [M]. 重庆: 重庆大学出版社, 2010.

[238] 马庆国. 管理统计: 数据获取、统计原理、SPSS工具与应用研究 [M]. 北京: 科学出版社, 2002.

[239] 陈超, 邹滢. SPSS15.0常用功能与应用实例精讲 (中文版) [M]. 北京: 电子工业出版社, 2009.

[240] 邓维斌, 唐兴艳, 胡大权等. SPSS19统计分析实用教程 [M]. 北京: 电子工业出版社, 2012.

[241] 郑红艳, 夏乐天. 一种多变量线性回归模型的异方差检验方法[J]. 统计与决策, 2010 (5): 152-154.

[242] 戴金辉, 袁靖. 单因素方差分析与多元线性回归分析检验方法的比较 [J]. 统计与决策, 2016 (9): 23-25.

[243] 王苗苗. 双因素方差分析模型的构建及应用[J]. 统计与决策, 2015 (18): 72-75.

[244] Macdonald I, Rubin J S, Blake E, et al. An investigation of abdominal muscle recruitment for sustained phonation in 25 healthy singers. [J]. Journal of Voice, 2012, 26 (6): 815. e9 - 815. e16.

[245] 张炜, 张拉娜, 朱妙芬. 中小企业人力资源实践与创新绩效关系实证研究——组织动态能力的中介效应检验[J]. 科技管理研究, 2012 (3): 114-118.

[246] Tofighi D, Mackinnon D P. RMediation: An R package for mediation analysis confidence intervals [J]. Behavior Research Methods, 2011, 43 (3): 692-700.

[247] 温忠麟, 叶宝娟. 中介效应分析：方法和模型发展[J]. 心理科学进展, 2014, 22 (5): 731-743.

[248] Yang F. Modeling interaction and nonlineat effect: A step by step LISREL example—Interaction and nonlinear effects in Structure equation modeling [M]. Mahwah NJ: Erlbaum, 1998.

[249] 许水平, 尹继东. 中介效应检验方法比较[J]. 科技管理研究, 2014 (18): 203-212.

[250] 李培楠, 赵兰香, 万劲波. 创新要素对产业创新绩效的影响——基于中国制造业和高技术产业数据的实证分析[J]. 科学学研究, 2014, 32 (4): 604-611.

[251] 许庆瑞, 蒋健, 郑刚. 各创新要素全面协调程度与企业特质的关系实证研究[J]. 研究与发展管理, 2005, 17 (3): 16-21.

[252] Garner J L, Nam J, Ottob R E. Determinants of corporation, growth opportunities of emerging firms [J]. Journal of Economics and Business, 2002, 54 (1): 73-93.

[253] Hu A G, Jefferson G H. Returns to research and development in Chinese industry: Evidence from state - owned enterprises in Beijing [J]. China Economic Review, 2004, 15 (1): 86-107.

[254] 董洁林, 陈娟. 无缝开放式创新：基于小米案例探讨互联网生态中的产品创新模式[J]. 科研管理, 2014 (12): 76-81.

[255] 黄速建, 王欣, 叶树光等. 开放式系统创新模式研究——以天士力集

团为例[J]. 中国工业经济, 2010 (2): 130-135.

[256] 韦铁, 鲁若愚. 多主体参与的开放式创新模式研究——基于IBM案例的分析[J]. 管理工程学报, 2011 (3): 82-86.

[257] 于斌斌, 余雷. 基于演化博弈的集群企业创新模式选择研究[J]. 科研管理, 2015 (4): 30-35.

[258] 游达明, 杨晓辉, 朱桂菊. 多主体参与下企业技术创新模式动态选择研究[J]. 中国管理科学, 2015 (3): 151-157.

[259] 周大铭, 姚洪涛. 基于竞合关系的信息产业创新模式研究[J]. 经济问题探索, 2017 (4): 167-174.

[260] Anderson T W, Rubin H. Statistics inference in factor analysis. In Proceedings of the third Berkeley symposium [R]. Berkeley CA: University of California Press, 1956: 111-150.

[261] 薛阳, 赵凌云, 唐劲天等. 金磁纳米复合材料在生物医学中的应用研究进展[J]. 生物医学工程学杂志, 2014, 2 (31): 462-466.

[262] 曹贤忠, 曾刚. 基于熵权TOPSIS法的经济技术开发区产业转型升级模式选择研究[J]. 经济地理, 2014 (4): 13-18.

[263] 查建平, 王挺之, 冯宇. 低碳经济背景下中国旅游产业发展模式研究[J]. 资源科学, 2015 (3): 565-572.

[264] 程钰, 任建兰, 崔昊等. 基于熵权TOPSIS法和三维结构下的区域发展模式——以山东省为例[J]. 经济地理, 2012 (6): 27-31.

[265] 王肇英. 企业转型升级模式选择方法研究——基于AHP与模糊综合评判法[J]. 吉林工商学院学报, 2012 (3): 37-41.

[266] 褚英敏, 李素喜, 刘金平. 基于锡尔系数及改进生态足迹的河北省旅游环境承载力研究[J]. 陕西师范大学学报（自然科学版）, 2014, 42 (4): 91-95.

[267] 刘维跃, 王海龙, 刘凯歌等. 运用熵权/TOPSIS组合模型构建智慧城市的评价体系——以京津沪为实例探究[J]. 现代城市研究, 2015 (1): 31-36.

[268] Ozernoy V M. Choosing the "best" multiple criteria decision-making method [J]. Infor, 1992 (30): 159-171.

[269] Stewart T J. A critical survey on the status of multiple criteria decision making theory and practice [J]. Omega, 1992 (20): 569-586.

[270] 王一卉. 政府补贴、研发投入与企业创新绩效——基于所有制、企业经验与地区差异的研究[J]. 经济问题探索, 2013 (7): 138-143.

[271] Koga T. Firm size and R&D tax incentives [J]. Technovation, 2003, 23 (7): 643 – 648.

[272] Berchicci L. Towards an open R&D system: Internal R&D investment, external knowledge acquisition and innovative performance [J]. Research Policy, 2013, 42 (1): 117 – 127.

[273] Tsai K H, Wang J C. External technology sourcing and innovation performance in LMT sectors: An analysis based on the Taiwanese Technological Innovation Survey [J]. Research Policy, 2009, 38 (3): 518 – 526.

[274] Bronwyn H. Hall, Francesca Lotti, Jacques Mairesse. Evidence on the impact of R&D and ICT investments on innovation and productivity in Italian firms [J]. Economics of Innovation & New Technology, 2013, 22 (3): 300 – 328.

后 记

本书是笔者承担的天津社会科学院后期出版资助项目（2018年度）的最终成稿，也是笔者的第一部独立著作。

在本书即将收笔之际，笔者衷心感谢本书的资助单位资助本书出版；感谢河北工业大学金浩教授、胡宝民教授、孙丽文教授、张贵教授、康凯教授、李子彪教授的指导和齐晓丽副教授、李延军副教授、王雅洁副教授、李媛媛副教授的帮助；感谢天津社会科学院蔡玉胜研究员、王立岩研究员、王双副研究员、董微微副研究员的支持；感谢多年来对笔者给予鼓励的领导、老师、同事和家人。

谨以此书献给所有关心笔者成长的人！